河北省社会科学发展研究课题（201602120201）
河北省社会科学基金项目（HB16GL023）　　　　资助
河北省重点学科技术经济及管理

国有企业融资效率评价及在河北钢铁的实证

丁　超　著

北　京
冶金工业出版社
2017

内 容 提 要

　　本书在回顾企业融资理论以及分析河北省国有企业融资基本情况的基础上，从国有企业的资金成本、资金使用效率、财务杠杆和财务风险、资本结构以及公司治理等方面分析比较了国有企业债权融资和权益融资的效率。基于企业风险因素对国有企业决策人的影响，给出了确定特定国有企业资本结构的风险效用模型。同时，结合河北省钢铁企业实例对现阶段国有企业的资金筹措效率进行了定量综合评价，并给出了提高国有企业和河北钢铁企业融资效率的具体建议。

　　本书可作为高等院校工商管理、企业管理、金融工程、技术经济及管理、项目管理等学科本科生、研究生的教学参考书，也可供企业管理和技术经济评价等相关领域人员参考。

图书在版编目（CIP）数据

　　国有企业融资效率评价及在河北钢铁的实证／丁超著. —北京：冶金工业出版社，2017.11

　　ISBN 978-7-5024-7665-6

　　Ⅰ.①国…　Ⅱ.①丁…　Ⅲ.①国有企业—企业融资—研究—河北　Ⅳ.①F279.272.2

　　中国版本图书馆 CIP 数据核字（2017）第 278480 号

出版人　谭学余
地　　址　北京市东城区嵩祝院北巷 39 号　邮编　100009　电话　(010)64027926
网　　址　www.cnmip.com.cn　电子信箱　yjcbs@cnmip.com.cn
责任编辑　曾　媛　美术编辑　吕欣童　版式设计　孙跃红
责任校对　石　静　责任印制　李玉山
ISBN 978-7-5024-7665-6
冶金工业出版社出版发行；各地新华书店经销；北京建宏印刷有限公司印刷
2017 年 11 月第 1 版，2017 年 11 月第 1 次印刷
169mm×239mm；13.25 印张；257 千字；202 页
59.00 元

冶金工业出版社　投稿电话　(010)64027932　投稿信箱　tougao@cnmip.com.cn
冶金工业出版社营销中心　电话　(010)64044283　传真　(010)64027893
冶金书店　地址　北京市东四西大街 46 号(100010)　电话　(010)65289081(兼传真)
冶金工业出版社天猫旗舰店　yjgycbs.tmall.com
（本书如有印装质量问题，本社营销中心负责退换）

前　言

近年来，随着国有企业改革的不断推进，国有企业的功能定位以及国有企业的管理考核机制成为研究热点问题。2015 年，中央政府发布《中共中央、国务院关于深化国有企业改革的指导意见》，明确指出要完善国有资产管理体制，以管资本为主推进经营性国有资产集中统一监管，为国有企业的改革发展提供了思路。基于此，研究国有企业的资本构成以及国有企业融资效率成为紧迫问题。

国有企业的融资结构是指企业所有的资金来源以及它们之间的比例关系，即企业自有（权益）资金和借入（负债）资金的构成态势，包括所有者权益和负债的比例关系。企业融资结构揭示了财产的产权归属和债务的保证程度，反映了企业融资风险的大小。对于企业来说，融资管理或融资安排决定了企业价值在股东、债权人之间的分配。企业融资效率一般是指企业融资单位成本付出所实现的收益。本书结合我国国有企业的融资演变过程和融资实践，分析其融资特征，进而研究国有企业融资效率，并结合河北省钢铁企业进行实证分析。

全书共分 7 章，第 1 章主要介绍了研究背景、研究对象、主要研究内容和概念界定。第 2 章阐述了国外企业融资研究的理论基础，介绍了西方经济学的经典企业融资理论，主要包括古典企业融资理论、现代企业融资的主要理论、融资理论的最新发展等；综述了我国学术界对于我国企业融资现状的研究成果。第 3 章介绍了我国国有企业融资现状及国际比较。分析了我国国有企业融资方式的分类、企业融资的影响因素以及我国国有企业具体的融资方式；从我国国有企业融资制度变革入手，分析我国国有企业的融资结构；阐述了发达国家（美国、日本）及发展中国家企业的融资实践；通过国际间融资实践的对比，分析了我国国有企业内源融资低、负债高且以银行贷款为主、股权融资偏好等特征。第 4 章通过企业权益融资和债权融资效率分析了企业融资效率，从理论上给出影响企业融资效率的分析框架，并从企业融资成本、企业财务杠杆效率、企业财务风险、企业最优资本结构和企业资金使用效率等方面实证分析了我国国有企业的融资效率。第 5 章从企业融资结构入手，探讨国有企业的治理效率，阐述了西方经济学中企业法人治理效率的相关理论及发达国家企业治理的实践，综述了我国国有企业治理的研究成果；借助相关理论和我国国有企业融资结构，分析讨论了我国国有企业股权融资和债权融资对国有企业的治理效率的影响。第 6 章对河北钢铁股份公司融资效率进行了实证分析，阐述了世界及我国钢铁产业的发展现状，进而分析了河北省钢铁工业的发展现状；以河钢股份公司发展和企业融资结构为基础，深入分析了河钢股份公司的融资效率。第 7 章结合河钢股份公司的融资实践，从国有企业融资来源多元化、国有企业股权结构优化、国有企业债权结构优化三方面阐述我国国有企业融资效率优化的对策。

　　本书的写作得到 2016 年度河北省社会科学发展研究课题"基于融资效率的河北省钢铁企业改革路径及对策研究"（课题编号：201602120201），2016 年度河北省社科基金项目"河北省国有企业融资效率评价体系及融资路径优化研究"（项目编号：HB16GL023）以及河北省重点学科技术经济及管理的资助。

丁　超

2017 年 8 月

目　　录

1 绪　论

1.1　研究背景及意义

　　企业融资问题的相关研究较早，主要的理论研究开始于 20 世纪的 50~60 年代。著名的经济学家、诺贝尔经济学奖获得者米勒研究了企业财务结构和企业价值的关系，得出了著名的 MM 定理。在此之后的 70~90 年代，对企业融资的研究有了快速发展。企业融资问题的实质，就是资金由储蓄向投资的转化，通过这种资金流动，发挥资源的有效配置。在不同的社会、不同的经济发展阶段以及不同经济制度、环境下，企业融资的模式是不同的，进而企业融资的效率也不尽相同，或者说分析评价的方法也有区别。

　　我国的企业融资问题研究最早开始于新中国成立初期，主要研究如何为企业筹集资金，通过建立怎样的管理机制来筹集、分配和使用企业资金。改革开放以后，随着我国经济体制的改革和工业企业快速发展对资金需求的增加较大，国内资金不足比较明显，引进外资成为研究的方向。如何利用外资，即直接利用外资还是间接利用外资成为理论研究中的一个热点问题；另一方面，随着国民收入分配格局的变化，财政资金的供给能力也越来越不能满足企业（主要是国有企业）发展的需要，同时为了改变国有企业在资金使用上的无偿观念，国家改变了资金供给方式，从而引起了企业融资模式的变化，理论界开始注意企业融资问题。再者，随着改革开放的不断深入，国有企业债务问题，包括 90 年代初的企业间"三角债"和"银企不良债务"，成为 90 年代后企业融资理论研究主要问题，与此同时，国有企业股份制改革过程中的股权结构和法人治理结构优化也成为研究的热点问题。

　　随着世界经济不断演化和我国经济进入新常态，再加上国有企业市场化运行及监管体制的不断完善，2015 年中央政府发布《中共中央、国务院关于深化国有企业改革的指导意见》，明确了国有企业市场运营和以管资本为主的监管体制。这必然对企业资本运营和企业融资效率产生深刻影响，进而对国有企业融资效率的研究也必然深化。

1.1.1　研究背景

　　经过近几十年来国民经济的持续快速发展，我国经济总量 2011 年超过日本

和欧洲主要发达经济体，位居世界第二。2015 年国内生产总值（GDP）达到
68.91 万亿元，国家统计局 2017 年 1 月公布了 2016 年国内生产总值的相关数据，
从报告中可以看出，2016 年全年国内生产总值 744127 亿元，按可比价格计算，
比上年增长 6.7%。全年全国规模以上工业增加值比上年实际增长 6.0%，增速与
前三季度持平。分经济类型看，国有控股企业增加值增长 2.0%，集体企业下降
1.3%，股份制企业增长 6.9%，外商及港澳台商投资企业增长 4.5%。报告最后
指出，总的来看，2016 年国民经济运行保持在合理区间，发展的质量和效益提
高。同时应当看到，国际国内经济环境依然错综复杂，经济稳中向好的基础尚不
牢固。可以说自从美国金融危机爆发以来，美国、欧盟、日本等世界主要经济体
增长停滞或缓慢，再加上国内经济的一些遗留问题，我国经济发展增速也进入新
常态，由高速转向中高速发展。国家发展改革委指出，我国经济发展面临的内外
环境依然复杂严峻，总的来看，世界经济缓慢复苏，但是不确定、不稳定因素明
显增多。国内经济虽然缓中趋稳、稳中向好，但是仍然面临一些突出矛盾和
问题。

从国家财政部公布的 2016 年全国国有及国有控股企业经济运行情况的数据
看，总体上 2016 年全国国有及国有控股企业经济运行趋稳向好。国有企业收入
和实现利润继续保持稳步增长，国有企业收入增幅有所提高，利润增幅略有下
降。从行业看，建材、交通和施工房地产等行业实现利润同比增幅较大；石油、
纺织、烟草和石化等行业实现利润同比降幅较大；钢铁、化工、有色等行业亏
损。从国有企业主要经济效益指标情况来看，2016 年国有企业营业总收入
458978 亿元，同比增长 2.6%。国有企业营业总成本 449885 亿元，同比增长
2.5%，其中销售费用、管理费用和财务费用同比分别增长 5.9%、增长 6.7% 和
下降 3.7%；中央企业营业总成本 268039.9 亿元，同比增长 2.2%，其中销售费
用、管理费用和财务费用同比分别增长 5.8%、增长 7.3% 和下降 5.8%；地方国
有企业营业总成本 181845.1 亿元，同比增长 3%，其中销售费用、管理费用和财
务费用同比分别增长 6.3%、增长 5.7% 和下降 1.5%。2016 年国有企业利润总额
23157.8 亿元，同比增长 1.7%。其中，中央企业 15259.1 亿元，同比下降 4.7%；
地方国有企业 7898.7 亿元，同比增长 16.9%。截至 2016 年 12 月末，国有企业
资产总额 1317174.5 亿元，同比增长 9.7%；负债总额 870377.3 亿元，同比增长
10%；所有者权益合计 446797.2 亿元，同比增长 9.2%。其中中央企业资产总额
694788.7 亿元，同比增长 7.7%；负债总额 476526 亿元，同比增长 8.2%；所有
者权益合计 218262.7 亿元，同比增长 6.6%。地方国有企业资产总额 622385.8
亿元，同比增长 12%；负债总额 393851.3 亿元，同比增长 12.1%；所有者权益
合计 228534.5 亿元，同比增长 11.7%。

2016 年我国国内生产总值初步核算为 744123 亿元，比上年增长 6.7%。2016

年国有企业营业总收入 458978 亿元，大约占 GDP 的 61.68%。所以国有企业的
经营状况对我国国民经济的影响较大。随着国际经济及国内经济形势的变化，国
有企业经营发展面临诸多问题和考验。在 2015 年《中共中央、国务院关于深化
国有企业改革的指导意见》指出："国有企业仍然存在一些亟待解决的突出矛盾
和问题，一些企业市场主体地位尚未真正确立，现代企业制度还不健全，国有资
产监管体制有待完善，国有资本运行效率需进一步提高；一些企业管理混乱，内
部人控制、利益输送、国有资产流失等问题突出，企业办社会职能和历史遗留问
题还未完全解决；一些企业党组织管党治党责任不落实、作用被弱化。面向未
来，国有企业面临日益激烈的国际竞争和转型升级的巨大挑战。在推动我国经济
保持中高速增长和迈向中高端水平、完善和发展中国特色社会主义制度、实现中
华民族伟大复兴中国梦的进程中，国有企业肩负着重大历史使命和责任。要认真
贯彻落实党中央、国务院战略决策，按照'四个全面'战略布局的要求，以经
济建设为中心，坚持问题导向，继续推进国有企业改革，切实破除体制机制障
碍，坚定不移做强做优做大国有企业。"

《中共中央、国务院关于深化国有企业改革的指导意见》也对国有企业改革
提出了要求，主要是完善国有资产管理体制。意见提出：以管资本为主推进国有
资产监管机构职能转变。国有资产监管机构要准确把握依法履行出资人职责的定
位，科学界定国有资产出资人监管的边界，建立监管权力清单和责任清单，实现
以管企业为主向以管资本为主的转变。重点管好国有资本布局、规范资本运
作、提高资本回报、维护资本安全。大力推进依法监管，着力创新监管方式和
手段，改变行政化管理方式，改进考核体系和办法，提高监管的科学性、有
效性。

以管资本为主改革国有资本授权经营体制。改组组建国有资本投资、运营公
司，探索有效的运营模式，通过开展投资融资、产业培育、资本整合，推动产业
集聚和转型升级，优化国有资本布局结构；通过股权运作、价值管理、有序进
退，促进国有资本合理流动，实现保值增值。

以管资本为主推动国有资本合理流动优化配置。坚持以市场为导向、以企业
为主体，有进有退、有所为有所不为，优化国有资本布局结构，增强国有经济整
体功能和效率。

以管资本为主推进经营性国有资产集中统一监管。稳步将党政机关、事业单
位所属企业的国有资本纳入经营性国有资产集中统一监管体系，具备条件的进入
国有资本投资、运营公司。

所以说重视资本经营、提高资本的运行效率是国有企业管理人员必须面对的
课题。正是基于这样的背景，国有企业经营发展的客观需要促使对国有企业融资
效率问题进行研究；通过提高融资效率，达到稀缺资源的有效利用。

1.1.2　研究意义

本课题的研究的意义在于：

第一，从理论上建立一个综合分析评价国有企业的融资效率的体系，完善国有企业融资理论。在最早的计划经济时期，国有企业根本没有考虑资金的效率，国有企业的发展是由国家确定，资金有计划划拨和银行贷款，企业缺乏对资金来源和效率的研究，这方面的相关理论较少。随着市场经济的不断深化和国有企业监管和经营体制的改革，国有企业也成为市场竞争的主体，资金效率也就成为企业竞争的内在动力，国有企业也迫切需要这样的理论来指导实践。

第二，探讨关于股权融资和债权融资对国有企业的法人治理效率的影响，用于指导企业融资实践。

第三，通过对我国国有企业融资实践的分析，探讨国有企业融资存在的问题及不足，提出国有企业优化企业融资效率的对策。

1.2　研究对象及方法

1.2.1　研究对象

本课题的研究对象为国有企业，实证研究对象是河北钢铁股份有限公司。国有及国有控股公司是一种独特的企业类型。东西方关于国有及国有控股公司的定义是有差异的，但它们也有共同点，即它们都是国家独资或控股的企业。

1.2.1.1　国有企业的定义

在西方，关于国有企业的概念没有完全适用于所有国家的定义。各国对国有企业的描述有一定差异。英国1956年把国有企业界定位为董事会由内阁大臣任命，经营报告和账目由国有化工业委员会检查，年度收入不能全部或大部分依靠国会提供或资金由财政部门预付的所有企业。法国对国有企业的界定强调三个条件：所有权的公有性、具有独立的法人地位和从事工商经营。这一定义既强调了国有企业所有权的公有性，又强调了其与行政单位不同的特点，即它是一种营利性的组织。瑞典、芬兰、巴西和墨西哥等国家关于国有企业的定义强调国有企业是指国有资本占企业51%以上股份的所有企业。比利时关于国有企业的定义比较宽泛，指资本分为公共部门所有，或者由公共管理部门授予特殊权力，或者经营活动在相当程度上自主，包括资本归公共管理部门所有、政府控制的国家企业和混合企业。

国有企业是指由国家出资建立的企业，产权归全体人民共同所有。国有企业包括国有独资企业、国有控股企业。典型的国有企业是国家独资企业，国家绝对控股企业也属于国有企业。由于国有企业提供的产品性质及所处行业的差异，对现有的国有企业应实行分类管理，提供公共产品的企业宜选择国有国营模式；垄断性国有企业宜选择国有国控模式；竞争性大中型国有企业宜进行股份制改造；国有小型企业宜完全放开，可选择兼并、重组、租赁、股份合作制、拍卖等形式。

1.2.1.2 国有及国有控股公司的特点

（1）具有多重目标。国有及国有控股公司的多重目标表现在以下几个方面：一是国有及国有控股公司以利润最大化为目标，对国有资产的增值负责。国有及国有控股公司和其他性质企业一样是营利性组织，以追求利润最大化为目标。二是国有及国有控股公司作为国有独资或控股企业，又要以执行国家产业政策为目标。从某种意义上说，国有及国有控股公司是实现政治经济政策的工具。三是国有及国有控股公司以实现公共利益为目标。多重目标性质是国有及国有控股公司的重要特征。这种多重目标性质使得国有及国有控股公司具有经营优势和劣势，其经营优势表现在国家作为控股股东，以国有资本作为经营信誉保证，同时其经营行业很多是具有垄断性质的产业，在价格、原材料和经营许可等方面与其他企业相比具有优势；其经营劣势表现在与私营企业股东相比，国有股东缺乏监督激励机制，国有公司内部法人制衡机制的缺陷影响经营决策权行使。

（2）政府所持有股份必须达到可控制企业的比例。国有及国有控股公司产权契约性质的重要特点是其国家股份必须居于可控制企业的程度。一般分绝对控股和相对控股两种形式。独资国有企业和股份比例超过51%的国有企业称为绝对控股。而相对控股一般指在企业的股份中国有股居于可控制企业的程度，以少量股份支配众多的少数股份。美国13家军火企业，在1957~1961年的固定资本构成中国家资本占51.3%，在波音飞机公司、洛克希德飞机公司和北美航空公司三家飞机制造公司中，私人资本仅占20%~30%。

（3）政府能够对企业经营决策施加直接或间接的支配性影响。政府通过其国有资产管理部门及其任命的董事会、监事会和总经理，对企业经营决策施加影响，以实现政府的政治经济目标。这一特点是由国有企业的性质决定的，国有及国有控股公司的财产权归国家所有本身决定了国家能够对国有企业施加支配性影响。国有及国有控股公司作为政府投资的企业，其本身就是政府制定和实施公共政策、产业政策和其他政策的结果。政府通过对国有及国有控股公司经营决策施加影响以实现其政策目标。

（4）提供公共品或准公共产品。由于公共产品具有非竞争性和非排他性的特点，因而公共产品的提供往往采取国家供给的形式。

（5）执行和服从政府产业政策、公共政策和其他政策目标。在一些私人部门投资风险较大、投资资金不足，或不愿投资的重要领域，需要政府通过国有及国有控股公司的形式来发展这些产业。同时，国有及国有控股公司又是实现解决就业、实现公共工程和公共政策的重要工具。国有及国有控股往往成为实现政治目标和政策的重要工具。

本课题研究的国有企业一般是指参与市场竞争的竞争性大中型国有企业，而非国家重要行业（领域）的垄断性企业。河北省国有企业一般由河北省国资委监管。2017 年 3 月 27 日，河北省政府新闻办召开的"深化国企改革情况"新闻发布会指出：截至 2016 年 12 月底，河北省国有企业资产总额达到 22659.76 亿元、净资产 5762.15 亿元，同比分别增长 13.8%、10.6%，2016 年全省国有企业实现营业收入 9474.82 亿元、利润总额 124.79 亿元，同比分别增长 -2.6%、49.8%。到 2016 年，河北省国资委监管的 24 家企业资产总额已达到 10030.18 亿元、净资产 2920.18 亿元，实现营业收入 8094.61 亿元，利润总额 88.74 亿元，同比分别增长 5.3%、6.3%、-3.5%、25%。

1.2.2 研究方法

（1）定性分析与定量分析相结合。经济学是社会科学，但又是极具自然科学特点的社会科学，经济学的许多理论和假说都已被形式化了。大量经济问题的论证说明都是建立在充分数据化的基础之上。在经济研究中，定性分析与定量分析相结合是经济学发展的必然要求。在现代西方经济学研究中已形成了一种既定的模式，这就是通过数学模型来揭示经济变量之间的关系，得出相应的理论假说，然后通过计量方法来检验模型，得出相应的理论观点。这种研究模式在我国的经济研究中也在逐渐得到重视和推广。企业融资涉及的问题比较多，既有理论分析又需要大量的数据论证。可以说，在现在的研究方法中，定性分析与定量计算是研究发展的必然结果。

（2）对比分析的研究方法。通过对比分析来发现问题和分析问题是社会科学研究中最常见的研究方法。本书的研究广泛地采用了对比分析方法。如在分析企业融资成本、企业法人治理结构等问题时，就采用了国际对比分析法；在分析我国企业融资效率时，对不同时期、不同企业的融资效率则进行了对比分析。

（3）总体分析与个案分析相结合。个案分析是总体分析的细化，总体分析说明问题的一般，个案分析说明问题的特殊。本书在分析国有企业融资效率的同时，对具体企业如河北省钢铁股份有限公司资金效率也进行了分析。

1.3 相关概念的界定

1.3.1 融资的概念

"融资"，顾名思义，就是资金融通，有广义和狭义之分。从一般意义上讲，它是指资金由资金供给者手中向资金需求者手中运动的过程。融资包括资金融入和融出两个同时存在的方面，即它是"资金双向互动过程"。

从广义上讲，融资也叫金融，就是货币资金的融通，当事人通过各种方式到金融市场上筹措或贷放资金的行为。

从狭义上讲，融资即是一个企业的资金筹集的行为与过程，也就是说资金需求者根据自身的生产经营状况、资金拥有的状况，以及未来经营发展的需要，通过科学的预测和决策，采用一定的方式，从一定的渠道向资金的投资者和债权人去筹集资金，组织资金的供应，以保证公司正常生产需要，经营管理活动需要的理财行为。它既包括不同资金者之间的资金融通，也包括某一经济主体通过一定的方式在自身体内进行的资金融通，即企业自我组织与自我调剂资金的活动。从该经济主体的角度看，前一种方式称为外源融资，后一种方式称为内源融资。外源融资的范围既可以限于国内，也可以扩展到国外。

1.3.2 企业融资的概念

企业融资是以企业为资金融入者（即企业是资金融入主体）的融资活动，它是指企业从自身生产经营和资金运用情况出发，根据企业未来经营与发展策略的要求，通过一定的渠道和方式，利用内部积累或向企业投资者及债权人筹集生产经营所需资金的一种经济活动。

从资金融入方面看，融资的主体是资金融入者，即资金需求者。根据融资主体的不同，可以分为政府融资、企业融资和个人融资等。政府融资是政府财政行为，即政府根据财政支出的需要，通过各种方式筹集财政资金或财政收入。企业融资是指企业生产经营资金的筹集。

从资金的融出方面看，融资的主体是资金的融出者，即资金供给者。资金融出主体的不同，反映资金来源的不同。根据资金来源的不同，或者根据资金供给者的不同，可以将融资分为财政融资、银行融资、商业融资、证券融资、国际融资五种融资形式。

1.3.3 企业融资的目标

随着企业组织形式的发展和对企业性质认识的加深，学术界关于企业融资的目标主要存在两种不同的观点：利润最大化（Profit Maximization）和财富最大化（Wealth Maximization）。

1.3.3.1 利润最大化的观点

利润最大化作为衡量企业效率的标准，是19世纪初发展起来的，那时企业的组织形式比较简单（大多表现为业主制、合伙制），信用形式还没发展，企业特征是私人融资、私人财产和独资形式，所有者和经营者合一，生产的唯一目的就是增加私人财富，利润最大化也成为其目标。这一事实反映到西方经济理论中都是以利润最大化这一概念来分析和评价企业行为和绩效。利润最大化在西方经济理论中是根深蒂固的。从传统的观念来看，衡量企业经济效益的公认标准也是利润，所以，利润最大化应是企业融资目标。企业为了获得资本使用权也要追求利润最大化。该观点的优势在于：

第一，人类进行任何活动，都是为了创造剩余产品，而剩余产品的多少，可以用利润的多少来衡量。因此，可以将利润最大化推广为企业融资的目标。

第二，在自由竞争的资本市场中，资本的使用权最终属于获利能力最大的企业。这样，利润最大化是企业获得资本之最有利的条件。取得了资本，也就取得了各种经济资源的支配权。因此，利润最大化有利于资源的合理配置。

第三，企业通过追求利润最大化目标，也可使整个社会的财富实现最大化。19 世纪初的企业组织形式大多是独资企业。业主的唯一目标就是增加个人的财富。显然，这个目标可以通过利润最大化来满足。

1.3.3.2 财富最大化的观点

财富最大化又称企业价值最大化，是指通过企业的合理经营，采用合理的财务决策，在考虑货币时间价值和风险报酬的前提下，使得企业的总价值达到最大，进而使股东财富达到最大化。

现代金融市场的功能就在于将资本从资本的所有者手中，按照一定的法则分配到资本使用者手中。在风险相同的情况下，资本总是流向收益较高的企业；在收益相同的情况下，资本则流向风险较小的企业。由此可见，在金融市场上，风险与收益之间的关系，决定着资本的流向，引导着各个资本所有者将资本投向收益高、风险低的企业，从而使资本所有者获得最大财富。这样，从整个社会而言，社会财富也会最大限度地增加。因此，财富最大化目标不管是对企业，还是对社会都是有利的。

在现代公司的制度下，资本的所有者将其资本投资于股票上，其本人就是股东，而其财产就体现在股票这种虚拟资本上。值得注意的是：股东财产价值并不是股票的票面价值，而是股票的市场价格。因此，在现代公司制度下，财富最大化目标可以进一步演化成为股票市场价值最大化。

现代企业融资理论认为企业融资的目标不仅要与股东（Stockholder）的利益一致，而且，还要兼顾与公司有利害关系的各种集团的利益，即利益相关者（Stakeholder）的利益。从理论上说，财富最大化目标满足了这个要求。

第一，财富最大化对债务资本提供者的意义。理论上说，财富最大化目标与债务资本的提供者的利益是一致的。对于公司而言，债务资本的提供者主要是商业信用提供者、债券持有者、商业银行和其他金融机构。这些债权人有权取得固定的利息，在公司破产清算时有权优先分得公司的财产，而公司的所有者——股东，却只有剩余财产权。这样，如果企业融资目标是使享受剩余财产的股东的财富最大化，那么，对于债务资本的提供者的利益自然也就得到了保证。

第二，财富最大化对整个社会的意义。社会利益最大化实现的条件是社会资源的最合理分配。社会资源的最合理分配就是要把资源分配到生产效率最高的经济单位，其衡量标准就是经济单位取得的财富值。也就是说，把资源分配到能为社会创造最大财富的投资机会上，社会利益就能得以实现。因此，财富最大化目标也能使社会利益最大化。

第三，财富最大化对公司管理层的意义。众所周知，现代公司制度的重要特征就是所有权与经营权的分离即"两权分离"。履行经营权的是公司的管理者。管理者同样有其自身的利益，管理层在进行决策时，为了保证自己的地位稳定，必须尽量使相关利益集团，特别是股东的利益得到满足。财富最大化目标是同股东、债权人、雇员、管理者等利益集团目标相一致的。

1.3.4 企业融资的方式

融资方式即企业融资的渠道、来源，是指资金由资金盈余部门向资金亏绌部门转化的形式、手段、途径和渠道，也可以说，是储蓄转化为投资的形式、手段、途径和渠道。企业融资方式也就是企业获取资金的形式、手段、途径和渠道。如企业以发行债券的形式通过证券市场向社会筹集资金，采用的是债券融资方式；企业向银行贷款采用的是信贷融资方式，而企业以向供货商延期付款的形式占用供货商的资金就是一种商业信用融资方式。但在有的情况下，一定的融资方式可能只适用于某一特定的资金来源，比如政府的财政资金只能以财政拨款的方式投入国有企业，作为政府对国有企业的股本。从总体上说，资金来源的多样性决定了融资方式的多样化。

1.3.5 融资结构

融资结构（或资本结构）是指企业各项资金来源，即企业各种融资方式的组合状况，也可以看成是企业资产负债表右边各组成部分的构成。具体包括权益资本和总负债的比率；权益资本中的内部自有积累资金与股权融资的比率；股权融资中的不同股东的持股比率，如企业经营者与外部股东的持股比率；总负债中的长期负债与短期负债的比率、长期负债中来自银行的资金与债券市场资金的比率等。不同的融资方式会产生不同的融资结构。在以上比率中，理论与财务实践最为关心的是债务与权益之间以及权益资本中不同股东的资金比率关系。不同融资方式在发行成本、净收益、税收以及对企业所有权的认可程度都不一样，即融资结构选择会通过对企业融资成本、企业的治理效益的影响从而影响到企业的价值。

1.3.6　企业融资效率的概念

从效率的最基本涵义讲，它是泛指日常工作中所消耗的劳动量与所获得的劳动效果的比率。不过在经济学研究中，人们往往根据研究主题的需要对"效率"的涵义做不同的扩展。股权融资效率和债权融资效率是效率涵义的一种扩展，它属于一种融资效率。关于"融资效率"的概念，曾康霖在分析直接融资与间接融资这两种融资方式时，较早在国内研究中使用"融资效率"这个概念。宋文兵在对股票融资和银行借贷两种融资方式进行比较时，正式使用了"融资效率"这个概念。卢福财把企业融资效率定义为企业融资活动在实现储蓄向投资转化过程中所表现出的能力和功效。

以上所讲的都是在比较广泛的意义上使用效率这一概念的。本书所讲的企业融资效率主要是针对微观经济主体——国有企业。从定义来讲，认为企业融资效率，是指企业以某种融资方式筹集企业生产经营或投资新项目所需的资金时，考虑以最高成本-收益比率和最低风险，以及由此带来的企业治理效率。它主要从融入资金的企业角度，考察企业在融入资金过程中发生的相关成本、收益和风险。可以说企业融资效率分析的核心是资金成本、杠杆效率，由融资结构决定的最优资本结构，以及融资方式对企业制度高效运作的作用和影响。

企业融资活动实质是储蓄向投资的转化，它是资金由资金供给者手中向资金需求者手中运动的过程。企业融资过程也是一种资源配置过程，即资金资源的配置过程。不同行业、不同企业获得资金的渠道、方式与规模实际上反映了社会资源配置的效率。因此，企业融资过程也是一种以资金供求形式表现出来的资源配置过程。将有限的资金资源配置于产出效率高或最有助于经济发展的企业或部门，不仅可以提高社会资源配置的效率，同时也将刺激效率低的部门提高效率。这样，通过资金的运动，个别企业在自身利益最大化的过程中，实现了整个社会资源的优化配置和经济效率的提高。

一般来讲，企业融资效率可以从微观和宏观两个方面进行分析，分别称为企业融资的微观效率和宏观效率。

企业融资的宏观效率是就企业融资活动对一国经济整体的作用和影响而言的，是企业融资活动的外在效率。分析企业融资的宏观效率，一般不针对具体的经济主体，只是从总体上就某一时期某一国家或地区的企业融资活动对经济运行和经济增长的影响与贡献来进行。

企业融资的微观效率是从微观经济主体的角度对某种企业融资方式或融资制度的作用和影响进行分析和评价。就微观经济主体（企业）而言，企业融资最关注的是融资活动对企业运营及经济活动的收益。由于企业融资活动涉及不同的经济主体，收益也有近期收益和远期收益之分，因此企业融资的微观效率必然会有不同的表现形式。微观主体的融资效率是着重研究的问题，本书主要分析国有企业融资的微观效率，即企业资金融入效率、企业法人治理效率。

企业资金融入效率，是指某种融资方式以最高成本-收益比率和最低风险为企业提供生产经营所需资金的能力。它主要从融入资金的企业角度，考察企业在融入资金过程中发生的相关成本、收益和风险。企业资金融入效率分析的核心是资金成本、杠杆效应，以及由融资结构决定的最优资本结构。企业法人治理效率，或称企业制度效率，是指企业融资方式对企业制度高效运作的作用和影响。在企业融资过程中，伴随着资金的转移会发生权利和义务的变化，各利益相关主体间为确保各自的利益，必然要对与企业资金的使用、收益和控制等相关的权责利关系进行界定，形成一种相对稳定的、有效的均衡态势，从而决定企业股东、债权人和经理人员之间的关系。由于不同的融资方式决定着不同的企业资本结构，进而对上述权责利关系的界定也不同，这样企业制度的运作效果，也即企业的治理效果必然不同，这就是企业融资的法人治理效率，简称企业法人治理效率。国有企业融资方式的变革从某种意义上来说，也是通过资金融入企业对企业的相关权利、义务进行划分，进而优化国有企业的法人治理效率。

1.3.7 企业融资效率的相关概念

企业融资活动包括货币时间价值观念（Time Value of Money）、风险收益权衡观念（Risk-Return Trade Off）、现金流量观念（Cash Flow）和市场有效性观念（Market-Efficiency）等四大基本观念。

1.3.7.1 货币时间价值观念

企业融资中最基本的观念就是货币具有时间价值。也就是说，今天的一元钱比明天的一元钱更值钱。因为今天的一元钱在有效经营的环境下，可以带来增值，同时，今天的一元钱是确定的，而明天的一元钱却具有不确定性。在经济学中，货币时间价值是以机会成本来表示的，也就是丧失应得收益的代价。要衡量企业价值，通常使用货币时间价值观念将项目未来的现金流入量和现金流出量换算为同一个时间值。

1.3.7.2 风险收益权衡观念

每个投资项目的风险与收益是各不相同的。高风险的项目，通常其预期收益也比较高；低风险项目，通常其预期收益也比较低。这就是人们常说的"高风险，高收益；低风险，低收益"。在企业融资中，任何融资决策都是对风险与收益的权衡而做出的。值得指出的是：这里的收益指的是"预期收益"，而不是实际收益。人们只能预期未来的结果，而不能预先得知其实际发生的情况。额外收益将补偿额外风险。这就是为什么公司债券的利率高于政府债券（无风险收益债券）利率的原因。

1.3.7.3 现金流量观念

在现代企业融资活动中，人们重视的是现金流量而不是会计学上的收入与支出。财务经理分析和规划现金流量，维持企业的偿债能力。企业的现金流量必须足以偿还债务和购置为达到其经营目标所需要的资产。一个企业发展也许有利可图，但仍然有可能由于现金流量不足以偿还到期债务而倒闭。企业的倒闭可能有许多主观、客观原因，但是都表现为现金流量不足，资金链条中断。因此，现金流量成为企业生存发展的命脉。

1.3.7.4 市场有效性观念

企业融资的目标就是企业价值最大化。这个目标是否实现，在很大程度上需要借助于金融市场来衡量，这就涉及市场有效性观念。

市场是否有效与信息反映到证券价格的速度有关。一个有效的市场是由大量独立的利益驱动投资者所组成的，与证券有关的信息以随机方式出现在市场上。投资者及时对信息做出反应，购买或出售证券，直至他们认为市场价格已经正确地反映了信息为止。在有效市场假设下，信息反馈到价格中去的速度之快，使得投资者无法从公开信息中获利。投资者确信证券市场价格恰当地反映了企业预期风险与收益，从而反映了企业的价值。

市场有效性观念意味着市场是灵敏的，价格是合理的。但在现实生活中，完全有效的市场是不存在的，这就增强了企业融资活动的不确定性。

2 企业融资理论的发展

在西方国家，对企业融资问题的研究较早，也形成了一些著名的理论。这些理论主要集中研究企业的融资结构对企业价值的影响，以及采取债权或股权融资对企业的影响，都试图解释企业的各种融资行为。从今天的研究成果来看，虽然还没有一个理论能全部解释企业的各种融资行为，但每一个理论都能说明一部分。本书分三个阶段介绍企业融资理论。

2.1 古典企业融资理论

早期的资本结构理论都比较零散，不系统，从相关文献上看，1952 年大卫·杜兰特（David Durand）的一篇题为《企业债务和权益成本计量方法和发展问题》的文章是对传统资本结构观点最为系统全面的概述。在此文中，大卫·杜兰特把当时人们对资本结构理论的认识概括为三种：净收益理论、净营业收益理论和折衷理论。

2.1.1 净收益理论

净收益理论的基本观点是：公司价值或者说股东财富不只是取决于公司资产盈利能力，即息税前利润水平，而是取决于由资产盈利能力和资本结构共同决定的归属股东的净收益之大小。该理论认为假定负债的资本成本 K_d 和股票的资本成本 K_e 均固定不变，且 $K_d < K_e$，则负债可以降低企业的加权平均资本成本 K_a，使企业价值 V 变大。因此，负债比率为 100% 为理想状态。用公示表示为：

$$K_a = \frac{E}{V}K_e + \frac{D}{V}K_d = K_e + \frac{D}{V}(K_d - K_e)$$

式中，V 为企业市场价值；D 为债务价值；E 为企业资本价值。

由于 $K_d < K_e$，所以（$K_d - K_e$）<0，因此，随着企业财务杠杆比例的提高，加权平均资本成本 K_a 将减少，那么企业市场价值 V 将提高。这可用图 2-1 表示。

该理论存在两个假设：（1）投资者以一个固定不变的比例投资或估计企业的净收入；（2）企业能以一个固定利率筹集所需债务资金。在此前提下，由于负债的资本成本 K_d 和股票的资本成本 K_e 均固定不变，企业较多利用负债时，使得 K_a 下降，进而增加企业价值 V。该理论充分考虑了财务杠杆的正面作用，但没有考虑由于债务的增加带来企业财务风险的增加。

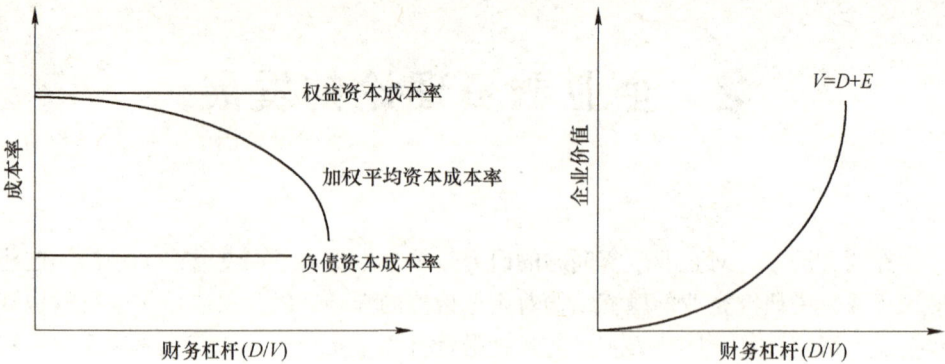

图 2-1   净收益理论

2.1.2   净营业收益理论

净营业收益理论的基本观点是：公司价值或者说股东财富仅仅取决于公司资产的获利能力，即息税前利润水平，而与公司的资本结构以及由资本结构和公司资产获利能力共同决定的归于股东的净收益无关。该理论认为负债的资本成本 K_d 不变，而股票的资本成本 K_e 则会随负债的增加而上升。也就是说负债增大带来的利益正好被股票资本成本 K_e 的上升所抵消，公司的加权资本成本 K_a 保持不变，从而公司的价值 V 保持不变。

用公式表示为：

$$K_a = \frac{E}{V}K_e + \frac{D}{V}K_d$$

$$K_e = K_a + \frac{D}{E}(K_a - K_d)$$

式中，V 为企业市场价值；D 为债务价值；E 为企业权益资本价值。

由于已经假设 K_a 和 K_d 固定不变，且 $K_a > K_d$，因此随着企业财务杠杆比例的提高，加权平均资本成本 K_e 将提高，这意味着随着财务杠杆率的提高，权益资本的成本也增加，即权益资本投资者要求更高的收益率，权益资本成本率的增加正好抵消了财务杠杆带来的好处，所以企业市场价值 V 不变。这可用图 2-2 表示。

2.1.3   传统折衷理论

传统折衷理论是一种介于净收益理论和营业收益理论之间的理论。该理论的基本假设是：负债资本成本 K_d，股票资本成本 K_e 和加权平均资本成本 K_a 均非固定不变；在一定的负债范围内，K_d 和 K_e 的上升均很不显著，但超过一定范围

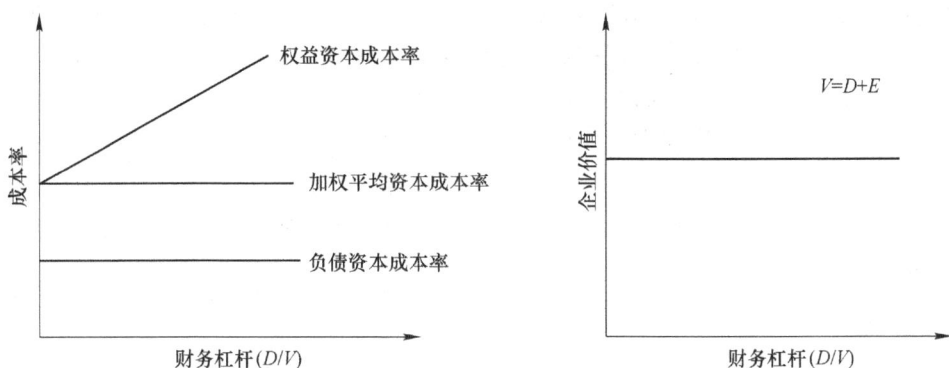

图 2-2 净营业收益理论

之后，K_d 和 K_e 均会不断加速上升。根据上述假设，当负债较小时，负债在一定范围内增加，会降低加权平均资本成本 K_a，从而导致公司价值 V 的增加；但当负债超过该范围时，K_d 和 K_e 的加速上升，导致加权平均资本成本 K_a 整体上升，从而导致公司价值 V 的下降。这可用图 2-3 表示。

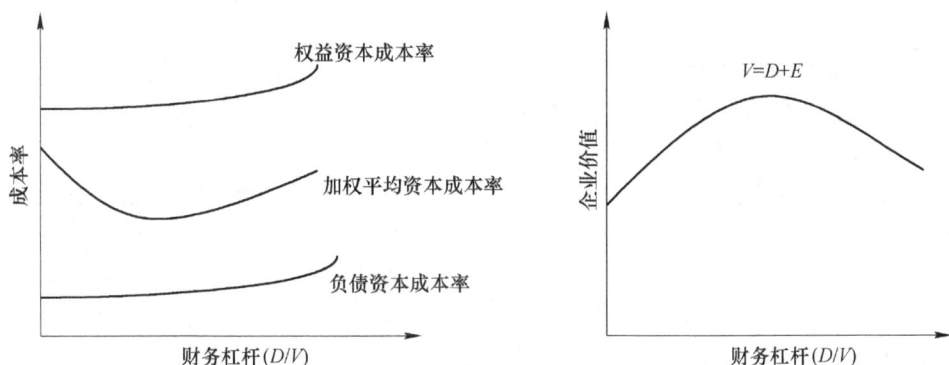

图 2-3 传统折衷理论

从图 2-3 看，企业在一定限度内的债务比例是合理的，无论是对债权人还是对股东来说，适度的财务杠杆并不会增加其投资风险。因此，企业可以通过适度的财务杠杆来降低加权平均资本成本率，以增加企业价值。也就是说，该理论认为企业存在最佳的资本结构。

2.2 现代企业融资的主要理论

1958 年弗兰科·莫迪利亚尼（Modigliani）和莫顿·米勒（Miller）（简称为 MM）发表了被学术界称为最有影响的财务论文《资本成本、公司财务与投资理论》，在文中他们在一系列非常严格的假设前提下证明一个企业的价值与它的资本结构无关。换一种说法就是 MM 的结果说明了一个企业采用何种方式为它的经营筹集资金是无关紧要的。这被后人称为 MM 定理。随后在 1963 年 MM 发表了一篇后续的论文放松了他们没有企业税收的假设，并证明在其他假设不变的情况下，企业税收的存在将导致企业使用 100% 的负债筹资。这一理论通过严格的数学推导，证明企业价值与资本结构无关。可以说 MM 理论的提出在理论界引起极大的反响，标志着现代企业融资结构理论的创立，成为现代企业融资结构理论的奠基石。

2.2.1 MM 定理

A MM 定理

MM 定理是建立在一系列严格的假设条件之上的。这些假设条件有：

(1) 资本市场高度完善，存在充分信息，股票和债券无交易成本。

(2) 投资者可按个人意愿进行各种套利活动，不受任何法律制约。

(3) 所有投资者都以同样的利率进行借贷业务。

(4) 公司无破产成本。发行新债务时，不会对公司已有债务的市场价值产生影响。

(5) 无公司和个人所得税。

(6) 公司的股息（派息）政策与企业价值无关。

在这一系列假设之下，以下两个命题是成立的。

命题 1：不管有无负债，任何企业的价值等于其预期息税前盈利除以适用于其风险等级的报酬率。用公式表示为：

$$V = (E + D) = \text{BEIT}/K$$

式中，V 为企业市场价值；D 为债务价值；E 为企业权益资本价值；K 为预期资产收益率。

此命题的含义是：企业的市场价值不会受资本结构的影响；有负债企业的加权平均资本成本等于同该企业属于相同的风险等级、无负债的企业的权益成本；以上两种资本成本的高低视企业的风险等级而定。

命题 2：有负债企业的权益成本等于无负债企业的权益成本加上一笔风险报酬，而风险报酬的多寡视负债融资程度而定。

这个命题的含义是：有负债企业的权益成本会随着负债融资程度的上升而增加。就是说负债融资企业的普通股预期收益率按照负债-股权比率（D/E）的一部分增长，增长率取决于企业所有有价证券的预期收益率与企业债务预期收益率的差额。说明企业改变资本结构可以改变股权预期收益率，而股权预期收益率的提高又是促使股票升值的重要因素。

按照命题 2，企业负债比例的提高有可能提高企业市场价值，关键是存在债务风险。企业负债提高后，债务风险加大，股东的收益风险也加大，必然要求更高的投资收益率作为补偿。这种投资收益率的提高抵消了预期收益率对股价上升的推动作用，也就是说举债带来的利益正好被权益成本的上升所抵消。因此在均衡时，有负债权益的加权平均资本成本会等于无负债企业的权益成本，见图2-4。

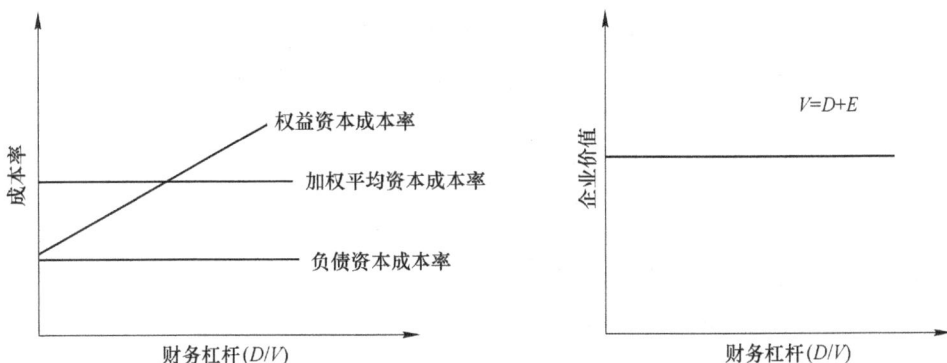

图2-4　MM理论（无所得税）

B　MM定理的修正（考虑企业所得税）

MM定理的逻辑推理过程无懈可击，但其结论却在实践中遇到了严峻的挑战。如果真像MM定理所描述的企业资本结构与企业市场价值无关，那么企业的资本结构（债务/权益资本）在不同的地区、部门或行业应该会呈现随机分布。但实际上，企业债务/权益之比在各部门和行业的分布具有一定的规律性。为了解释这一现象，莫迪利亚尼和米勒于1963年对他们的理论进行了修正，其要点是把企业所得税的影响引入到原来的分析框架中，提出了包括公司税的第二组模型。在这种情况下，他们的结论是负债会因利息的减税作用而增加企业价值，对投资者来说也意味着更多的可分配经营收入。

按照美国税法规定，企业负债的利息支出计入企业的税前成本，至于股息支出部分则算作利润，需要纳税。因此把公司所得税的影响引入原来的理论中，得出负债会因利息减税作用而增加企业的价值，因而企业的负债率越高越好。利息免税对企业价值的增加量相当于企业免税现值。因此，有负债企业的价值等于相同风险等级的无负债企业的价值加上负债的节税收益。

$$V_{\mathrm{L}} = V_{\mathrm{u}} + T_C D$$

式中，T_C为企业所得税率；D为企业债务市场价值。所以$T_C D$为税盾现值，见图2-5。

C　米勒模型

有公司税的MM模型没能考虑个人所得税的影响，1976年，米勒在美国金融学会所做的一次报告中提出了一个把公司所得税和个人所得税都包括在内的模

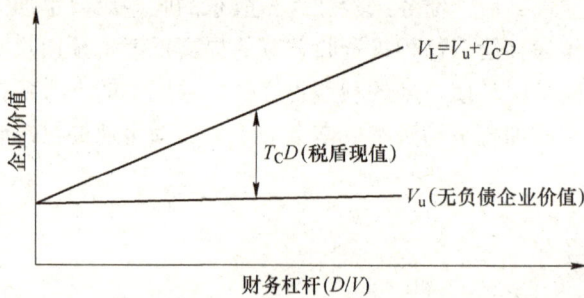

图 2-5   MM 理论（含所得税）

型。米勒模型是对 MM 理论的发展，在此模型中增加了个人所得税影响因素，但米勒模型的假设条件与 MM 理论的基本假设保持一致。

米勒模型的表达式为：

$$V_L = V_u + \left[1 - \frac{(1 - T_C)(1 - T_e)}{1 - T_D} \right] D$$

式中，T_C 为企业所得税；T_e 为对普通股股息征收的个人所得税；T_D 为对债券征收的个人所得税；D 为负债总额。

分析米勒模型公式可得：

（1）如果忽略所有的税率，即 $T_C = T_e = T_D = 0$ 时，则有 $V_L = V_u$，这与 MM 无税模型的表达式相同。

（2）如果忽略个人所得税率，即 $T_e = T_D = 0$，则 $V_L = V_u + T_C D$，这是 MM 公司含税模型的表达式。

（3）如果股票收入的个人所得税和利息收入的个人所得税相同，即 $T_e = T_D$，则它们对负债企业的市场价值的影响相互抵消。

（4）如果 $(1 - T_C)(1 - T_e) = 1 - T_D$，这说明负债的节税利益恰好被个人所得税所抵消，企业不论使用债务融资还是权益融资，都无法获得税收上的利益好处，在这种情况下，融资结构对企业价值或资本成本无影响。

（5）如果 $T_e < T_D$，由企业财务杠杆而获得的收益减少。

在米勒模型中，当存在企业所得税和个人所得税时，负债对企业价值的影响如图 2-6 所示。

米勒模型的主要结论是：如果普通股收益的个人所得税少于债券收益的个人所得税，则在其他条件相同的情况下，债券的税前收益必须要大到足以补偿普通股收益的个人所得税和债券收益的个人所得税之间的差额，否则没有人愿意持有债券。但在多数情况下，米勒模型和含税 MM 模型一样，都主张为了使价值最大化，企业应 100% 地采用负债融资，即企业的资本都由负债构成。

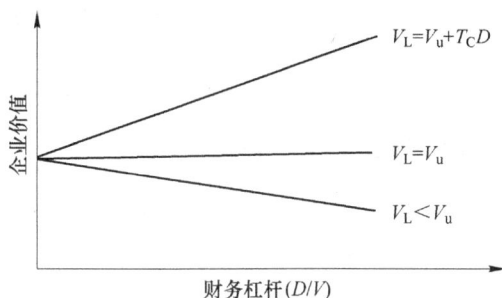

图 2-6 米勒模型的企业价值

2.2.2 权衡理论

由于 MM 理论无法解释现实中的企业融资问题，在 20 世纪 70 年代中期部分学者将破产成本引入融资理论的研究中从而开创了权衡理论。这些学者包括罗比切克（Robichek，1967）、梅耶斯（Myers，1984）、斯科特（Scott，1976）等。考察公司破产尤其是存在财务危机时带来的成本，核心问题是财务危机造成股东和债权人之间的矛盾，并考察其对公司资本结构和融资选择所带来的影响。

破产成本分为直接成本和间接成本两类。其中直接成本包括破产程序中支付给律师、会计师、资产评估师的费用，破产清算过程中存货的贬值、设备和建筑物的耗损。由于股东的责任以其出资额为限，一旦企业破产，股东仅损失股票面值，而无需以个人财产补偿企业损失。因此，所有这些直接费用实际上转嫁给了债权人。间接破产成本包括：企业破产会使经理层采取一些有利自己，但有损企业的短期行为；当供应商和客户发现企业陷入财务困境、支付困难时，为维护自身的利益，往往采取逃避的行为，比如缩短收款期，这些行为增加了公司成本；企业一旦陷入财务困境，资本市场对该企业的态度就会发生变化，企业会发生融资困难，即使能筹集到资金，也必须付出高融资成本。

早期的权衡理论认为，制约企业无限追求免税优惠或 100% 负债的关键因素是由于债务上升而形成的企业风险和费用。企业债务增加使企业陷入财务危机甚至破产的可能性增加。随着企业债务增加而提高的风险和各种费用会增加企业的额外成本，从而降低其市场价值。因此，企业为新项目进行融资时必须在债务的节税收益与债务上升所带来的财务危机成本之间进行权衡。权衡理论的结论与早期融资结构理论的平衡观点十分相似。该模型可表示为：

$$V_L = V_u + T_C D - \mathrm{FPV}$$

式中，V_u 为无负债公司的价值；$T_C D$ 为公司负债的节税现值；FPV 为预期财务困境成本的现值。

早期的权衡理论可以用图 2-7 表示。

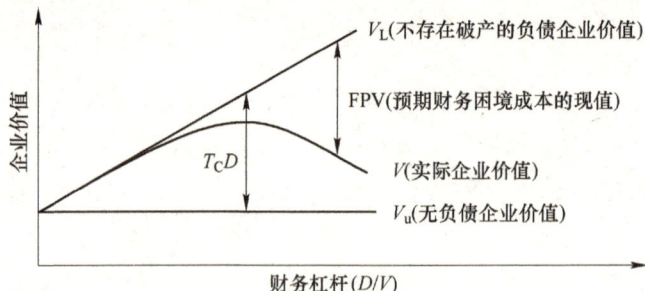

图 2-7 资本结构与公司价值

后期的权衡理论继承了早期权衡理论的基本思想，并进一步拓展了负债企业破产成本和税蔽效应涵盖的内容，引入了代理成本等概念，把企业最优资本结构看成是在更大范围的税收利益与各类与负债相关成本之间的权衡。后权衡理论认为造成企业最优财务杠杆差异的两个主要因素是：（1）非负债税盾和负债税盾所造成的企业预期价值间的差异；（2）破产成本、代理成本在企业预期财务杠杆成本间的差异。

代理成本实际上是由所有者和债权人之间的利益冲突引起的，由企业承担的额外费用。詹森-麦卡林模型认为债务的代理成本包括：（1）由于所有者和债权人之间的利益的不一致，债务融资的增加会诱使股东选择风险更大的项目。因为在举债融资的情况下，如果某项投资产生了很高的收益，在债券面值之上的收益将归股东所有；然而当投资失败时，由于有限责任，债权人将承担其后果。结果是，即使风险投资使企业价值下降，股东仍可能从这种赌博中获得好处。因此随着债务融资比例的上升，股东将选择更具风险的项目。这一效应一般被称为"资产替代效应"，它会使企业的价值受损。（2）由于理性的债权人将正确地预期到股东的资产替代行为，他们将调高债券的价格或者在债券合同中加入各种限制性条款，这将提高债务融资的成本，詹森-麦卡林也称这部分成本为"监督成本"。

按照 MM 有公司税模型，企业负债率为 100% 时，企业价值能够达到最大；而权衡理论认为，由于存在负债的破产成本及代理成本，在负债比率上升、税收效应增大的同时，企业的破产成本和代理成本也相应升高，当企业的破产成本和代理成本开始大于税收效应时，企业的价值将下降。

该权衡模型可表示为：

$$V_\text{L} = V_\text{u} + T_C D - \text{FPV} - \text{TPV}$$

式中，V_u 为无负债公司的价值；$T_C D$ 为公司负债的节税现值；FPV 为预期财务困境成本的现值；TPV 为预期代理成本的现值。

权衡模型由此证明了公司有一个适度的目标负债率。当公司负债增加到一个最优点时，增加的负债所得到的边际税收减免价值正好被公司可能的财务危机成本现值的增加所抵消。

2.3 融资理论的新发展

随着企业融资实践的不断演化，企业融资理论开始对 MM 定理的所有假设进行了放松，进而出现了一些企业融资新观点，形成新理论。这主要有 1970 年阿克勒夫发表《有隐患的市场》，提出了不完全信息理论，进而产生信号模型。Jensen & Meckling 提出代理成本理论来解释企业的最优资本结构问题。他们在 1976 年发表在《财务学刊》上的重要论文《厂商理论：管理行为、代理成本和所有权结构》中，首次提出了"代理关系"的重要概念，并阐述了企业中的委托代理关系问题。Myers & Mujluf（1984）在吸收权衡理论、代理理论以及信号传递理论的研究成果的基础上，提出有关企业融资决策顺序理论。20 世纪 80 年代以后，企业资本结构与产品市场和要素市场关系研究成为资本结构问题研究的热点，有很多关于产品、产品市场与资本结构的理论与实证研究相继出现。这些研究将现代财务理论、利益相关者理论和企业战略（行为）理论结合起来，进而形成了非财务利益相关者资本结构理论和企业市场竞争战略与资本结构理论。

2.3.1 信息不对称理论

20 世纪 70 年代以后，随着不对称信息理论的兴起，众多学者开始从不对称信息的角度对企业融资问题进行了研究，并开创了企业融资的信号理论。罗斯（Ross，1977）以及利兰（Leland）和派尔（Pyle）是最早系统地将不对称信息理论应用来分析企业的融资问题。根据信息不对称理论，内部人比外部投资者具有信息优势，掌握了更多有关企业未来现金流量、投资机会和盈利的信息。内部人必须通过适当的行为才能向市场传递有关信号，向外部投资者表明企业的真实价值，外部投资者则理性地接受和分析内部人的这种行为，并以此做出相应决策。

从现有相关研究可以看出，在信息不对称的市场环境中，融资结构以三种途径影响公司价值：负债率传递了有关公司价值的信号（Ross，1977；Heinkel，1982；Poitevin，1989）；内部人持股比例传递了有关公司质量的信号（Leland & Pyle，1977）；公司为新项目的融资顺序传递了有关公司质量的信号（Myers & Majluf，1984；Noe，1988）。

2.3.1.1 负债比例作为信号

在这个领域做出开创性贡献的是 Ross（1977）。在 Ross 的模型中，管理者知道公司收益的真实分布，但投资者不知道公司的收益分布由一阶随机过程决定。如果公司的证券被市场评价很高，管理者将受益，公司破产时管理者将受到惩罚。投资者把高负债水平看作公司质量高的信号，质量低的公司在任何负债水平上的预期破产成本都很高，质量低的公司的管理者不模仿质量高的公司发行很多债券，由此得出公司价值和负债权益比正相关的结论。

罗斯的模型基本是在 MM 定理的基础上建立的，只是放松了信息完全性的假设，此外该模型还将企业融资结构与经营者的激励结构相联系，模型假设两个收益不同的企业，企业经营者可以通过负债水平向外界投资者传递企业价值的信号。由于激励收益的存在，低收益企业的经营者没有动机利用超过其收益水平的负债，而高收益企业的经营者则可以利用较多的负债（负债水平可以高于低收益企业的收益），这样投资者就可以通过负债率的高低区分企业的价值。由于财务杠杆的这种信号传递功能，使高收益企业倾向于利用较多的负债以向投资者传递好的信号。

在 Ross 模型中，假定类型 t 的公司在时期 1 的收益为 x，收益均匀地分布在 $[0, t]$ 之间。管理者拥有关于 t 的内部信息，选择了面值为 D 的债券，使公司市场价值的加权平均值在时刻 0 最大化，在时刻 1 使扣除破产时罚金 L 后的预期市场价值的期望值最大化。

令 $V_0(D)$ 为债务水平是 D、时期为 0 的市场价值，那么这个目标函数的表达式为：

$$(1 - \gamma)V_0(D) + \gamma(t/2 - LD/t)$$

式中，参数 γ 为权重。根据经营者的信息可将时刻 1 应该支付的预期值简化为 $t/2$。他估计破产概率为 D/t。如果当经营者发行面值为 D 的债券时，投资者推测 $t = \alpha(D)$，那么

$$V_0(D) = \alpha(D)/2$$

将此式代入目标函数并对 D 求导得到一阶条件。在均态，投资者正确地从 D 推测出 t，即如果 $D(t)$ 是经营者债务水平作为公司类型 t 的函数的最佳选择，那么，$\alpha(D(t)) \equiv t$。在一阶微分条件下，运用此等式并解得微分方程，得出：

$$D(t) = ct^2/L + b$$

式中，c、b 均为常数。

这一模型的主要经验结果是，企业价值与负债-股权比正相关。破产处罚的增大也将降低负债水平和破产概率，从而模型中企业价值、负债水平及破产概率均是正相关的。给定破产处罚，经理将选择其预期效用最大化的负债水平。

海英卡尔（1982）的模型和罗斯模型相似，但是未假定企业收益分布服从一阶随机优势。相反，在海英卡尔模型中，假定高质量企业的总价值高，但债券质量低（给定面值的债券市场低），从而股票价值高。在这一假定下，企业可以不费成本地区分开来，理由是任何一家试图模仿其他类型企业的企业，虽然可从一种证券的高估中获得收益，却同时也要承担另一种证券的损失。在均衡状态下，每一类型企业所发行的两种证券的数量将使其边际收益和边际损失相等。高价值

的公司将发行更多债券。为了模仿高价值公司，一个较低价值的公司必须发行更多的折价债券并减少溢价股票的数量。同样的，为了模仿低价值公司，一个较高价值的公司必须少发行溢价债券而多发行折价股票。这一结果与罗斯的结果相一致。

波伊德温（1989）提出的将债务当成一种信号的模型，是假设有两个公司，一个是在位者公司，另一个是进入者公司，它们是潜在的竞争者。进入者的边际成本只有进入者自己知道。在均衡状态，低成本的进入者通过发行债券对这一事实发出信号，而在位者公司和高成本进入者则仅仅发行股票。发行债券的代价是容易使该公司被其他公司掠夺，有可能导致利用债券来融资的公司的破产；债券的好处是金融市场赋予债券融资公司较高的价值，因为它相信这样的一个公司是低成本的，高成本进入者将不会发行债券，因为在位者公司的掠夺造成的破产概率使得误导资本市场的代价太高（在位者公司同样地掠夺所有的债券融资公司，甚至低成本公司也不放过）。此模型的结论为：债券发行对金融市场来说是好消息，因为掠夺仅仅被用来使对手破产，所以只会对有债券融资的公司进行掠夺。

2.3.1.2 内部人持股比例传递了公司质量的信号

有关这方面的开创性文献由 Leland & Pyle（1977）提出。假设管理者属于风险规避型，他们知道项目的平均收益但投资者不知道，当公司出现赢利项目时，他们自身的财富很有限，只能拥有一定份额的股票，余下的股票须由外部人购买。这里存在一种信号显示机制，由于管理者属于风险规避型，对一个风险项目持有高比例股票的管理者一定相信该项目能够成功，承担劣质项目的管理者不可能为了向市场表明公司的质量信号而选择持有公司高份额的股票，因为这将增加他们遭受的项目风险，降低他们的效用函数，因此管理者所有权一般随着公司质量的增加而增加，管理者持有公司的股票数量被市场视为传递了关于公司质量的信息。很明显，只有当项目的真实市场价值超过其成本时，该项目才可实施；市场将高水平的管理者所有权看作项目将获取更大利润的信号。

设某项目需从外部融资 G，项目总收益为 $k=m+p$。式中，m 为平均收益；p 为风险收益或风险损失，$E(p)=0$。企业家知道预期平均收益率，而外部投资者不知道。假定企业家股份为 α，项目须负债 L，两者之和的期末预期最大值为 E_M，$p(\alpha)$ 为企业家持有 α 股份时人们对企业价值的估计数，那么：

$$E_M = \alpha(k - L) + (1 - \alpha)[p(\alpha) - L] + L = \alpha k + (1 - \alpha)p(\alpha)$$

外部资本的约束条件： $(1 - \alpha)[p(\alpha) - L] + L = G$

可得： $E_M = \alpha k + (1 - \alpha)p(\alpha) = \alpha(k - L) + G$

这里，α 增大，企业家的责任风险增大，尽管 L 不直接影响企业家目标，但 α 蕴含了 L 受外部资本约束，必须考虑企业质量对 L 的影响。根据博弈均衡条件：

$$p(\alpha(m)) = m$$

有
$$E_M = \alpha(k - L) + G = m + \alpha p$$

此模型深化了 Ross 模型，但缺陷在于没有解释为什么经营者非得用企业融资结构来表达它的信息。

2.3.1.3 由公司投资时的融资顺序判断公司价值

Myers & Majluf（1984）的研究表明，投资者了解的关于公司资产质量的信息少于公司内部人，公司股票经常被市场错误定价。如果公司必须通过发行股票为新项目融资，价格低估现象很严重，新投资者获得的收益可能大于新建项目的净现值（NPV），现有股东将蒙受损失。在这种情况下，即使新项目的净现值为正，也可能无法实施，出现投资不足问题。如果公司能够发行一种不被市场低估的证券来为新项目融资，则可以避免投资不足。内部资金和带有风险的负债符合这个要求，因此，在信息不对称情况下，和股票相比，公司更乐意使用内部资金和负债。Myers & Majluf（1984）将公司融资中的这种现象称为优序融资理论（Pecking Order Theory）。该理论认为，公司融资时首先选择内部资金，接下来采用低风险的负债，使用股票融资是最后一招。这个理论的现实意义是，公司宣告发行股票时，公司现有股票价格下跌；通过内部资金或风险负债融资不向市场传送任何信息，股票价格不会出现任何反应。

假设一家公司具有价值 A 的当前资产（只有内部人知道），以及具有价值 B 的成长机会（所有人都知道），成长机会的融资需要 E 的权益发行。为使项目具有一个严格正的净现值（NPV），设 $B>E$。公司唯一决策是发行权益且投资还是错过投资机会，且做出这样的决策是使现有股东索取权最大化。本质上有两种状态，A 要么具有高的价值 A_H，要么具有低的价值 A_L。公司知道真实的状态，但市场只知道各种状态的可能性是相等的。如果公司发行权益并投资，令 P 为公司市场价值，同时这样，P 是成长机会价值加上 A 的期望值。老股东保留的公司价值比例为 $P/(P+E)$，且在各种状态中老股东索取权的价值为 $(A+B)P/(P+E)$，这里，A 要么为 A_H，要么为 A_L。

在信息不对称下，高质量公司放弃成长机会是较好的选择，因为权益被低估，老股东将放弃当前资产价值的一大部分给新股东，事实上他们放弃多于通过成长机会投资所获得的 NPV 的份额。决定是否发行权益且投资的条件是：如果公司确实投资老股东索取权的价值大于公司不投资时老股东索取权的价值（当前资产价值 A）时，即 $(A + B)P/(P + E) > A$，公司将投资。整理得到如下条件：

$$BP/(P + E) > AE/(P + E)$$

大于号左边是现有股东所获得的成长机会价值，右边是现存股东放弃给新股东的当前资产价值。只有老股东所获得的成长机会价值大于他们放弃的当前资产价值，公司将投资。

这个模型说明，如果权益是唯一的融资选择，公司的战略依状态而不同：如果权益被高估，公司将发行权益并投资；但如果权益被低估他们也许会错过一个投资机会。这样，发行权益并投资的决策向市场传递关于公司当前资产价值的负面信息。Myers-Majluf 模型也表明，如果公司用内部资金或无风险负债融资将完全避免投资不足问题。用风险负债融资导致与用权益融资相同的投资不足问题，但不是那么严重，因为负债对信息的敏感性小于权益。

Myers 对"优序融资理论"理论进行了概括：（1）股利政策是"黏性"的；（2）相对于外部融资而言，公司偏好内部融资，但是如果需要为净现值为正的真实投资融资，公司也会寻求外部融资；（3）如果确实需要外部融资，它们会首先发行风险低的债券，然后是高风险债券，最后才是股票。

2.3.2 代理理论

以 Fama & Miller（1972）的研究为基础，詹森（Jensen）和麦克林（Meckling）于 1976 年提出代理成本理论来解释企业的最优资本结构问题。詹森和麦克林认为，代理关系是一种契约，在这种契约下，一个或多个人（委托人）雇用另外的人（代理人）去执行某些工作或者把一些决策权授予代理人。从根本上说，代理问题产生于不同主体之间潜在的利益冲突。企业中主要存在的委托代理关系有两种：（1）股东与经营者之间的代理关系；（2）股东和债权人之间的代理关系。这两类代理关系相应的形成两类与企业融资有关的代理成本：一是由权益资本融资产生的代理成本；二是由债务融资产生的代理成本。

詹森和麦克林认为，如果企业的经营者不拥有企业全部的股权，股东与经营者之间的代理成本几乎就不可避免。管理者具有"在职消费"和建立"经理帝国"的倾向。由于管理者不是企业 100% 的所有者，不能占有 100% 的剩余索取权，也不能从提高公司利润的活动中得到全部收益，但却为这些活动付出了全部成本。在这种情况下，管理者热衷于建立豪华的办公室等在职消费活动，通过建立"经理帝国"以扩大自己的社会影响。其结果是管理者追求自身收益最大化，而不是追求公司价值最大化。这种状况导致并激励了经营者偷懒，热衷于在职消费和采用各种可能的方式"剥削"外部权益人（股东）的动机，这样会使得企业的市场价值小于经营者为完全所有者时的价值，两者的差额就是外部股权的代理成本。

根据詹森和麦克林的理论，"债务之所以被使用是由于所有者为了获取因自身的资源限制而无法获得的潜在有利可图的投资机会"，但是，债务的发行在债权人和所有者之间形成一种代理关系，从而产生代理成本。对于债权的代理成本，詹森和麦克林假设企业的经营者"忠实"地服务于股东的利益，并且债务拖欠的可能性是显著的，由于企业破产时股东不必偿还全部债务的"有限责任"规定，经营者可能会置债权人的利益于不顾，投资于风险过大的项目，试图把债权人的利益转移给股权所有者。当然，债权人不是完全的被动，当他们理性预期到这个代理成本时，会签订一些限制措施，从而使得债务融资的成本上升，结果这种成本也由经营者（实际上是股东）来承担，企业股东掠取债权人利益的动机和经营者为实现这些动机采取的行动所带来的公司价值的损失就是债权的代理成本。

詹森和麦克林认为，上述企业融资过程中的代理问题是不可忽略的，假定企业经理人员的绝对投资额不变，企业债务融资比重的增加将增加经理人员持股比例，减少经理人员与股东利益冲突所造成的损失。因此，权益的代理成本随负债比率的增加而减少（随着外部权益的增加而增加）；债务的代理成本的变化方向则刚好相反，并随负债率的增加而增加（随着外部权益的增加而减小）。由两者加总形成的企业总代理成本曲线则随着企业的负债比例的升高呈"U"形变化。詹森和麦克林最后得到的基本结论是，公司的资本结构由股权和债权两种代理成本的平衡关系来决定，当两者的边际成本相等时资本结构达到最优，如图 2-8 所示。

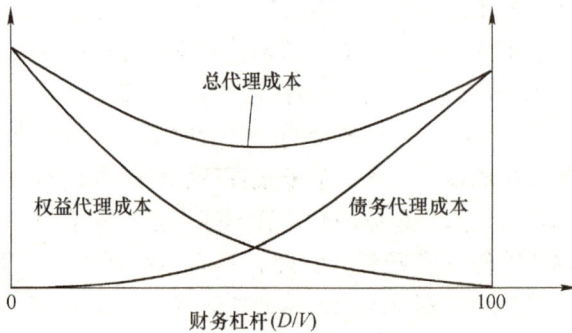

图 2-8　代理成本与财务杠杆关系

2.3.3　财务契约理论

财务契约理论是从詹森和麦克林关于债务契约可以解决股东和债权人之间因利益矛盾所产生的代理成本这一论点派生出来的一个关于资本结构的理论。该理论的研究主要集中在财务契约的设计和最优财务契约的条件两个方面。

财务契约理论认为，通过设计可转换条款、可赎回条款和优先债务条款等财务契约，能够解决代理成本问题。最优契约理论的一个重要的观点是，一个最优的激励相容的债务契约就是标准的债务契约。标准的债务契约是指在公司被要求支付一固定款项时具有相应的偿债能力的契约，公司若是无法支付这笔款项，就必须破产。只有这样，债权人才能了解到公司的真实情况。所以，债务契约要求公司管理者必须真实地向债权人披露公司的情况。

通常财务契约是由普通条款、常规条款和特殊条款等三类条款构成的一系列限制性条款，其中，普通条款强调债务人的流动性和偿还能力，常规条款强调债务人的资产保全，特殊条款视资金出让方的情况而定，没有统一的条款。这些条款有利于在信息不对称条件下控制债务资本风险，保证债权人和股东的利益，从而实现公司价值最大化以及资本结构最优化。契约研究的内容主要有两个方面：一是财务契约设计；二是实现最优财务契约的条件。就财务契约的设计来说，研究的主要问题是如何设置财务条款来解决代理成本，债务契约的重订、债务契约条件的重新谈判、缩短债务期限、限制股利、可转换条款、可赎回条款、优先条款等是经常用来作为解决代理成本的契约条款。这些条款能够降低债权人的监督成本，并且有利于股东把握有利可图的投资机会。就实现最优财务契约的条件而言，由于财务契约能够部分解决债务的代理成本，因此，最优财务契约将能带给企业最大的利益。然而，最优契约的条件是标准的财务契约，即企业在具有偿债能力时，要求其支付一固定款项的契约；否则，企业即面临破产。因此，契约的执行要求企业管理层向债权人或投资者充分披露企业的真实状况。财务契约理论的这一致命弱点使得它一直没能取得资本结构理论的主流地位。后来，加莱和黑尔维格将最优契约条件论述为："最优契约问题就是选择能让企业家的预期效用在服从于投资者的零利润下达到最大。"

2.3.4 控制权理论

随着 20 世纪 80 年代接管活动的日益重要，金融经济理论开始探讨公司控制与融资结构间的关系。这些理论基于一个事实，即普通股具有表决权而债券没有。控制权理论研究的是如何通过融资结构的安排来影响控制权的分配，从而影响企业的市场价值。债券和股票不仅具有不同的剩余索取权，而且其控制权的安排也是不一样的。债券是与破产时的经营控制权相联系的，股票是和保持清偿力下的经营控制权相联系。对于债券融资而言，如果企业经营者能按期还本付息，则经营者就拥有企业控制权；而如果企业经营状况不佳而产生资不抵债，那么控制权就会由企业经营者转移到债权人，债权人可以行使控制权接管企业。而对于股票融资而言，如果企业融资是采用有投票权的普通股进行融资，则股东就拥有企业的控制权；而企业用没有投票权的优先股进行融资，则控制权归企业经营者掌握。

2.3.4.1 哈里斯-拉维模型

哈里斯和拉维考察了投票权的经理控制、企业的负债-股权比及兼并市场三者之间的关系。他们特别关注在任经理通过改变自己所持股票的比例，来操纵兼并企图的方法及成功的可能性的能力。经理被假定为既从其股份、又从控制本身获得收益。由于在任经理及其竞争对手经营企业的能力不同，企业的价值取决于兼并竞争的结果，而这种结果反过来又由经理的所有权份额所决定，这就存在着一种权衡取舍：随着在职经理股份增大，在职经理掌握控制权的概率增大，从而其收益增大；另一方面，如果在职经理股份太多，企业的价值及相应的经理的股份的价值就会减少，因为更有能力的潜在竞争者成功的可能性减少。最优的所有权份额是权衡掌握控制权带来的任何个人收益同自有股份的资本价值损失的结果。由于经理的股份是由公司的融资结构间接决定的，这种权衡也就进而成为一种融资结构理论。

假定一个在位企业家 I 拥有完全股票融资公司的原始份额为 α，其余股票由非控制竞争者的被动投资者掌握，在位者只要控制企业，就能获得预期价值为 B 的控制收益。这些收益可以看作是私人控制利益或他处于控制地位而从企业侵占的现金流价值。企业产生的现金流量价值（不包括 B）取决于经理的能力。假设存在两种可能的能力水平 1 和 2，与之相应的现金流量价值用 Y_1 和 Y_2，$Y_1>Y_2$。

除了在位者与被动投资者外，假设还存在一位公司控制权的竞争者 R。如果竞争者接管，他将获得控制收益。对于所有的当事人而言，在位经理与竞争对手的能力是不可观察的，但是一个共同认识是其中一个人比另一个人具有更强的能力。假设在位经理能力为 1 的概率是 p，则竞争对手能力为 1 的概率是 $1-p$。如果在位者控制企业，企业现金流的价值是 Y_I，而如果竞争者控制企业，企业现金流量价值是 Y_R。则在这里企业现金流的价值由下式表示：

$$Y_I = pY_1 + (1 - p)Y_2$$
$$Y_R = (1 - p)Y_1 + pY_2$$

当竞争对手出现时，在位经理首先选择一个新的企业股票份额 α（这种所有权份额的变化是融资结构变化的结果），然后竞争对手从被动的投资者那里收购股票。接管竞争由简单多数选票决定的（若票数相同则控制权仍保留在在位者手中），这时竞争双方都投自己的票，比例为 Π 的被动投资者投在位经理的票（其余投竞争者的票）。

在位者与竞争者对股票所有权的选择决定了接管竞争。可能会出现以下三种结果：（1）在位经理的股票份额太小，以至于即便能力比自己差的竞争对手也能够成功实现接管。哈里斯和拉维（1988）称这种情况为成功的股权收购，在这种情况下，企业现金流的价值是 Y_R。（2）在位经理所持有的股本很大，以至于即便他的能力较差，也能继续保持控制权。这种情况称为不成功的股权收购，此时的现金流量价值为 Y_I。（3）在位经理的股份是某一中间值 α，此时当且仅当在位经理能力较强时他才能获胜。在这种情况下，在投票以前，谁是胜利者是不确

定的，因此这种情况就称为代理权竞争。但应注意，在最后一种情况下，最优秀
的候选人毫无疑问会获得胜利，因此现金流量价值是 Y_1。在位者的股票 α 通过
影响上述三种情况中的成立与否从而决定企业的现金流量价值 $Y(\alpha)$。由于 Y_1 比
Y_I 和 Y_R 都大，如果外部投资者的目标是将企业现金流量价值最大化，那么在代
理权竞争范围内的 α 是最优的。

在位者的股份 α 的选择目标是为了使其预期收益最大化。如果在位经理仍然
保持对企业控制权，这些收益就是他的股票价值加上控制利益价值。在位者收益
$V(\alpha)$ 为 $\alpha_0 Y_R$（失去控制利益）；在不成功的股权收购情况下，$V(\alpha) = \alpha_0 Y_1 + B$
（保留控制利益）；在代理权竞争的情况下，$V(\alpha) = \alpha_0 Y_I + pB$（获得控制利益的概
率为 p）。在位者的最优所有权份额使得 $V(\alpha)$ 最大化。当 α 增加时，在位经理保
留控制权及相应利润的概率增加。不过，如果 α 过分增大，企业价值与经理的股
票价值都将减少。

2.3.4.2　斯达尔兹模型

斯达尔兹（1988）建立了一个同哈里斯-拉维模型相似的控制权模型，他也
把重点放在所有权与兼并之间的关系上。在斯达尔兹模型中，最优所有权是通过
股东最大化企业价值来选择的，而不是通过经理最大化其个人收益。

斯达尔兹（1988）还着眼于股东通过改变在位者所有权份额，影响接管意图
的能力。特别的，当在位者的股份也增加时，投标争购的收益也增加，但接管发
生的概率和股东真正得到报酬的概率减少。斯塔尔兹讨论了在位者的所有权份额
是如何受资本结构（也有其他变量）影响的。

2.3.4.3　伊斯瑞尔模型

伊斯瑞尔（1991）得出与斯达尔兹（1988）模型一样的结论。如果兼并发
生，负债的增加将使目标企业股东的收益增加；同时负债的增加又将减少兼并发
生的可能性。但是负债增加使目标企业股东收益增加的原因和斯达尔兹（1988）
模型不一样。伊斯瑞尔观察到，债权人掌握了按契约规定的固定的兼并收益份
额，目标企业及收购企业的股东之间能够讨价还价的只有事先未承诺给债权人的
那部分收益。债务越多，留给目标企业及收购企业的股东的收益就越少，收购企
业的股东获得的收益也就越少。而且，目标企业的股东还可以在发行债券时获取
应归目标企业债权人的收益。这样，他们就获得了所有不归收购企业股东的收
益。由于负债减少了收购企业股东的收益，一旦兼并发生，负债水平越高，目标
企业股东的收益就越高。最优负债水平则决定于这一效果同因收购企业股东所获
收益份额的减少而导致兼并可能性减少之间的平衡。

2.3.4.4 阿洪-博尔顿模型

阿洪和博尔顿认为,在一个多时期的世界里,当出现不利的、公开观测得到的收益信息时,将控制权转移给债权人是最优的。这样,融资结构的选择也就是控制权在不同证券持有人之间分配的选择,最优的负债比例是在该负债水平上,企业破产时将控制权从股东转移给债权人是最优的。这一论点要求解释债权人和股东在目标上的不同(与股权和债务的收益特征所导致的不同无关,因为这些不同可以通过契约改变)。在他们的模型里,目标的不同源于以下事实:企业家既关心货币收益,又关心非货币的收益,而外部投资者则只关心货币收益。最优融资结构应该保证在任何情况下,社会总收益最大化,而不是某一部分投资者的收益最大化。应该指出,尽管这种目标的不同可以解释为什么双方不会简单地通过股权共同投资于该项目,但阿洪-博尔顿的模型中收益的特征并不和标准债务和股权契约中的完全一致。

2.3.5 基于产品市场竞争理论

产业组织理论假设,企业在选择其竞争策略时的目标是使它的总利润最大化,金融理论则把重点放在企业的股票价值最大化上,而忽略了产品市场策略。20 世纪 80 年代中期以来,金融经济学者和产业经济学者各自为政的格局开始打破,产品市场竞争与公司融资结构的互动关系得到重视。

Brander & Lewis(1986)率先运用博弈模型分析寡头竞争条件下融资结构和产品市场竞争关系。他们采纳了 Jensen & Meckling(1976)的基本思想,即债务水平的增加诱使股东采用风险较大的策略。在 Brander & Lewis 模型中,垄断寡头采用更加积极性的产品策略来增加风险,于是,为了保证在随后的古诺博弈中采用较有攻击性的策略,企业会选择高的债务水平。Schuhmacher(2002)生产能力-价格模型认为,寡头市场中不确定性的类型决定是否使用战略债务。需求不确定时,债务增加将引起公司利润下降,公司应该不负债。成本不确定时,债务增加引起公司利润上升,公司应该增加财务杠杆。

产品市场竞争环境下的企业融资结构行为研究的另一方向是基于对财务危机成本的重新理解。财务危机往往对公司生产销售以及相关利益者产生显著的负面影响。Titman(1984)指出,财务危机将改变顾客、供应商、雇员及竞争者对公司的看法,影响公司运营,影响公司和这些重要利益相关方的关系。大量实证表明,融资结构影响企业在产品市场上的竞争能力和业绩。Opler & Titman(1994)认为:行业不景气时,大量市场份额从高负债公司流向财务杠杆低、现金充裕的竞争对手。Kovenock & Phillips(1997)发现:在高度集中的行业中,财务杠杆高的公司比财务杠杆低的竞争对手更倾向于减少投资。而且当财务杠杆高的公司市场份额大时，财务杠杆低的竞争对手更倾向于通过增加投资以争夺市场份额。因此，财务杠杆低本身成为一项竞争优势因素。Campello（1999）说明了宏观经济环境、商业周期和产业政策急剧变化，使财务杠杆高的企业陷入财务危机的可能性大大超过财务杠杆低的企业。

以上研究表明：考虑产品市场竞争后，企业财务保守行为是合理的商业选择，高财务杠杆往往使公司在产品市场竞争中处于战略劣势，低财务杠杆是一种竞争优势。

2.3.6　机会窗口理论

最近这些年，一些学者开始关注了市场效率对公司资本结构和融资决策的影响，并由此提出了机会窗口资本结构理论。该理论的主要代表人是 Ritter（1991，1995，2002）、Baker & Wurgler（2000，2002）等。他们认为由于市场的无效率，公司融资决策随着债务和权益价值的变化而变化。在正常情况下，优先内部融资，再债权融资，最后外部股权融资；在股权成本低时，先内部融资，再外部股权融资，最后才债权融资；若股权成本非常低时，先外部股权融资，再内部融资，最后债权融资；在债务成本低时，先债务融资，再内部融资，最后外部股权融资。

Kamath（1997）对小企业的调查发现经理们确实通过制定财务决策传递企业价值，过去的盈利和过去成长性是负债比率的重要决定因素。Lucax & Mcdonald（1992）构建了一个基于随时间变化信息不对称的时机模型。他们认为，经理们通过选择权益发行的时机能在一定程度上控制市场信息的劣势。信息释放后，不对称信息达到最低点，缓冲对权益发行的消极股价反应。这样，在信息释放后不久，企业将倾向定时权益发行。假定经理随着时间推移获得私人信息，经理人员在可能信息向市场释放后，将发行权益。股票宣告发行相关的股价下降幅度与最近释放和发行间的时间正相关。Rajan & Zingales（1995）把其发现的杠杆和市场账面价值负相关作为市场时机的证据：当市场账面价值高时公司倾向于发行权益。Korajczyk & Levy（2001）发现宏观经济条件显著影响无财务约束的企业融资选择，而对受到财务约束的企业融资选择影响不大。无财务约束的企业在宏观经济条件好时，可以选择融资时机。而受到财务约束的企业则别无选择。Baker & Wurgle（2002）发现股票市场时机对企业融资结构具有显著的持久影响。公司往往在股票市场高估其价值时发行股票，低估时回购股票。

2.4　国内融资理论的研究综述

随着资本市场快速发展和金融对外开放程度不断提高，一些学者开始借鉴西方资本结构理论来研究我国国有企业的资本结构。我国学者真正从制度层面研究资本结构理论始于 20 世纪 90 年代中期，到 20 世纪 90 年代末期以后我国学者才开始用实证的方法来研究我国上市公司资本结构的决定因素。

2.4.1　早期国有企业资本结构探索

由于投融资、金融体制改革和建立现代企业制度的需要，我国学者开始研究国有企业的资本结构：

钱颖一（1995）从探讨融资结构与公司治理结构的关系入手，提出了我国建立主银行制的总体思路。

张春霖（1995，1996，1997）、费方域（1996）从解决我国国有企业的"内部人控制"问题入手，提出了国有企业融资方式改革和国有银行商业化改革的迫切性。

张维迎（1995）则将国有企业资产负债率高的原因解释为投资主体错位，即"不适于当股东的国家拥有股权而适合当股东的居民却拥有了债权"，并提出了将国有资本变为债权，将非国有资本变为公司股权的设想。

吴晓灵、谢平（1995）主张通过将企业对银行的负债转化成财政对企业的股权来解决企业负债过高问题。

周小川（1995）则提出通过将银行债权转换成银行股权来解决企业的过度负债问题。

随着改革开放不断深入，国有企业改革的需求越来越大，我国学者依据西方资本结构理论研究在我国国有企业融资结构的应用。总的说来，国内有关资本结构的研究成果可以分为以下三类：

第一，依据我国国有企业的资本结构总体情况，从国有企业负债率较高和如何化解债务风险出发，说明金融体制改革和企业产权改革的必要性和迫切性（吴晓灵、谢平，1995；周小川，1995；樊纲，1996；张春霖，1995，1996，1997；张维迎，1996，1998；周天勇，1998；方晓霞，1998；万解秋，2001）。吴晓灵（1995）、张春霖（1997）、方晓霞（1998）等从企业债务对宏观经济的影响，研究了国有企业产权改革（即资本结构）的必要性。

第二，国有企业参与市场竞争的不断深入，国有企业运营问题突出，不少学者从企业基于完善公司治理结构、建立现代企业制度和提高企业经营业绩的需要，探讨优化公司融资结构和规范公司融资行为问题（钱颖一，1995；郑红亮，1998；郭树华，1999；文宏，2000；战明华，2001；潘敏，2002；刘淑莲，2002；于东智，2002；孙永祥，2002；刘芍佳等，2003）。余志东（2002）、潘敏（2002）、陈彦勋（2011）、孙会岩（2011）等研究了资本结构对建立国有企业现代企业制度，优化公司治理的影响。

第三，国有企业股份制改革，探讨资本结构优化理论和最优资本结构的存在性问题（陆正飞，1996；付元略，1999；吴开兵，2000）。

2.4.2 国有上市公司股权结构与企业治理的研究

国内学者对于上市公司股权结构与公司治理的关系进行了大量研究:

冯根福(1997)认为,以英美为代表的分散股权结构模式对应着"公司控制市场主导型"治理模式,而以德日为代表的股权集中结构模式,对应着"银行控制主导型"模式。

何浚(1998)对我国上市公司独特的股权结构以及上市公司治理结构进行实证分析后认为,上市公司内部人控制与股权的集中情况高度相关,并且随着股权的集中,内部人控制程度呈现出增大的趋势:国有股(包括国家股和国有法人股)在公司中的比例越大,公司的内部人控制就越强。

孙永祥、黄祖辉(1999)研究得出,股权相对集中的条件下,有相对控股股东并有其他大股东存在的股权结构对公司治理机制是有效率的。

张红军(2000)研究了股权结构和公司收购与兼并、代理权竞争、监督激励等机制之间的关联。

陈湘永等(2000)研究认为,我国上市公司第一大股东持股比例越高,其权力越大,内部人控制度就越高。同时,随着第一大股东持股比例的增加,公司内部人控制程度也在上升。

高佳卿(2000)分析了公司治理、债务结构与管理者之间的关系,并强调了债务机制与管理者激励在企业改革与融资结构优化中的重要作用,认为要提高国家投资效率,必须重构公司治理结构,优化公司融资结构。

潘敏(2001)认为,股票融资有可能导致企业经营管理者的道德风险行为,负债融资虽然能够抑制和克服经营管理者的道德风险行为,但却有可能产生股东的道德风险行为。融资结构作为企业内部信息的信号,能有效地将企业的内部信息传递给外部投资者,增强投资者的投资激励。融资方式的合理选择有利于克服因信息不对称引起的过度投资和投资不足问题,作为金融契约的股票契约和负债契约内含着不同的企业所有权配置特征。因此,企业不同融资方式的选择就是不同治理机制的选择。

叶祥松(2001)认为,由于股权过度集中,导致中小股东因持股数量的限制而无权参加股东大会行使自己的表决权,而大股东在公司中的绝对控股和相对控股,使股东大会形同虚设。

卢福财(2001)等都认为企业融资效率包括企业治理效率,也就是由融资结构变化所带来的公司治理效率的变化。

连建辉(2002)在"融资结构与企业控制权争夺"一文中,从融资结构对企业控制权转移、委托投票权竞争、外部投资者的投资决策、收购与反收购、清算破产以及对收购溢价与收购双方股东收益的影响等六个方面具体分析了融资结构对企业控制权争夺的影响。

于东智（2003）对我国上市公司资本结构中的债权治理作用进行了经验分析，认为中国上市公司债权治理的软约束以及绩优公司对股权融资的偏好性表现在负债比例与公司绩效指标之间存在负相关关系。

肖作平（2005）采用 Logit 模型检验了中国上市公司治理结构对资本结构类型的影响，他认为：当治理水平高时，控股股东的机会主义行为受到限制，公司更可能使用高负债。

汪长江（2006）认为我国企业尤其是国有企业，现阶段是以银行贷款为主间接融资，通过证券市场直接融资为辅，企业治理特征体现为"行政干预的内部人控制"。通常"股东利益最大化"的企业治理的目标很难实现。所以大力发展证券市场和直接融资模式，提高直接融资比率，建立企业治理结构以市场控制为主，进而以保证高效的企业治理效率。

王继仓（2006）分析了资本结构与治理结构的关系，资本结构安排在很大程度上决定了企业治理模式的选择，并能对经营者产生激励和约束，从而降低代理成本；而公司治理结构也会对资本结构的安排产生一定影响。最后从资本结构不合理角度分析了我国上市公司治理的缺陷，认为优化资金结构是提高治理效率的根本。

张粉娥（2012）介绍了资本结构理论和公司治理理论，以调整上市公司资本结构为基点，调整并完善公司治理，以达到实现企业价值最大化的目标。

孙慧（2014）我国国有企业上市公司存在股权高度集中、"内部人控制"以及债券融资比例低等问题，文章分别从制度、法律以及市场三个角度进行深层次的原因剖析，从而提出优化资本结构、完善公司治理的有效途径。

2.4.3　企业融资方式及偏好的研究

王佩艳等（2000）从保持距离型融资模式与关系型融资模式的内在效率分析，两者都具有经济合理性；从世界融资模式的发展趋势来看，两者有相互融合的趋势；由于我国的特殊情况，现阶段企业的融资模式应采取过渡模式，即间接融资为主并逐渐减少，直接融资为辅并大力发展的过渡模式；目标模式应符合世界融资模式的趋势，是融两种融资方式于一体的有中国特色的融资模式。

杨之帆（2001）认为我国企业的资本结构呈现出重股轻债的倾向，特别是上市公司的融资方式严重偏好股权融资。影响我国上市公司选择融资方式的因素有：资金成本、企业规模、破产成本、代理成本和信息不对称的成本，综合权衡上述成本可以得出上市企业融资方式的偏好顺序，进而剖析了造成我国企业融资偏好的原因。

王增业、薛敬孝（2002）认为，在一定的假设条件和博弈分析框架下，对于管理者来说，无论是完全信息（对未来完全可知），还是不完全信息（对未来仍面临风险），偏好债务融资的这一命题都无法成立。相反，企业可能更偏好于股权融资。特别是 20 世纪 80~90 年代，美国的企业财务报表显示，股权融资相对于债务融资更满足了企业的财务缺口，新兴的中国股市更提供了企业偏好股权融资的证据。

章卫东（2003）认为，上市公司在证券市场上的再融资方式主要有股权融资和债权融资。我国上市公司都有明显的股权再融资偏好，出现这种现象的原因是多方面的。通过对我国上市公司股权再融资偏好行为的分析，提出了规范我国上市公司股权再融资行为的措施。

吴晓求（2003）对不同股权结构下上市公司融资方式选择进行实证研究，认为股权结构以及在此基础上的治理结构与公司的资本结构、融资方式、财务决策和价值取向之间有着明显的相关性。

刘星、魏锋（2004）采用大样本对我国沪深两市的上市公司的融资情况进行了分析，得出我国上市公司融资顺序首选股权融资，其次选择债务融资，最后选择内部融资。在债务融资中，公司偏好短期负债融资而非长期负债融资。

邓敏（2007）从企业融资模式与企业治理结构的关系出发，通过对美国和日本两国融资模式与企业治理结构的比较，分析了国际典型的两大融资模式的优劣，找出国际融资模式对中国融资模式选择的启示——当前我国企业融资的目标模式应以关系型融资模式为主，未来我国企业融资的目标模式应是以保持距离型融资模式为主的多元化融资模式。

熊飞、张开宇、王楠（2014）于公司市场价值与资本结构不相干模型（MM 理论），结合中国实际，考虑公司总经理在董事会和管理层中的身份及其叠加效应，引入了总经理权力指数，建立了公司总经理集权程度与融资方式选择之间的理论模型；运用中国 A 股上市公司数据，实证检验了总经理集权情况与融资方式选择之间的关系。理论研究与实证检验结果均表明，公司总经理集权程度越高，权力越大，则越倾向于采用股权方式融资。

2.4.4 企业资本结构的行业效应研究

陆正飞、辛宇（1998）发现不同行业的资本结构有着显著的差异。

洪锡熙、沈艺峰（2000）对 1995~1997 年在上交所上市的 221 家工业类公司进行了列联表卡方检验，他们则发现行业因素不因企业资本结构的不同而呈现差异。

郭鹏飞、孙培源（2003）根据中国证监会《上市公司行业分类指引》，将沪深 A 股上市公司进行行业分类，全面深入地实证研究了资本结构的行业特征。研究结果表明：（1）中国上市公司存在最优资本结构，行业是其重要影响因素之一；（2）不同行业上市公司的资本结构具有显著差异，约 9.5% 的公司间资本结构差异可由公司所处行业门类的不同来解释；（3）同一行业上市公司的资本结构具有稳定性；（4）同一行业门类内不同行业大类的公司间资本结构无显著差异。

柳松（2004）通过对样本行业资本结构状况的统计分析，得出行业的资本结构与其收益风险不匹配；我国资本市场的资本风险配置处于低效配置状态。究其主要制度根源是公司上市的目的不纯及对公司股权融资的监管政策不合理。

郭鹏飞、杨朝军、孙培源（2004）认为我国不同行业上市公司的资本结构具有显著差异，但这种差异是由于极少数行业和其他行业间的差异引起的，大约 10.5% 的公司间资本结构差异可由公司所处行业的不同来解释；同一行业上市公司的资本结构具有高度稳定性，而行业间差异也具有稳定性。同时，也发现中国上市公司的资本结构具有比较明显的行业内差异，即同一行业的部分公司也具有不同的资本结构。

赵根宏、王新峰（2004）通过对中国上市公司 2000~2002 年的资本结构数据进行非参数检验和回归分析，认为在我国，行业门类对公司的资本结构存在显著性影响，且这种影响普遍存在；而同一行业门类的不同次类之间，资本结构差异不显著。

2.4.5 影响企业融资结构的相关因素

陆正飞、辛宇（1998）以 1996 年机械设备行业的 35 家企业为样本的实证分析结果显示，企业的盈利能力与资本结构显著负相关，而企业规模、成长性等因素的影响并不显著。

李善民、苏赟（1999）的研究发现，在亏损的公司中，净资产收益率与企业的总负债、短期负债率均呈显著的负相关关系。

冯根福、吴林江、刘世彦（2000）的研究显示，企业的盈利能力与企业的资产负债率和短期债务比率均呈显著的负相关关系，但成长性与资本结构没有显著的相关性。

洪锡熙、沈艺峰（2000）运用资本结构决定因素学派的理论框架，以 1995~1997 年期间在上海证券交易所上市的 221 家工业类公司为样本数据，对影响我国上市公司资本结构的主要因素进行实证分析。结果表明，企业规模和盈利能力两个因素对企业资本结构的选择有显著的影响，而公司权益、成长性和行业因素对企业资本结构没有显著的作用。

吕长江、韩慧博（2001）提出我国上市公司资本结构的一些主要特点，进而分析影响上市公司资本结构的主要因素，得出企业的获利能力、流动比率、固定资产比例与负债率负相关；公司规模、公司的成长性与负债率正相关的结论，为进一步的实证分析提供了理论基础。

陈维云、张宗益（2002）的研究发现，企业资本结构与企业的规模和成长性正相关，与企业盈利能力和企业风险程度负相关，但与企业资产抵押价值、利息保障倍数和实际税率没有显著的相关性。

肖作平、吴世农（2002）发现，企业规模、资产担保价值与债务水平呈正相关，成长性、非债务性税蔽与负债水平负相关。

安宏芳、吕骅（2002）研究发现，企业的资本结构与企业盈利能力、企业资产变现能力、企业资产管理能力负相关，与企业资产担保价值、企业成长性正相关，与企业规模相关性不显著。

汪恒杰、李姚矿、沈菊琴（2002）发现，上市公司获利能力与资本结构显著负相关，企业风险与资本结构显著正相关，企业规模、资产担保价值、成长性等因素对资本结构的影响均不显著。

黄贵海、宋敏（2002）对我国上市公司资本结构的实证研究发现，ROA 一个百分点的增加可以引起资产负债率 $1.5 \sim 2.0$ 个百分点的降低，波动性、公司规模和机构持股比例与资产负债率正相关。

王娟、杨凤林（2002）发现企业的盈利能力越强，负债水平越高，但企业的资产担保价值和总资产与负债率呈显著的负相关关系。

汪恒杰、黄贵海（2002）研究显示企业经营风险与企业资本结构正相关。

陈超、饶育蕾（2003）用总负债率、长期账面负债率和短期负债率三个指标作为财务杠杆的代理变量，研究我国上市公司财务杠杆与盈利性、成长性、非债务税蔽、公司规模、税率、道德风险等变量之间的相关性，发现在我国，财务杠杆随盈利性、成长性、非债务税蔽而降低，但随公司规模、税率和道德风险而增长。

袁知柱、李晓玲（2004）研究如何达到最佳的资本结构，是公司理财决策中的重要问题。理论上的分析表明，公司的负债比率由多种因素共同决定。资产担保价值、成长性、变异性与资本结构正相关；赢利性与资本结构负相关；行业、企业规模、产生现金流量能力、非债务税盾与资本结构不相关。

乐菲菲、李帮义、李丽华（2008）认为，公司资本结构是否合理直接影响到公司经营业绩和长远发展。运用多元回归分析法，对我国钢铁行业上市公司的资本结构的影响因素进行实证分析，结果表明：钢铁行业上市公司利息保障倍数以及股权结构与资本结构呈显著的正相关关系、钢铁行业上市公司非负债税盾以及成长性与资本结构呈显著的负相关关系等。

高金霞、时学成、王道保（2010）选取公司规模、资产担保价值、成长性和流动性四个方面作为变量，验证相关的资本结构理论。从整体和行业两个角度对447 家公司指标进行定量分析，得出资本结构与四方面在整体上有相关性，但在行业里却体现出一定的差异，说明行业结构对资本结构因素的影响是明显的。

杜利文（2011）以资本结构理论和人力资本结构理论为指导，研究给出了影响浙江省上市公司资本结构的指标体系。以筛选出的反映资本结构杠杆率的总负债率、流动负债率和长期负债率三个指标作为因变量，进行线性回归，结果发现筛选出的七个因子与总负债率、流动负债率和长期负债率存在一定的线性关系。

沈永建（2012）以山东省非上市国有工业企业为研究样本，分析了非上市国有工业企业资本结构影响因素。结果表明，企业规模和组织形式对企业资本结构都产生显著性影响，并且企业规模和组织形式的交互作用对企业长期负债率产生显著影响。针对实证结论和国有企业的现状，对国有企业降低负债率提出了政策建议。

段小萍（2013）采用主成分分析法和相关性分析法，利用 CDM 上市公司 2008 年面板数据，对我国 CDM 上市公司资本结构影响因素进行实证分析。分析结果发现，不同因素对 CDM 上市公司资本结构的影响表现出一定的差异性：企业的偿债能力、盈利能力和成长能力对资本结构的影响显著正相关；营运能力对 CDM 上市公司资本结构的影响不显著。

张瀚元（2014）在提出影响我国上市公司资本结构因素的前提下，以吉林省为例，选取了 2013 年深沪两地上市的 26 家企业为样本，分别从企业的盈利能力、成长性、公司规模、资产结构、资产流动性等五个方面对上市公司资本结构的影响进行了分析，并对影响因素进行实证研究。

2.4.6 企业融资效率的研究

文宏（1999）提出配股融资是我国上市公司最重要的再融资手段之一，但是配股融资事实上的低成本，以及经理人在我国上市公司治理结构环境下、追求自身利益最大化和成本最小化的行为得不到约束。使企业偏好配股方式融资却低效率地使用、降低了股市资金配置的效率。在我国股票融资代理成本还很高的情况下，单纯希望通过发行股票上市，降低企业的负债比率，改善企业经营状况，是在以一种软约束代替另一种软约束，并不能达到目的。发展股票融资的同时，更应加强市场的建设，完善股票市场在改善公司治理方面的作用。

刘海虹（2000）研究表明企业融资低效率是我国经济运行的突出特征。多投入及多消耗资本，使经济运行对银行体系形成一种自下而上的资金需求压力，最终也拖垮了银行，导致信贷萎缩，使微观问题传递和集中到宏观上来。

卢福财（2001）在回顾了有关金融效率、融资方式效率及融资制度效率的概念之后，同样在最广泛的一般意义上使用"效率"这一概念，他把企业融资效率定义为企业某种融资方式或融资制度在实现储蓄向投资转化过程中所表现出来的能力与功效，并以此为基础构造了企业融资效率的分析体系。

邓召明、范伟（2001）研究表明在我国证券市场近十年发展过程中，上市公司通过在一级市场首次公开发行 A 股募集资金后，促进了上市公司资产规模的扩大和主营业务收入的增长。但上市公司的平均盈利能力有逐年下降之态势，而且下降幅度逐步加大。

任玉香、杨淑芝（2002）从企业改革的角度试着对企业的筹资方式和融资效率谈一些初步认识。如果企业的融资效率得不到提高，势必会导致"经济萎缩"现象的发生，因此，企业应加强管理，重视企业的筹资方式和融资效率。

宋增基、张宗益（2003）通过对上市公司融资效率的实证分析，得出尽管我国上市公司在筹资效率上具有优势，但由于在公司治理结构等方面存在较多问题，致使资本配置效率并不具有显著优势。

马珩、邓晶（2003）将企业融资效率低的原因归结为银行预算软约束，并为如何改善银企关系提出了一些建议。

陈洪波（2003）从不完全契约和控制权配置的思路来分析企业融资契约效率，并提出了控制权实现度的概念。初始契约界定的控制权是通过一定的机制实现的，而实现的前提是控制权的可交易性和可竞争性，它影响控制权的实现度，而控制权实现度的高低与企业融资效率正相关。我国国有企业由于政策法律的规定和现实中存在的控制权福利等原因，控制权具有不可交易性和不可竞争性，使控制权实现度处于较低水平，从而影响了融资效率。因此，国有企业和融资体制进一步改革的方向应当是增强国有企业国有股和法人股的可交易性和可竞争性，提高控制权实现度。

肖劲、马亚军（2004）对融资效率的指标体系及评价方法进行分析。初步建立企业融资效率及理论分析框架。

刘力昌等（2004）运用数据包络分析方法，以沪市 1998 年初次发行股票的 47 家上市公司为研究对象，对中国股权融资效率进行综合评价，研究结果为：68.09% 的上市公司股权融资效率不能达到技术与规模同时有效，59.57% 的上市公司股权融资效率既不能达到规模有效，又不能达到技术有效，我国上市公司股权融资效率总体呈低效状态。47 家上市公司中，信息技术行业配置效率较高，而公用事业和健康护理行业配置效率低。还提出了上市公司提高股权融资的效率的途径。

李海宁（2005）分析了中国股票市场对企业融资效率的制约作用。

高学哲（2005）认为企业融资效率体现在创造企业价值的融资能力上。从企业融资效率的概念界定来看，企业融资方式的选择及相应融资成本的高低，各种融资方式的比例关系与企业使用资金效率之间的关系，以及引导企业融资效率动态演进的金融市场制度效率构成了企业融资效率的研究范畴。

刘伟、王汝芳（2006）通过动态模型实证，发现我国资本市场间接融资

（中长期贷款）与固定资产投资的比率的提高对经济具有负作用影响，但随着金融改革的深化，其负面影响逐步降低；相对来说，资本市场直接融资与固定资产投资的比率的提高对经济有着积极的作用，且其积极作用越来越明显。为此，建议在推进资本市场的改革和开放中，要不断提高直接融资的比重，建立多层次、多产品的市场体系。

曹晓军、胡达沙、吴杰（2007）分析了我国上市公司融资现状，得出我国上市公司过分偏好股权融资的结论，并且阐述偏好股权融资的主要表现。然后通过着重分析我国上市公司股权融资的配置效率和筹资效率，得出我国上市公司股权融资效率不高的结论。对于如何提高股权融资的配置效率和筹资效率提出对策。

聂新兰（2007）通过融资效率已有文献的回顾，给出了企业融资效率的微观含义，强调微观效率的创造价值功能，并从价值创造角度界定了融资效率的研究范围，为上市公司的融资实践提供理论依据。

王颖（2006）、杨蕾（2007）等在股权融资效率的评价中采用了数据包络分析方法。

李冬梅（2007）运用熵值法来评价融资效率。

王海侠（2008）分析了在信息不对称条件下，即存在道德风险时，对于一个要从落后的传统生产方式转向现代化生产方式的企业来说，银行融资效率更高，但仍存在改进之处。

汪冬华、郑春玲（2008）从企业融资效率的收益角度出发，利用企业的工业增加值表示企业的融资收益，通过建立大中小企业工业增加值和反映各种融资方式水平的数据信息之间的自然对数形式的回归方程，获取工业增加值对各种融资方式水平的弹性系数，以其比较分析我国企业融资效率及其融资模式。

董黎明（2008）从债务融资期限差异的角度出发，通过实证检验不同期限的银行信贷资金对企业微观融资效率的影响，发现短期债务资金和融资效率显著负相关，并低于长期债务资金的融资效率，不支持委托代理理论认为的短期债务资金能更有效地降低代理成本、提高资金使用效率的结论。

黄辉（2009）从融资成本和融资风险两方面对企业融资效率进行了定量测度，并以我国 A 股上市公司的面板数据实证分析了企业特征因素对融资方式、资本结构、融资效率以及企业价值的影响。

刘克、王岚（2010）将网络关系合法性作为中介变量，构建了产业集群中企业间网络关系对企业外部融资效率影响的理论模型，并且探索了不同程度的政策制度支持如何影响网络合法性与外部融资效率的关系。

谢婉丽（2011）运用 DEA 评价方法中的 C2R 模型，选取 2008 年和 2009 年54 家发行公司债的上市公司为样本，对我国上市公司发行公司债融资效率进行评价，研究发现仅 17 家公司的公司债发行效率相对有效，总体则处于相对低效状态。进而提出了提高其公司债融资效率的对策措施。

田芬（2011）在分析企业集团的融资特点及常用融资方式的基础上，采用模糊数学的方法，建立了融资效率的模糊综合评价模型，对我国企业集团不同融资方式的效率进行了分析比较，并提出了企业集团选择融资方式的建议。

唐学书、李小燕（2011）从上市公司再融资效率和再融资效率评价方法两个方面，系统回顾和梳理了国内外学者关于再融资效率评价的主要文献，在总结各个研究方法优缺点的基础上，对克服现有方法的不足提出了新的见解。

张延良、杨小波（2013）以中印两国股票市场为基础，从企业股权融资效率理论着手，运用 DEA 模型研究中印两国上市公司股权融资资金的使用效率，比较两国股权融资效率，以找出中国上市公司股权融资使用效率不足的原因和改进措施。

邓超、魏慧文、唐莹（2013）基于 32 家 A 股上市环保企业 2008~2011 年的面板统计数据，运用 DEA 方法对我国环保企业的融资效率进行实证研究和整体评价，结果表明：样本环保企业的融资效率整体均值偏高，但效率值分布呈现出两极分化状态；企业普遍处于规模报酬递增或不变阶段，整体呈发展向上态势；规模报酬不变的企业融资效率较高，规模报酬递增和递减的企业融资效率普遍较低；样本期间内环保企业融资效率经历先增长后回落的变化趋势。

李芳、王超（2014）在阐述当前创新型中小企业所面临的融资困难的背景下，对创新型中小企业融资效率评价的影响因素、方法及意义进行分析，构建了创新型中小企业融资效率指标体系，采用了 DEA 融资效率评价模型来对创新型中小企业融资效率进行评价。

闻岳春、唐学敏（2014）从服务科技创新的角度，对中美两国资本市场融资效率进行了比较研究。研究发现，在资本市场融出资金方面，中美两国资本市场对高新技术企业融出资金的效率较为接近；而在资本市场资源配置方面，中国资本市场在服务科技创新时的资源配置效率相对较低。

谭湛、汪建（2014）使用 2009~2011 年中国 30 个省市规模以上工业企业数据，运用 CCA-DEA 指数法测算了三年内中国工业升级中的综合效率、技术效率和规模效率，分析了中国地区间工业升级的路径及效果。实证结果表明：从时间角度来看，各省份的产业融资效率均处于上升通道，且资金的规模报酬显现递增效应。

崔鹏、张文强、安烨（2015）的研究表明增加金融相关比率能够提高证券市场融资效率；提高证券化率同样可以提高证券市场融资效率；投资率和货币化率过高会导致证券市场融资效率降低。

潘永明、朱茂东、喻琦然（2015）根据 2009~2013 年的面板统计数据，运用数据包络方法，对京津冀上市企业融资效率进行测度。结果表明：随着京津冀一体化的推进，企业整体融资效率偏低，而技术效率较高；规模效率低是企业普遍面临的问题；企业的规模报酬呈递增趋势。

李素梅、陈琛、徐继明（2016）运用 DEA-Logit 模型，对我国 30 家新能源汽车企业的 8 年面板数据进行实证研究，以 DEA 的效率结果为基础，定量分析相关金融指标对融资效率的影响。研究表明，我国新能源汽车产业未达到融资充分有效，其融资效率与宏观经济走势及企业股权融资占比正相关，而与企业债权融资占比负相关。

3 我国国有企业融资方式及国际比较

伴随着我国市场化改革的不断深化，传统计划经济体制正在向社会主义市场经济体制过渡，我国的融资制度（主要指企业融资制度）也逐渐地由计划融资制度向市场融资制度转变。在这个转变过程中，计划的资金配置作用不断弱化，而市场的资金配置作用不断增强。

3.1 我国国有企业融资方式

3.1.1 企业融资方式的分类

融资方式是企业取得资金的具体方法和形式。对于不同规模和类型的企业，可以利用的融资方式有很大不同。由于划分企业融资方式的标准不同，企业融资方式的类型就不一样，并且不同的划分还会产生交叉和重叠，但不同的划分对于不同的研究有不同的意义。

3.1.1.1 内源融资与外源融资

按照融资过程中资金来源的不同方向，可以把企业融资方式分为内源融资和外源融资。

内源融资是由企业的创始资本以及运行过程中的资本积累所形成的，从企业财务的角度看，它是企业的权益性资本。在个体及家庭经营条件下，内源融资主要由经营者的个人出资以及经营利润转化组成，而没有来自其他社会成员的社会资本。在市场经济体制下，企业制度的发展，使企业的内源性融资扩大到社会成员的出资，构成企业的股本金、经营利润积累以及折旧基金。公司企业的内源融资主要来自于社会股东的出资。在计划经济体制下，国有企业是非独立法人的经营组织，企业的经营资金来自于财政的划拨资金（自有资金和银行信贷计划资金（借贷资金））。因为国家作为唯一的经济主体控制资金，国有企业的资本均来自于内源融资。进入经济体制的转轨时期以后，企业制度与经济管理体制的改革引起了投融资体制的渐变，内源融资除了国家财政拨款以外，企业自身的积累与利润留成因政企分开也成为重要的部分，部分企业也通过发行股票而向社会融资，形成了企业的股本金。

内源融资是企业的自有资本，即权益性资本，而当企业成为公司组织后，权益性资本也就成为法人资本，这也可以被理解成为投资形成的资本。从企业起源与经营稳定角度看，内源融资是最初始的投融资形式，也是企业获得经营资金最为可行的渠道。

内源融资具有以下特点：（1）自主性。内源融资是企业的自有资金，企业在使用时具有较大的自主性，受外界的制约和影响较小。（2）有限性。内源融资的可能性受企业自身积累能力的影响，融资规模受到较大限制。（3）低成本性。内源融资的财务成本小，不需要直接向外支付相关的融资成本和费用。不过，内源融资也会有机会成本，有时机会成本可能会很大。（4）低风险性。内源融资的低风险性，一方面与其低成本性的特点有关；另一方面是它不存在支付危机，因而不会出现由支付危机导致的财务风险，当然其他性质的风险仍然是存在的。

外源融资是指企业通过一定方式向企业之外的其他经济主体筹集资金。也就是说，是指吸收其他经济主体的储蓄，以转化为自己投资的过程。外源融资方式包括银行贷款、发行股票、企业债券等，此外，企业之间的商业信用、融资租赁在一定意义上说也属于外源融资的范围。

同内源融资相比，外源融资也有其显著的特点：（1）高效性。外源融资由企业之外的其他经济主体的储蓄供给资金。因此，它可能不受企业自身积累能力的限制。进而这种融资方式可以变分散的、小额的储蓄为集中的、大额的金融投资，所以说它具有融资高效性。（2）有偿性。从融资的产权属性看，外源融资包括债权融资和股权融资。对于债权融资，企业除需要向债权人支付利息外，同时还要支付各种各样的融资费用，融资成本较高，具有明显的有偿性；对于股权融资而言，虽然不需要直接支付资金使用费，但还是要向有关中介机构支付各种融资费用的，这些融资费用是企业财务费用的组成部分。故而从这个意义上说股权融资也是"有偿"的。（3）高风险性。外源融资的高风险性可以从两方面分析，首先是债权融资存在的支付危机会带来较高的财务风险；其次是股权融资在证券市场的高流动性会带来"交易风险"。（4）流动性。对于债权性外源融资，其本质上属于他人产权资本。企业无权占为己有和长期使用。期限一到，债权人就会要求偿还。因此，对于筹资者而言，具有期限不稳定性的限制。

3.1.1.2 股权融资与债权融资

按照融资过程中形成的不同资金产权关系，可以把企业融资方式分为股权融资和债权融资。

股权融资，也称所有权融资，是企业向其股东（或投资者）筹集资金。企业的股东愿意让出部分企业所有权，通过企业增资的方式引进新的股东的融资方式。股权融资所获得的资金，企业无需还本付息，但新股东将与老股东同样分享企业的赢利与增长。股权融资获得的资金就是企业的股本，由于它代表着对企业的所有权，故称所有权资金，是企业权益资金或权益资本的主要构成部分。

股权融资具有以下特征：（1）长期性。股权融资筹措的资金具有永久性，无到期日，不需归还。（2）不可逆性。企业采用股权融资无需还本，投资人欲收回本金，需借助于流通市场。（3）无负担性。股权融资没有固定的股利负担，股利的支付与否和支付多少视公司的经营需要而定。

债权融资是指企业通过借钱的方式进行融资，债权融资所获得的资金，企业首先要承担资金的利息，另外在借款到期后要向债权人偿还资金的本金。债权融资的特点决定了其用途主要是解决企业营运资金短缺的问题，而不是用于资本项下的开支。它可以发生于企业生命周期的任何时期。债权融资获得的资金称为负债资金或负债资本，它代表着对企业的债权。

债权融资也有以下一些特征：第一，债权融资获得的只是资金的使用权而不是所有权，因此它在形式上采取的是有借有还的借贷的方式。第二，负债资金的使用是有成本的，企业必须支付利息，并且债务到期时须归还本金。第三，债权融资在一定条件下能够提高企业所有权资金的资金回报率，具有财务杠杆作用。第四，与股权融资相比，债权融资除在一些特定的情况下可能带来债权人对企业的控制和干预问题，一般不会产生对企业的控制权问题。

3.1.1.3 直接融资与间接融资

直接融资是指没有金融中介机构介入的资金融通方式。在这种融资方式下，在一定时期内，资金盈余单位通过直接与资金需求单位协议，或在金融市场上购买资金需求单位所发行的有价证券，将货币资金提供给需求单位使用。商业信用、企业发行股票和债券，以及企业之间、个人之间的直接借贷，均属于直接融资。

直接融资具有以下特征：第一，直接性。在直接融资中，资金的需求者直接从资金的供应者手中获得资金，并在资金的供应者和资金的需求者之间建立直接的债权债务关系。第二，分散性。直接融资是在无数个企业相互之间、政府与企业和个人之间、个人与个人之间，或者企业与个人之间进行的，因此融资活动分散于各种场合，具有一定的分散性。第三，差异性较大。由于直接融资是在企业和企业之间、个人与个人之间，或者企业与个人之间进行的，而不同的企业或者个人，其信誉好坏有较大的差异，债权人往往难以全面、深入了解债务人的信誉状况，从而带来融资信誉的较大差异和风险性。第四，部分不可逆性。在直接融资中，通过发行股票所取得的资金，是不需要返还的。投资者无权中途要求退回股金，而只能到市场上去出售股票，股票只能够在不同的投资者之间互相转让。第五，相对较强的自主性。在直接融资中，在法律允许的范围内，融资者可以自己决定融资的对象和数量。

　　间接融资是直接融资的对称，是指拥有暂时闲置货币资金的单位通过存款的形式，或者购买银行、信托、保险等金融机构发行的有价证券，将其暂时闲置的资金先行提供给这些金融中介机构，然后再由这些金融机构以贷款、贴现等形式，或通过购买需要资金的单位发行的有价证券，把资金提供给这些单位使用，从而实现资金融通的过程。

　　与直接融资相比，间接融资的特点有：（1）间接性。在间接融资中，资金需求者和资金初始供应者之间不发生直接借贷关系；资金需求者和初始供应者之间由金融中介发挥桥梁作用。资金初始供应者与资金需求者只是与金融中介机构发生融资关系。（2）相对的集中性。间接融资通过金融中介机构进行。在多数情况下，金融中介并非是对某一个资金供应者与某一个资金需求者之间一对一的对应性中介；而是一方面面对资金供应者群体，另一方面面对资金需求者群体的综合性中介，由此可以看出，在间接融资中，金融机构具有融资中心的地位和作用。（3）信誉的差异性较小。由于间接融资相对集中于金融机构，世界各国对于金融机构的管理一般都较严格，金融机构自身的经营也多受到相应稳健性经营管理原则的约束，加上一些国家还实行了存款保险制度，因此，相对于直接融资来说，间接融资的信誉程度较高，风险性也相对较小，融资的稳定性较强。（4）全部具有可逆性。通过金融中介的间接融资均属于借贷性融资，到期均必须返还，并支付利息，具有可逆性。（5）融资的主动权掌握在金融中介手中。在间接融资中，资金主要集中于金融机构，资金贷给谁不贷给谁，并非由资金的初始供应者决定，而是由金融机构决定。对于资金的初始供应者来说，虽然有供应资金的主动权，但是这种主动权实际上受到一定的限制。因此，间接融资的主动权在很大程度上受金融中介支配。

3.1.1.4　企业融资方式的影响因素

　　企业应根据自身的经营及财务状况，并考虑宏观经济政策的变化等情况，选择较为合适的融资方式：

　　（1）考虑经济环境的影响。经济环境是指企业进行财务活动的宏观经济状况，在经济增速较快时期，企业为了跟上经济增长的速度，需要筹集资金用于增加固定资产、存货、人员等，企业一般可通过增发股票、发行债券或向银行借款等融资方式获得所需资金，在经济增速开始出现放缓时，企业对资金的需求降低，一般应逐渐收缩债务融资规模，尽量少用债务融资方式。

　　（2）考虑融资方式的资金成本。资金成本是指企业为筹集和使用资金而发生的代价。融资成本越低，融资收益越好。由于不同融资方式具有不同的资金成本，为了以较低的融资成本取得所需资金，企业自然应分析和比较各种筹资方式的资金成本的高低，尽量选择资金成本低的融资方式及融资组合。

（3）考虑融资方式的风险。不同融资方式的风险各不相同，一般而言，债务融资方式因其必须定期还本付息，因此，可能产生不能偿付的风险，融资风险较大。而股权融资方式由于不存在还本付息的风险，因而融资风险小。企业若采用了债务筹资方式，由于财务杠杆的作用，一旦当企业的息税前利润下降时，税后利润及每股收益下降得更快，从而给企业带来财务风险，甚至可能导致企业破产的风险。美国几大投资银行的相继破产，就是与滥用财务杠杆、无视融资方式的风险控制有关。因此，企业务必根据自身的具体情况并考虑融资方式的风险程度选择适合的融资方式。

（4）考虑企业的盈利能力及发展前景。总的来说，企业的盈利能力越强，财务状况越好，变现能力越强，发展前景良好，就越有能力承担财务风险。当企业的投资利润率大于债务资金利息率的情况下，负债越多，企业的净资产收益率就越高，对企业发展及权益资本所有者就越有利。因此，当企业正处盈利能力不断上升，发展前景良好时期，债务筹资是一种不错的选择。而当企业盈利能力不断下降，财务状况每况愈下，发展前景欠佳时期，企业应尽量少用债务融资方式，以规避财务风险。当然，盈利能力较强且具有股本扩张能力的企业，若有条件通过新发或增发股票方式筹集资金，则可用股权融资或股权融资与债务融资两者兼而有之的融资方式筹集资金。

（5）考虑企业所处行业的竞争程度。企业所处行业的竞争激烈，进出行业也比较容易，且整个行业的获利能力呈下降趋势时，则应考虑用股权融资，慎用债务融资。企业所处行业的竞争程度较低，进出行业也较困难，且企业的销售利润在未来几年能快速增长时，则可考虑增加负债比例，获得财务杠杆利益。

（6）考虑企业的控制权。中小企业融资中常会使企业所有权、控制权有所丧失，而引起利润分流，使企业利益受损。如房产证抵押、专利技术公开、投资折股、上下游重要客户暴露、企业内部隐私被明晰等，都会影响企业稳定与发展。要在保证对企业相当控制力的前提下，既达到中小企业融资目的，又要有序让渡所有权。发行普通股会稀释企业的控制权，可能使控制权旁落他人，而债务筹资一般不影响或很少影响控制权的问题。

3.1.2 我国国有企业的具体融资方式分析

由于社会经济的发展和金融市场的发达，我国国有企业的融资方式也随着丰富起来，以某一种或几种融资方式为主、其他融资方式为辅所形成的融资模式，也发生了相应的变化。按照融资的具体业务形式，可以把企业融资方式大致分为：（1）财政资金融资，包括财政拨款、所得税返还，政府补贴等；（2）证券投资融资，主要指发行股票和企业债券；（3）银行贷款，包括长期贷款和短期贷款，以及票据贴现、支票透支等；（4）商业信用融资，包括企业的应付账款、应付票据和预收货款等；（5）租赁融资，包括融资租赁、回租租赁等；（6）个人和社会集资、企业间信贷等。下面具体说明几种国有企业常见的融资方式的特征。

3.1.2.1 权益资本融资

权益资本融资是企业最重要的资本来源之一，主要包括发行普通股和优先股两种具体的融资方式。普通股是股份有限公司发行的无特别权利的股份，也是最基本的、标准的股份。

总体上说，权益资本方式融资具有很多优点：（1）一次筹资金额较大，筹措的资金比较稳定，具有永久性、无到期日、不需要向股东归还等特征，有利于保证公司对资本的最低要求，维持公司长期稳定发展。（2）没有固定的股利负担，股利支付与否，支付多少取决于公司的经营状况、现金流量和股利政策。由于普通股筹集的资金没有还本付息的压力，筹资风险较债务融资方式小。（3）普通股筹措的资金可以视为其他渠道资金的基础，特别是债权人将其视为一种保障，因而有利于增强公司举债能力。但是，权益融资也存在一定的不足，主要表现为：（1）资本成本较高。因为权益投资者承担了比债权人更大的风险，他们要求的报酬率自然会更高；并且普通股股利和优先股股利都是从税后利润中支付，不具有抵税作用。（2）发行新股（尤其是普通股）筹集资金会增加新的股东，从而分散现有股东对公司的控制权，并且参与公司积累分享，而且股权资本具有摊薄作用，可能降低每股股票的收益和净资产，容易引发短期内股价的下跌。（3）上市的条件相对苛刻，公司上市门槛较高，对于许多企业要进入股票市场融资具有一定的难处。（4）权益融资方式周期较长，从股份发售到资金到位耗时较多，无法满足企业紧迫的融资需求。（5）企业上市后要负担较高的信息报道成本，各种信息公开的要求可能会暴露商业秘密。

3.1.2.2 银行借款融资

银行借款融资是企业融入资金的主要方式，通常有长期借款和短期借款两种具体的融资方式。长期借款是企业向银行（或非银行金融机构）借入的使用期限超过一年的借款，主要用于固定资产的购建和满足长期流动资金占用的需要。短期借款是指企业向银行（或其他金融机构）借入的期限在一年以内的借款，主要用于企业生产周转或临时资金所需。理论上，借款融资的成本等于债务合同规定的利息。但由于银行发放贷款和要求企业支付利息的方式不同，借款的实际成本往往比债务的利息高。

银行借款融资的优点是：（1）筹资速度快。借贷双方通过直接谈判签订借款合同即可获得贷款，能够满足企业对资金的急迫需求。（2）筹资成本低。长期借款的手续费比证券发行费低，而且利息在税前支付，使企业实际负担的利息费用减少，通常短期借款的手续费和利率比长期借款的还要低一些，利息也可以在税前支付，因此借款融资的资本成本总体上比权益资本的成本低。（3）具有杠杆效应。由于利息大小固定，如果企业的资产收益率较高，负债的杠杆作用能进一步增加股东的收益。（4）筹资弹性大。借款时企业与银行直接交涉，谈判确定借款数量、期限和其他条款，在用款期间还可能与贷款方协商修改部分借款合同。（5）相对于股票和债券融资，银行借款融资方式的进入门槛较低，它对企业的组织形式，规模和盈利没有严格的规定。

银行借款融资方式也有一定的局限性，主要表现为：（1）限制条款多。贷款方为了保证资金的安全，减少股东对自己权利的损害，会在贷款合同中增加很多限制性条款，从而可能制约企业的生产经营，不能最大限度地发挥贷款的作用。（2）采用银行借款融资，需要定期支付固定的利息费用，从而增加了企业的财务风险。（3）银行贷款融资的规模有限，相对于股权融资来说，以银行借款的方式能够筹集的资金数额较小。

3.1.2.3 债券融资

企业债券是企业为了筹集债务性资金而向债权人发行的、承诺在未来一定时期还本付息的一种有价证券。企业发行债券融资，通常是为了满足大型项目的资金需要，债券的期限大多为一年以上的长期债券。与长期借款相比，发行债券可直接面向广大的投资者，融资对象广，因而发行债券能够筹集的资金一般也比银行贷款取得的资金多，但债券的发行费用高于银行借款手续费，而且为了吸引投资者，利率通常高于借款利率，因此它的资本成本通常比同期长期借款成本高，但由于债券的风险比股票小，而且利息可以在税前支付，因此，债券融资的资本成本比股权融资的资本成本低。

债券融资与长期借款融资相比，优势是融资规模较大，劣势是成本较高，对于发行对象和发行条件限制严格。此外，由于面对的是多个资金提供者，债券融资的弹性比银行借款融资的弹性小，债券给企业带来的财务风险比同样数量的银行借款带来的风险高。它与权益融资相比优势在于：资本成本较低，不分散股东对企业的控制权，存在杠杆效应，转移了可能的通货膨胀风险；劣势在于融资规模较权益融资小，财务风险高。

在企业债券中，可转换债券是一种更灵活的融资工具。可转换债券在转换为权益资本以前，除了具有普通债券所有的特征外，还具有看涨期权的性质。由于可转换债券的票面利率低于普通债券的利率，而且利息可以在税前支付，可转债在转换前融资成本较低；但由看涨期权的性质可知，可转债券持有人只会在对自己有利时做出转换决定，因此转换过程必然对企业现有股东不利，转换会增加可转换债券的初始融资成本；在转换以后，企业支付资本成本的形式由税前利息支出变为税后红利，而且对每股盈利和每股净资产还有摊薄作用，降低企业的业绩，可能导致股价下跌，这又会进一步增加可转债的融资成本。综合可转换债券在三种状态下的成本，很难判断可转换债券融资相对于其他融资方式的优势和劣势。

3.1.2.4   留存收益融资

留存收益融资是现代企业最重要的融资来源，也是企业权益资本的主要来源。企业采用留存收益融资的优点表现为：（1）使用留存收益融资几乎没有门槛，这意味着留存收益是企业最方便、快捷的融资方式，任何组织形式的企业不论规模的大小，都可以采用留存收益融资，只要企业存在留存收益；（2）能够为企业提供长期的稳定的资金来源，留存收益融资属于长期权益融资，因此没有固定的到期日和支付利息的压力，留存收益融资和其他权益融资一样，能够被企业长久使用；（3）使用留存收益融资会提高企业权益比率，从而减少企业的财务风险，增加企业采用外部债务融资的能力；（4）由于留存收益本身就归企业现有股东所有，因此采用留存收益融资不会分散现有股东对企业的控制权。使用留存收益融资的最主要的缺点是能够筹集到的资金规模有限，留存收益的规模受企业整体盈利水平和企业股利政策的制约。此外，企业部分留存收益的转化形式如公益金、盈余公积金等的使用，还要受国家有关规定的制约。

3.1.2.5   租赁融资

租赁融资是按照租赁合同，资产使用人（承租人）定期向资产所有者（出租人）支付一定数量的租金，从而长期获得某种资产的使用权和收益权的经济行为。租赁是融通实物资本的有效方式，有经营性租赁、财务租赁两种方式。财务租赁又称为资本性租赁，是出租人将与资产相关的全部风险和收益转移给承租人的一种方式，它与发行股票、发行债券、长期借款和留存收益一样成为企业重要的融资方式。

租赁筹资的优点在于：（1）可以避免长期贷款的种种限制，为公司经营提供了更大的弹性空间，具有很大的灵活性。（2）可以转嫁设备过时陈旧的风险，采用租赁方式，承租方可自行选择设备，确定恰当的租赁期。在租赁期内，如果所租赁的设备因过时而价值下降，承租方也不必承担由此造成的损失。（3）不需要借款中的余额保证或其他价值抵押，增加企业的融资能力。（4）租赁费用固定并且在税前开支，具有杠杆作用，还降低了企业实际筹资成本。

租赁融资的局限性在于：（1）租赁融资的租金支出比长期贷款和发行债券的成本都高，固定的租金支出增加了企业的财务风险；（2）租赁融资具有"专款专用"的性质,限制了融资资金的用途,降低了融资的灵活性;(3)通过租赁方式融资,受租赁市场大小和提供资产企业的数量限制,在某些国家和地区,可能由于租赁市场不发达或提供资产的出租方过少,租赁融资很少发生。

3.1.2.6 商业信用融资

商业信用产生于商品交易中,是自发性筹资的一部分,即在交易过程中,由于商品和货币在时间和空间上的分离而形成的企业之间的直接信用行为。

商业信用融资的优势在于:(1)容易取得。商业信用可以按照购货合同的规定,随着商品交易的发生而自动取得,它是一种持续性的信贷形式,不需办理任何正式的手续,一般也不附加其他条件,对于多数企业来说,这种融入资金的方式比较方便灵活,运用广泛。(2)成本较低。除应付票据一般有支付利息规定外,应付账款、预收账款等基本上没有利息支付的规定,如果没有现金折扣,商业信用筹资不负担成本。(3)有利于密切企业间的经济联系。

一般说来,能够提供商业信用的企业之间,经济联系都是比较稳定的,通过商业信用的形式进行融资,有助于密切买卖双方的经济联系,减少企业的经营风险。商业信用融资形式的不足之处在于:(1)融资的数额有限。因为商业信用存在于工商企业之间,所以它的整体规模以产业资本的规模为上限,每次商业信用融资的数额以每笔商品交易的购销额为上限。(2)有比较严格的方向性。赊购商品是商业信用的主要形式,而赊购商品这种商业信用形式是有严格的方向性的,即卖方企业向买方企业提供信用,上游产品企业向下游产品企业提供信用,所以,有些企业很难取得商业信用。(3)容易造成企业信用危机。商业信用期限很短、还款压力很大,如果企业一旦出现资金周转困难则容易导致信用危机,商业信用融资形式容易造成企业之间互相拖欠,导致"三角债"的滋生。(4)如果商业信用附带有现金折扣,而放弃折扣的机会成本可能很高,从而使得商业信用融资的成本昂贵。

3.1.2.7 折旧基金融资

折旧是企业固定资产价值补偿的主要方式。折旧基金作为企业最常用的内部融资来源,对企业新增投资和原有固定资产的补偿都具有非常重要的影响,在固定资产存续期内,折旧能够作为企业稳定的内部资金来源产生融资效应。

折旧基金具有节税作用。由于折旧基金在企业缴纳所得税前提取,并在税前扣除,因此,折旧基金具有减少企业的应税所得,从而减少企业应交所得税的作用。理论上说,企业每提取一笔折旧基金都能抵扣相应数额的所得税支出,从另一个角度看,这些因折旧而节省下来的企业所得税支出就构成了企业的融资来源。折旧基金税蔽效应的产生主要源于税法的规定,与折旧的经济意义没有必然的联系；税蔽效应除了数额上与折旧基金的大小有关外，与折旧基金的其他性质也没有关系。税蔽效应本质上是国家对企业的价值让渡，是企业独立的积累资金来源，可以永久地用于企业的固定资产投资和扩大再生产。

3.2 我国国有企业融资的实践

自改革开放以来，国有企业的改革经历了放权让利、承包制、股份制试点和现代企业制度等几个阶段，国有企业的融资方式也随着改革的进程越来越多元化。在传统的计划体制下，企业投资资本筹措与使用主要是通过财政统收统支的单一渠道来实现。企业收入全部上缴国家，企业的资本需求由财政统一划拨。其中固定资产投资全部由财政拨款，流动资本也大部分来自财政，只有少部分补充流动资本由银行贷款。20 世纪 80 年代以来，随着经济体制改革的全面展开，国家投资体制、财税体制、金融体制等发生了重大的变化，国有企业在扩大企业自主权的同时，逐步形成了投资主体多元化，资本来源多渠道和投资方式多样化的局面。国有企业融资结构的发展大致经历三个阶段：

3.2.1 财政融资方式为主的企业融资结构（新中国成立初期至 1978 年）

传统的计划经济体制下，资金是极为稀缺的经济资源，国家始终保持分配过程的中心地位。新中国成立以后，为了解决资本短缺与工业化发展长远战略目标之间的矛盾，使资源配置促进我国重工业的发展，在当时情况下，以政府为主导的财政主导型融资体制成为唯一的选择，从而建立了统一的指令性生产计划制度和统收统支的财政体制。国有企业收入全额上缴国家财政，支出所需资金由政府全额拨付，国家对企业实行统收统支的财务管理模式。

在这一阶段，企业既不是投资主体也不是融资主体，企业绝大多数的基本建设资金投资来源于国家预算内资金，表 3-1 是我国五个五年计划内的财政资金在国家国家基本建设投资总额中资金来源占比，从表 3-1 可以看出在前五个五年计划中财政资金在国家基本建设投资总额中资金来源中的份额占比很大。

表 3-1 财政资金在国家基本建设投资总额占比 （%）

时期	"一五"	"二五"	1963~1965 年	"三五"	"四五"	"五五"
比重	90.3	78.3	88.1	89.3	82.5	77.2

资料来源：《中国统计年鉴》，1986。

财政主导型的企业融资模式有下面特点：第一，企业没有运营资金的自主权，不存在严格意义上的融资行为，国家对企业生产经营所需的资金主要实行由财政无偿拨付的供给制；第二，企业融资方式的单一化和封闭性；第三，资金预算具有软约束性。传统的计划经济体制下，国有企业不是企业资金融通的主体，

决定了企业资金的筹集就是在国家资金使用的制度规定下，企业对资金的需求和
国家给企业拨款的可能之间所形成的资金供需的均衡点。不存在所谓的企业筹资
成本、风险等因素的约束。

历史地看，财政主导型企业融资制度为我国在较短的时间内奠定工业化基础
发挥了比较高的配置效率，但随着经济规模的扩大和产业结构层次的演进，社会
信息结构日趋复杂，传统的财政主导型融资制度越来越难以适应企业的资金需
求，局限性越来越明显地暴露出来。

3.2.2 过渡时期的以银行信贷为主的企业融资结构

过渡时期是指中国由传统的计划经济体制向社会主义市场经济体制转变这一
特定时期。在这个过程中所形成的特定的经济体制背景就称为"转轨经济体
制"。进入体制转轨阶段，与转轨体制相适应的企业融资模式也发生了变化，即
由财政主导型的企业融资模式向金融导向型的市场模式演进。

在这一时期为了加强对国有企业的约束，提高国有企业的运作效率和资本的
使用效益，实行了所谓的"拨改贷"。从而使企业融资由过去依赖政府到现在依
赖银行，变成以银行融资为主的融资方式。但和过去不同的是，为使国有企业成
为相对独立的经济主体，企业融资由无偿转为有偿，也就是有了明确的融资
成本。

在这期间，国有企业的固定资产投资资金主要由三个基本渠道：国家预算内
投资、国内贷款和自筹投资（主要包括留存收益和折旧基金）。尽管财政投资逐
年增加，但国内贷款和自筹投资增长也加快。由财政拨款逐渐转向银行贷款为主
的局面。在银行贷款、留存收益和折旧基金三种融资方式中，银行（长期）贷
款融资占了相当大的比例，并呈现快速增长的态势，全国国有企业年银行借款总
额由 1978 年的不足 40 亿元，增长到 1992 年的 1412.04 亿元，当年还款总额从
20 亿元增长到 728.07 亿元，企业通过长期借款年实际融资总额由 1978 年的
18.7 亿元增加到 1992 年的 683.97 亿元，14 年中上述三项指标分别增长了 36
倍、35.5 倍和 36.6 倍。

3.2.2.1 国有企业固定资产投资来源

在国有企业的固定资产投资资本来源中，国内贷款开始超过财政投资，自筹
投资迅速增加，财政投资比重及绝对额都明显下降。1985～1990 年间，国家预算
内投资占国有经济固定投资的比重，从 23.98%下降到 13.19%，而到 1993 年继
续下降到 5.6%。1985 年国内贷款比重还略低于国家预算内投资，但 1986 年就
已超过，1992 年以后国内投资贷款每年均相当于国家预算内投资的 5 倍以上。国
有企业固定资产投资对银行的依赖性越来越大（见表 3-2）。

表 3-2 全社会固定资产投资资金来源构成   （%）

年 份	国家投资比重	国内贷款比重	利用外资比重	自筹及其他比重
1981	28.1	12.7	3.8	55.4
1985	16.0	20.1	3.6	60.3
1990	8.7	19.6	6.3	65.4
1991	6.8	23.5	7.3	65.5
1992	4.3	27.4	5.8	62.5
1993	3.7	23.5	7.3	65.5
1994	3.0	22.4	9.9	64.7
1995	3.0	20.5	11.2	65.3
1996	2.7	19.5	11.7	66.1
1997	2.8	18.9	10.3	67.7
1998	4.2	19.3	9.1	67.4
1999	6.2	19.2	6.7	67.8
2000	6.4	20.3	5.1	68.2
2001	6.7	19.1	4.6	69.7
2002	7	19.1	4.6	68.7
2003	4.6	20.5	4.4	70.5
2004	5.7	18.5	5.3	70.5

资料来源：《中国统计年鉴》，1994~2004。

3.2.2.2 企业流动资金方面

1986 年 6 月，国务院批转了人民银行《关于国营企业流动资金改由人民银行统一管理》的通知，实行流动资金全额信贷制度。财政一度基本不给国有企业拨付流动资金，而大部分国有企业自补流动资金也是名存实亡，银行几乎包下了国有企业全部流动资金的需求（见表 3-3）。银行贷款占流动资金比重逐年上升，1980~1994 年流动资金贷款平均增长率为 16% 左右，大大高于同期国民生产总值增长率。四大国有银行中，国有企业的短期贷款占全部企业短期贷款总额的91%。

表 3-3 国有企业流动资金来源   （亿元）

年 份	全部流动资金	自有流动资金	银行贷款
1978	2911.6	1237.4	167.4
1980	3365.7	1295.8	2067.6
1985	4172.9	1130.9	3035.5
1990	10869.5	1663.0	7960.2
1995	19106.42		19919.33

资料来源：《中国统计年鉴》，1998。

3.2.3 融资方式多元化的企业融资结构（1993 年以后）

1992 年党的十四大提出我国经济体制改革的目标是建立社会主义市场经济体制，这就必然要求构建与之相适应的融资体制，即让市场在资金这一生产要素的配置中发挥基础性作用，也就是市场融资制度。

1993 年以后，中央明确提出企业改革的方向是建立现代企业制度，要使产权关系明晰，改变过去以政府行政手段分配资本、企业融资渠道单一、信贷软约束的局面，并实行资本金制度，努力按市场经济的通行规范强化投资主体自我约束机制。

在这之后，金融体系改革和资本市场的发展拓宽了企业的融资渠道，债务资本来源不再局限于银行借款，债券融资、租赁融资开始成为企业现实的融资方式，而股票市场的发育更为企业大规模地筹集权益资本创造了有利的条件。这些因素在主观上和客观上都对我国企业融资产生了深刻的影响，导致了企业融资构成与前一时期相比有显著变化（表 3-4）。

表 3-4 我国企业外源融资结构 （%）

年份	1993	1994	1995	1996	1997	1998	1999	2000	2001
贷款融资	72.9	66.4	67.1	73.4	66.2	74.9	69.9	63.4	65.0
股权融资	2	0.4	0.2	1.5	8.6	6.2	7.1	14.3	8.6
其他	24.2	32.9	32.9	24.7	25.0	26.7	24.5	21.6	25.3
合计	100	100	100	100	100	100	100	100	100

资料来源：《中国统计年鉴》，1998。

从表 3-4 看，整体而言，间接融资中银行贷款仍占绝对优势，但其在融资中的比重逐步下降，与之相对应，直接融资所占比重迅速上升，企业资本的形成和扩张，越来越依赖于资本市场，多元化融资格局和多元化融资结构初步形成。

3.3 国外企业融资结构实践

由于企业融资的方式、渠道、机制等受一国的金融制度、法律制度（税收制度、破产制度等）和历史文化背景等的影响，发达国家和发展中国家典型企业融资模式也不尽一样。欧洲投资银行经济学家斯坦克尔把西方发达国家的金融体制分为两类：市场主导型和银行主导型。一般认为，市场主导型以美国为代表，以证券为主要融资工具，而日本、德国等大多数国家的企业则主要通过银行获取资金。

3.3.1 美国市场主导型企业融资模式

市场主导型模式，一般是指资本市场在社会储蓄的汲取以及向投资者的转化过程中起着基础性作用，金融中介机构包括商业银行、投资银行、保险公司等都是金融市场的积极参与者，不存在明显的融资成本与优势或占绝对主导的地位。美国是市场经济制度最为完善的资本主义国家，奉行"私人财产神圣不可侵犯，契约自由"等准则，法律制度完善，政府适度干预经济，以弥补"市场失灵"缺陷为边界，信奉市场力量对促进经济发展的作用。相应地，资本市场的融资功能和效率也得到充分发挥。证券市场主导型企业融资模式体现了美国市场经济体制的特征。

美国的市场主导型融资模式的演变过程大致可分为三个阶段：

第一个阶段是指 19 世纪 80 年代以前美国金融体系发展的初级阶段。在此阶段，由于企业生产规模小，对固定资产的需求较少，大部分资本需求可直接由内部融资来满足，外部融资主要来源于商业信用，通过商业票据承兑等形式取得资金。随着商品经济和对外贸易的发展，美国历史上第一家商业银行——北美银行正式建立，从此，银行业得到大规模的发展。在金融发展的初级阶段，除了提供支付结算的基础功能外，金融体系主要起到融通资金的作用。

第二阶段是 19 世纪 80 年代到 20 世纪 20 年代，是间接融资的主导阶段。这时美国的银行得到了广泛普遍的发展。商业银行总数从 1862 年的 1492 家发展到了 1914 年的 26696 家。1883 年美国的贷款资产总额为 271.5 亿美元，证券资产总额为 266.7 亿美元，到 1907 年贷款资产总额为 384.3 亿美元，证券资产总额为 139.3 亿美元，到大危机爆发前的 1928 美元，证券资产总额为 293.0 亿美元。银行在金融市场中的地位得到增强，但随着证券市场的发展地位又相对下降。

第三阶段是 20 世纪 30 年代以后，美国进入了以证券市场融资为主的直接融资主导阶段。在 20 世纪 30 年代的世界性经济危机中，美国的金融体系受到严重打击，企业银行借贷大幅度下降，由于当时人们把经济危机的根源归结于垄断和直接融资与间接融资的混合经营。危机过后，针对大危机使信贷活动过剩，金融资本肆虐给国民经济造成危害这一状况，美国联邦政府相继颁布了一系列旨在对金融市场和金融机构宏观调控的法律。如限制经营业务的《格拉斯-斯蒂格尔法案》，使商业银行和投资银行业务分离，实行分业管理。分业使商业银行专心于短期资本的借贷，而把长期资金的融通交给了证券市场和投资性金融机构；分业也促进了投资银行、经纪公司、共同基金、金融公司的诞生和成长，这样就形成了美国多层次的、发达的金融市场。同时联储还对银行的储蓄存款和定期存款利率实行上限管制，这些管制沿用到 90 年代，在一定程度上促进了金融市场的发展。

从第二次世界大战结束到 20 世纪 60 年代，美国经济发展增长速度较快，企业对资金的需求增长也较快，从而带动了美国证券市场的快速发展，证券发行量不断增加。同时由于在金融体系的融通资金功能方面优势，直接融资方式也因其自身的特点而受到青睐。从表 3-5 可以看出，在 1930 年美国企业的贷款资产总额还略多于资产证券总额，但到 1940 年美国企业的资产证券总额大致是贷款资产总额的 3 倍。1960 年美国企业的贷款资产总额为 3333 亿美元，而证券资产总额快速发展到 10284 亿美元。可以说在一阶段，伴随着社会信用的不断健全，越来越多信誉好的大公司不再依赖商业银行贷款，而拥有了更多的选择机会，再加上金融管制放松等影响，美国的直接融资在这一阶段得到了空前的发展。

表 3-5　美国历年贷款资产总额和证券资产总额比较　　　（亿美元）

年 份	贷款资产总额	证券资产总额
1930	320.6	281
1940	167.7	492.1
1950	1969	5065
1960	3333	10284
1970	7137	21424
1980	20563	50921
1990	46217	158824
2000	79663	488451

资料来源：《融资方式、融资结构与企业风险管理究》，经济科学出版社，2007：26。

美国企业融资结构的特点是由美国的经济体制和融资体制所决定的。美国的经济体制是备受西方国家推崇的自由资本主义市场经济体制，一方面存在着以个人财产为基础的产权制度，另一方面存在着控制财产的竞争机制，在这种体制下，企业会经常面临"敌意接管"的市场约束，为此，企业融资结构需保持较高的内部融资。而在外部融资中，美国企业又以证券融资为主，银行信贷所占份额比较少。

直接融资与间接融资反映一个国家对基本融资方式的选择，发达的资本市场使直接融资得以在美国企业发展过程中一直扮演着重要的角色，见表 3-6。美国资本市场上的资金存量中，直接融资一直占比较大。从 1970 年看美国资本市场融资方式构成来看，直接融资占比在 60% 左右，其中股票融资所占比是 41.4%；间接融资所占份额为 34.6%，银行对商业的放贷占 7% 左右。到 1990 年的情况基本类似。

表 3-6　1970 年与 1990 年美国资本市场上不同融资方式构成

融资方式	1970 年		1990 年	
	金额/亿元	占比/%	金额/亿元	占比/%
直接融资	1430	65.4	7857	59.3
其中：公司股票	906	41.4	4165	31.4

续表 3-6

融资方式	1970 年		1990 年	
	金额/亿元	占比/%	金额/亿元	占比/%
公司债券	167	7.6	987	7.4
联邦政府债券	160	7.3	1653	12.5
地方政府债券	197	9.0	1052	7.7
间接融资	757	34.6	5394	40.7
住宅抵押贷款	355	16.2	2924	22.1
银行商业贷款	152	7.0	815	6.2
消费贷款	134	6.1	806	6.1
商业抵押贷款	116	5.3	846	6.4

资料来源：《企业融资——理论、实务与风险管理》，武汉理工大学出版社，2004：21。

从融资主体的情况看，以公司制形式存在的企业是美国经济中居于主导地位的社会组织形式，在企业的资本结构中，通过发行企业债券和股票的方式从资本市场筹措资金是其外部融资的主要形式，其中企业债券又占资本市场的大部分。从表 3-6 可以看出，在 1970 年公司股票融资 906 亿元，占比为 41.4%，到 1990年公司股票融资 4165 亿元，占比为 31.4%。可以说 20 世纪 70 年代以后，美国企业的股权融资开始下降，债务融资比重大大增加。在此以后，在企业直接融资中，债务融资比重基本上都高于股票融资。在 1970~1985 年间，股票市场筹资在美国公司的外部融资中仅占 2.2%，而企业从债券市场取得的新资金平均是美国来自股票市场的 10 倍之多。具体美国工商企业的外源融资结构见表 3-7。

表 3-7 美国工商企业的外源融资结构   （%）

年　份	借　款	股票发行	债券发行
1901~1912	22.9	31.3	45.8
1913~1922	50.5	21.4	28.2
1923~1929	25.9	42.8	31.3
1930~1933	-91.7	58.3	25
1934~1939	-42.9	371.4	-214.3
1940~1945	102	23.5	-25.5
1946~1949	48.3	20.6	30.8
1950~1955	71.9	10.1	18
1956~1960	61.6	12.5	25.9
1960~1965	80.4	3.5	16
1966~1970	67.2	5.4	27.4
1970~1985	61.8	2.2	25.9

资料来源：普林斯顿国民经济研究所，《1900 年以来金融中介在美国经济中的作用》，1985。

3.3.2 日本银行主导型企业融资模式

日本为发达国家和新兴工业国家的代表，其特征是政府对金融体系的发展起到了强有力的推动作用，形成了政府干预下的以银行为主导的企业融资模式。

日本由于其证券市场不如欧美国家发达，决定了其融资方式主要是以银行信贷间接融资为主，直接融资（债券和股票）比例比较小。特别是从战后经济恢复时期到高速增长时期，企业对银行贷款的依赖程度不断提高。日本著名经济学家铃木淑夫把日本高速增长时期金融结构的特征概括为三点：一是间接金融优势，即通过银行等金融机构间接供给资金比重较大。二是超借，即企业法人在融资中对银行贷款的依存度较高；在1966~1970年的5年中，日本企业资金中来自贷款的平均比例为49%，而美国、英国、德国则在10%~30%的范围内，平均只相当于日本的一半。三是超贷，即民间银行经常处于"超信用"（贷款和有价证券投资超过了存款和资本金），其不足资金主要依靠向日本中央银行借款。在1957~1974年间（见表3-8），日本主要企业的融资结构中，内部融资比重仅为25.5%~37.7%左右，银行借款比重约占40%，股票债券融资比重则分别在12%~3.2%和8.5%~5.1%。

表3-8　日本主要企业的融资结构变化　（%）

年　份	内部资金	增资	他人资金	短期借入金	长期借入金	公司债券	其他
1960~1964	22.9	10.6	66.6	20.3	13.4	5.1	27.7
1965~1969	30.6	3.3	66.1	15.7	15.1	4.3	31.0
1970~1974	29.2	2.3	68.5	18.3	16.0	4.2	30.0
1975~1979	38.8	6.8	54.4	14.4	5.9	9.0	22.8
1980~1984	50.5	9.5	40.0	9.0	1.2	7.8	17.4
1985~1989	45.9	16.0	38.0	5.3	7.7	17.7	13.9
1990~1994	87.6	4.6	7.8	-2.8	-3.4	11.2	-8.2
1995	84	1.2	14.8	-10.1	13.4	3.6	24.7

资料来源：经济企划厅，《1998年经济白皮书》，1999：204~207。

到20世纪70年代后期，日本企业融资方式从以银行融资为中心转向以证券融资、间接融资和内部融资三种方式并重。到20世纪80年代，随着日本政府对金融市场管制的放松，日本证券市场特别是债券市场得到了长足的发展，企业的资金状况和融资模式也发生了变化。一方面主银行的重要性已大大下降，出现了企业"脱离银行""企业选择银行"的现象；另一方面随着日本企业获利能力的不断增强，企业自我积累能力大大提高，内部融资在企业融资结构中所占的份额越来越大。在1985~1990年间（见表3-8和表3-9），主要日本企业借款比重仅为

3.2%左右，股票和债券融资比重为 28.7%左右，内部融资比重高达 60%以上。

表 3-9 日本历年企业的贷款资产总额和证券资产总额比较　　（亿日元）

年　份	贷款资产总额	证券资产总额
1930	131.78	29.65
1940	252.20	118.78
1950	14281.82	1422.62
1960	147481	67604
1970	991400	331400
1980	4575600	3128000
1990	11474900	10935000
1995	14217900	10733000

资料来源：《融资结构的变迁研究》，中山大学出版社，2004。

3.3.3 发展中国家企业融资方式分析

由于存在着政府管制造成的各种控制和制度性限制，发展中国家企业融资问题较为复杂。在分析发展中国家企业融资模式时，把着眼点放在分析发展中国家的工业化过程中企业融资制度上以及企业融资结构上。

根据世界银行提供的资料，20 世纪 60~80 年代以来，东亚国家和地区以及其他发展中国家企业融资格局可见表 3-10 和表 3-11。这些国家或地区企业融资模式的特点如下：

第一，内源融资是公司资金的重要来源，但其在公司融资结构中的比重和重要性低于发达市场经济国家。这是因为工业化初期阶段企业无法通过内部积累来满足资金需求。

第二，发展中国家企业对外部资金的依赖程度大。发展中国家和地区的企业在 80 年代以前近 70%的资金来自外源融资，远远高于工业化发达国家。而进入 80 年代后，发展中国家或地区的企业内部积累有较大幅度的上升，从而对外部资金的依赖程度有所降低。可见，在发展中国家或地区，经济的高速增长对内部资金与外部资金的增长提高了双重需要，但内源融资无法满足企业高速成长的资金需求，因而更多地依赖于外源融资。

第三，发展中国家间企业杠杆率存在很大的差异，总负债率从巴西的 30.3%到韩国的 73.4%，相差 43.1 个百分点，这种差距要比发达国家的 22 个百分点（法国为 69%，英国为 47%）大得多。企业杠杆率较低的国家有巴西、墨西哥、马来西亚、津巴布韦、波兰和匈牙利；杠杆率较高的国家有韩国、印度和巴基斯坦；部分地区发展中国家的企业杠杆比率见表 3-11。

表 3-10 东亚国家或地区非金融公司的净资金来源 （%）

国家或地区	年 份	内部来源	外部来源			其他
			贷款	债券	股本	
韩 国	1970~1979	27.6	32.4	4.8	14.8	—
	1980~1989	38.3	42.9	13.6	15.6	—
中国台湾	1965~1980	37.3	33.6	1.7	24.1	-6.2
	1981~1990	29.9	30.2	6.2	28.6	1.8
泰 国	1970~1976	51.4	28.9	12.6	9.3	-3.4
	1977~1983	51.8	36.8	11.9	10.8	-3.4
马来西亚	1986~1991	58.8	25.0	—	1.8	-12.0
印 度	1970~1985	23.3	47.8	—	13.1	1.1

资料来源：《东亚奇迹——经济增长与公共政策》，中国财政经济出版社，1997：54。

表 3-11 发展中国家企业的杠杆比率 （%）

国 家	年 份	总负债率	长期账目负债率	长期市场负债率
巴 西	1985~1991	30.3	9.7	—
	1985~1987	30.7	8.4	—
墨西哥	1984~1990	34.7	13.8	—
	1985~1987	35.4	15.6	—
印 度	1980~1990	67.1	34.0	34.7
	1985~1987	66.1	35.7	36.7
韩 国	1980~1990	73.4	49.4	64.3
	1985~1987	72.8	50.3	59.3
约 旦	1983~1990	47.0	11.5	18.6
	1985~1987	44.7	10.9	20.1
马来西亚	1983~1990	41.8	13.1	7.1
	1985~1987	40.9	13.1	7.7
巴基斯坦	1980~1987	65.6	26.0	18.9
	1985~1987	65.2	32.5	17.6
泰 国	1983~1990	49.4	—	—
	1985~1987	50.9		

国　家	年　份	总负债率	长期账目负债率	长期市场负债率
土耳其	1983~1990	59.1	24.2	10.8
	1985~1987	61.8	24.5	10.8
津巴布韦	1980~1988	41.5	13.0	26.3
	1985~1987	40.3	11.4	26.0
波　兰	1991~1994	30.8	—	—
匈牙利	1992~1995	40.0	—	—

资料来源：《中国上市公司融资结构与公司绩效》，中国经济出版社，2005：90。

第四，发展中国家与发达国家相比，发展中国家的企业在外部融资结构上利用股权融资的比率要大得多。从表 3-12 可以看到，除巴基斯坦的股权融资特别低外，股权融资比率最低的印度也有 19.6%，最高的墨西哥则达到 66.6%；在发达的 7 个国家中利用股票融资（1970~1985 年统计）最多的加拿大其股票融资比率也只有 11%，意大利 10.8%，法国 10.6%，其他发达国家中，英国 4.9%，日本 3.5%，德国是 2.1%，而美国企业股票融资比率只有 0.8%。即使考虑到数据在统计口径上存在一定差异，发展中国家企业股权融资的比率也要高得多。

表 3-12　发展中国家企业的融资结构　　　　　　　　　（%）

国　家	时间	内部融资	股权融资	长期债权融资	内部融资变化率
韩　国	1980~1987	19.5	49.6	30.9	7.6
巴基斯坦	1980~1986	74.0	1.7	24.3	-4.6
约　旦	1980~1987	66.3	22.1	11.6	-24.1
泰　国	1983~1987	27.7	—	—	23.1
墨西哥	1984~1988	24.4	66.6	9.6	14.9
印　度	1980~1988	40.5	19.6	39.9	-12.6
土耳其	1982~1987	15.3	65.1	19.6	13.2
马来西亚	1983~1987	35.6	46.6	17.8	-7.7
津巴布韦	1980~1988	58.0	38.8	7.7	16.8

资料来源：Singh A，Hamid J. *Corporate financial structure in developing countries*，International Finance Corporation，1992.

3.4 我国国有企业融资结构的国际比较

一个特定国家企业融资结构的形成由多种因素构成。一般来讲，企业融资结构与该国经济发展水平、金融市场成熟度、金融环境与制度等关联较大。从上面看到的我国国有企业融资实践和欧美发达国家及发展中国家相比存在着一些显著不同，这与我国经济发展及市场化改革导致的企业微观金融制度和金融市场发展有直接关系。虽然，我国国有企业的融资环境及制度等因素与国际上其他国际有一定差别，但在微观企业层面，企业的融资结构仍然对我国国有企业有借鉴作用。从以上国家的企业融资结构实践来看，我国国有企业与国外企业的融资实践在内源融资与外源融资比率、企业融资顺序、上市公司融资偏好等存在一些显著不同。

3.4.1 我国国有企业内源融资比率较低

内源融资和外源融资是按照融资过程中资金来源的不同方向进行划分的企业融资方式。一般来讲，内源融资就是投资者利用自己的储蓄，它包括自我融资和税收。在自我融资中，投资者根据商品市场、要素市场和外汇市场相对价格配置储蓄。

3.4.1.1 我国国有企业内源融资与国外企业内源融资的比较

在市场经济体制中，企业的内源融资是由初始投资形成的股本、折旧基金以及留存收益（包括各种形式的公积金和公益金、未分配利润等）构成的。内源融资是企业经营活动结果产金，是企业长期融资的一个重要来源。通常说企业的融资结构应该以自有资金为主，以借入资金为辅。发达国家的企业在融资过程中，高度重视内部积累，内源融资占比较大（见表3-13）。

表3-13　1970～1989年发达国家净融资来源比较　　　　（%）

项　目	美　国	英　国	德　国	日　本
保留盈余	91.3	97.3	80.6	69.3
新股本	8.8	10.4	0.9	3.7
债　券	17.1	3.5	0.6	4.7
贷　款	16.6	19.5	11	30.5
贸易信贷	3.7	1.4	1.9	8.1
其　他	2.5	8.4	10	0.1
外部融资总额	8.7	2.7	19.4	30.7

资料来源：《经济研究资料》，1998（1）：13。

从表3-13可以看出，西方发达国家的企业在资金筹集过程中，高度重视内部积累，内源融资占了相当大的份额。在1970～1989年间，在美国、英国、德国、日本的净融资来源中，最重要的是保留盈余，其中英国最高，达到97.3%，日本最低也达到了69.3%。可以说，由于内源融资的优势明显，金融市场发达的国家也非常注重企业的内源融资。

但与此同时，我国国有企业的资金来源中，内源融资比率明显低于发达国家。改革开放以来，随着资金供给制度的改革，原来属于政府支配的企业内部资金逐步转为企业的自主积累。虽然企业财权逐步扩大，企业的留利数量和比例也有了提高，但就目前我国国有企业资本结构看，企业自有资金的比率仍然很低。从表3-14中显示，我国国有企业的资本金比率在1994~2001年间都在25%以下（除了1994年的26.4%），而国外企业尤其是发达国基本在70%以上。

表3-14 国有企业资本金比率

年　份	资本金总额/亿元	资产总额/亿元	资本金比率/%
1994	10154	38477.28	26.40%
1995	11168.15	47472.06	23.52%
1996	11806.82	52757.03	22.38%
1997	13879.22	59107.61	23.48%
1998	16424.73	74916.27	21.92%
1999	17839.85	80471.69	22.17%
2000	20156.14	84014.94	23.99%
2001	21780.70	87901.54	24.78%
2002	22345.90	91000.90	24.55%
2003	24123.20	94343.30	25.56%、
2004	26222.45	98923.20	26.50%
2005	30012.12	100231.20	29.94%

资料来源：《中国统计年鉴（1995~2006）》，中国统计出版社。

3.4.1.2 我国国有企业内源融资比例低的原因分析

一般来讲，企业的内源融资是由初始投资形成的股本、折旧基金以及留存收益构成。下面从这三方面来分析。

A 国家对国有企业投入的资本金逐渐降低

由于我国企业资金供给制的改革，国家不在对企业投资所需的资金进行无偿划拨，逐步推行"拨改贷"，同时对企业实行"放权让利"为主要内容的经济体制改革，从而结束了企业融资依赖政府的形式。从表3-15可以看出，从20世纪80年代初开始，国有企业的投资资金来源趋于多元化，国家投资1981年是296.76亿元，到1997年增加到694.74元。但从国有企业投资总额占比来看，

1981 年国家投资占比是 28.1%，到 1997 年国家投资占比降低到 2.8%。可以说，随着国家经济市场化改革和国有企业改革的深入，国家投资占比迅速下降，使得内源融资中国家投资形成资本金的比率在降低。

表 3-15 固定资产投资资金来源

年份	国家投资		国内贷款		利用外资		自筹及其他	
	总额/亿元	比重/%	总额/亿元	比重/%	总额/亿元	比重/%	总额/亿元	比重/%
1981	269.76	28.1	122.00	12.7	36.36	3.8	532.89	55.4
1985	407.80	16.0	510.27	20.1	91.48	3.6	1533.64	60.3
1990	393.03	8.7	885.45	19.6	284.61	6.3	2954.41	65.4
1995	621.05	3.0	4198.73	20.5	2295.89	11.2	13409.19	65.3
1997	694.74	2.8	4782.55	18.9	2683.89	10.3	17096.49	67.7

资料来源：《中国统计年鉴（1998）》，中国统计出版社。

B 国有企业折旧率一直较低

从融资角度看，折旧基金在固定资产更新期限到来之前成为处于生产过程之外的一种闲置资金，即沉淀资金，也构成企业资金来源的重要部分。然而，国有企业折旧基金融资的数额很少，主要原因是企业固定资产的折旧年限长、折旧率低。我国国有企业从 1978 年开始固定资产折旧率也在不断提高，但增长速度明显过于缓慢，而且绝对数字很小。1978 年全国所有行业企业的年平均折旧率为 3.7%，1992 年是 5.5%；工业企业的年折旧率略高于平均水平，1978 年工业企业的年折旧率为 4.1%，1992 年是 5.7%。可以说 14 年来我国企业固定资产折旧率仅增长了 1.8%。而从国际上看，发达国家企业的固定资产折旧率比我国国有企业的固定资产折旧率要高很多。从表 3-16 可以看出，日本企业在 1966 年到 1970 年间的折旧率就在 20.86%，在此之后不断提高，在 1981 年至 1985 年提高到 49.20%。日本企业的固定资产折旧率是我国国有企业的 7 倍之多。

表 3-16 日本制造企业固定资产折旧率

年 份	1966~1970	1971~1975	1976~1980	1981~1985	1986~1990
折旧率/%	20.86	24.13	36.65	49.20	35.99

资料来源：黄泰岩、侯利，《企业融资结构的国际比较》，中国工业经济，2001（4）：69~77。

可以说，我国国有企业中长期存在折旧率偏低的问题。国有企业固定资产折旧率偏低，一方面直接造成折旧基金计提不足，影响固定资产实物补偿和更新；另一方面忽视固定资产的无形损耗，不利于改造企业技术结构的落后局面。

C 国有企业利润较低，且所得税较高

首先，从企业自身来看，企业利润水平低是内源融资匮乏的首要原因。内源融资最主要的资金来源就是企业的利润，经济效益好、盈利能力强的企业，可以通过生产活动在不从外部注入资金的情况下也能实现资金的滚动扩张。但目前我国国有企业资金运作能力较差，不仅缺乏资金生成能力，甚至存在资金消耗机制，使资金经过生产过程后，不仅没有增加反而有所减少。从表3-17中可以看出，私营企业及股份制企业在全部四项效益指标中均优于国有企业。集体企业除全员劳动生产率低于国有企业（这可能是由于其资本装备水平较低造成的）外，总资产报酬率、净资产报酬率及资金利税率均高于国有企业。三资企业的总投资报酬率和资金利税率略低于国有企业（这可能和跨国公司的转移定价和三资企业的税收优惠有关），但是全员劳动生产率约为国有企业的两倍，净资产收益率也比国有企业高81.2%。据有关统计资料显示，1997年65919家国有工业企业中，亏损企业为25816家，约占36.16%，亏损企业亏损总额相当于当年利润总额的1.6倍。亏损额对资本金的严重蚕食，使企业即使要维持原有的生产规模也必须不断注入新的资金，更不用说扩大生产规模。经济效益的长期低下，使国有企业的内源融资缺少资金的供应来源。

表3-17　1995年不同类型独立核算工业企业经济效益比较

企业类型	全员劳动生产率/元·人$^{-1}$	总资产报酬率/%	净资产收益率/%	资金利税率/%
国有企业	18958.0	8.72	4.10	8.01
集体企业	12885.2	11.04	9.23	8.91
私营企业	25713.7	18.51	24.58	17.06
股份制企业	31435.9	10.68	10.27	11.33

资料来源：方晓霞，《中国企业融资制度变迁与行为分析》，北京大学出版社，1999：176。

其次，国有企业税赋过重。实行税制改革后，国有企业可支配资金严重缺乏局面有了很大的改善，但随着企业所得税税率的提高，调节税的增加，把企业自有资金的增长压向了狭小的空间，抑制了企业自我积累能力的扩大。单从所得税上看，1994年实行新税制之前，国有企业和非国有企业长期实行差别所得税率，国有企业所得税率（55%）远远高于其他非国有企业（集体和乡镇企业实行八级累进税制，三资企业按33%征收所得税，特区的三资企业所得税率仅为15%）。新税制出台以后，内资企业的税率统一，但在成本列支标准、税收征管等方面对国有企业的限制仍较严，内资企业与外资企业的税率仍有差别。实行差别税率，旨在鼓励外商投资企业的发展，建立市场经济中多种经济成分的竞争主体，却制造了一个不平等的市场环境，使国有企业自我积累、自我发展的能力大大降低。

3.4.2　国有企业负债率高，银行贷款是主要的融资方式

根据融资的优序理论，企业进行融资应遵循内源融资、债权融资和股票融资

的偏好顺序。由于我国国有企业内源融资来源较少，更倾向于间接融资，特别是银行贷款。

3.4.2.1 我国国有企业负债率较高

从总体水平上看，1980 年国有企业的资产负债率仅为 18.7%，到 1993 年国有工业企业的资产负债率上升为 67.5%，2001 年以后虽有所降低，但也高达 60% 左右（见表 3-18）。从国际经验看，负债经营成为现代企业融资的一种重要手段，只要企业预期盈利率高于借款利率，利用财务杠杆，对企业就是有利的。从表 3-19 可以看出，各个国家的资产负债率也不一样，有的高些，有的低些。

表 3-18　国有及国有控股工业企业资产负债率　　　　　　　　　（%）

年　份	1980	1993	1998	1999	2000	2001	2002	2003	2004	2005
资产负债率	18.7	67.5	64.26	61.98	60.99	59.19	59.30	59.24	59.35	57.91

资料来源：国家统计局。

表 3-19　西方国家全行业平均资产负债率　　　　　　　　　（%）

年　份	美国	英国	日本	德国	法国	加拿大
1988	60.21	50.02	80.71	60.71	65.98	45.09
1989	61.49	53.19	80.20	61.03	62.78	46.18
1990	62.09	51.18	80.02	61.42	61.38	46.81
1991	62.06	—	79.90	61.79	59.19	48.68
1992	64.22	—	79.72	61.38	57.68	49.01

资料来源：《国有企业融资结构与企业效率研究》，中国经济出版社，2007：63。

企业的负债高低并没有统一的标准。只要企业预期盈利率高于借款利率，就能利用财务杠杆，增加企业价值。但有学者通过对 5000 户工业企业投资报酬率与借款利率的比较，得出我国企业目前盈利能力差，平均投资报酬率不及一年银行借款利率，财务杠杆为负（表 3-20）。

表 3-20　5000 户工业企业盈利能力与负债利率比率　　　　　　　（%）

年份	资产收益率	净资产收益率	一年期储蓄存款利率	按资产收益率计算的投资报酬率	按净资产收益率计算的投资报酬率	借款利率
1994	3.2	9.1	10.98	10.5	12.3	12.0
1995	2.4	6.5	10.98	10.3	11.5	12.0
1996	1.4	3.7	9.22	9.0	9.1	10.0
1997	1.3	3.4	7.17	6.3	7.0	7.5

资料来源：熊莲化等，《我国企业直接融资发展现状分析》，金融时报，1998-8-1。

我国国有企业在负债率高的前提下同时有高不良债务。一般来说，高负债并不必然导致不良债务，负债增加只会增加企业财务亏空的可能性，并没产生不良债务。不良债务就是指企业中大量存在的逾期、拖欠或无力偿还的债务。不良债务的形成受企业偿债能力的影响。衡量企业偿债能力的指标有四个：（1）流动比率＝流动资产/流动负债，也叫营运资本比率，国际标准值应不小于200%，企业才有足够的偿债能力；（2）速动比率＝速动资产/流动负债，应不小于100%；（3）获利倍数＝利息及税前利润/利息费用，应不小于3；（4）资本储备率＝资本公积与盈余公积之和/实收资本，应不小于25%。这四个指标，流动比率和速动比率主要是反映企业的短期偿债能力，获利倍数和资本储备率主要是反映企业长期偿债能力。

从我国国有企业的负债结构看，流动资产的负债率呈逐年上升，有居高不下之势，1980年为48.7%，1993年为96.6%，1997年则超过100%。从表3-21也可以看出，全国国有工业企业资产负债率有的行业较高，有的较低，但流动负债率普遍偏高，反映出国有企业财务状况不佳，尤其是短期偿债能力较差。

表 3-21   分行业国有企业资产负债率　　　　　　　　（%）

行　业	资产负债率	流动负债率	行　业	资产负债率	流动负债率
全部行业	68.21	96.63	冶金	62.32	92.88
有色金属	70.63	95.75	机械	75.49	90.69
汽　车	75.06	91.42	电力	48.23	81.75
煤　炭	64.12	92.65	石油	58.31	75.13
化　学	74.75	104.42	石化	56.12	70.48
医　药	76.49	95.10	建材	68.11	92.00
纺　织	81.58	166.69	轻工	80.33	104.32

资料来源：中国工商银行湖南省分行课题组，《国有企业过度负债问题探讨》，中国工业经济，1996（4）。

3.4.2.2 银行贷款是国有企业负债融资的主要方式

从全国国有企业总体情况看，在企业负债总额中，大约有60%以上的负债是对金融机构主要是国有商业银行的贷款，这说明，银行已成为企业最大的债权人。

表3-22是我国国有企业的融资结构表。从表中可以看出，银行贷款是企业最重要的资金来源，在1995年所占比重为88%，在1997年虽有所下降，但仍然达到80%左右。

表 3-22   国有企业融资结构表

融资结构	1995 年		1996 年		1997 年	
	发生额/亿元	比重/%	发生额/亿元	比重/%	发生额/亿元	比重/%
企业融资总额	11518	100	13458	100	14795	100

融资结构	1995 年		1996 年		1997 年	
	发生额/亿元	比重/%	发生额/亿元	比重/%	发生额/亿元	比重/%
金融机构本外币贷款	10140	88	11140	82.8	11400	77
直接融资总额	1378	12	2318	17.2	3395	23
其中：本外币股票融资额	150	1.3	425	3.2	1285	8.7
债券融资额	216	1.9	268	2	250	1.7
商业汇票融资额	1012	8.8	1625	12	1860	12.6

资料来源：中国人民银行调查统计司、货币政策司；中国证监会。

关于国有企业高负债形成的原因，学术界讨论很多，大概可以归结为以下几个原因：

第一，历史体制改革的原因。这主要是指国企高负债的形成原因主要来自于 20 世纪 80 年代的"拨改贷政策"。"拨改贷"政策使企业的主要资金来源由财政供给型转向了银行贷款负债型。这一政策的出台，使许多国有企业从诞生的那天起就是无本或几乎是无本企业。据周小川分析，到 80 年代中期，财政已基本不向企业增资，以前未拨足的流动资金也不拨付了，企业实际上只能依靠贷款而发展，因为除了银行贷款这一渠道外，不存在其他的融资渠道。

第二，经营管理不善的原因。企业经营管理不善主要表现在：对市场机制的适应性差，缺乏对市场的分析、预测，因而产品销路不畅，造成存货占用资金过大。

第三，政府与企业间的不合理分配制度。在长期统收统支和利润上缴的分配体制下，国有企业根本谈不上有多少积累和自我融资能力。1983 年实行利改税，开始采用征收企业所得税的分配形式，但国有企业所得税大大高于其他所有制企业；同时国有企业的折旧率低、劳动技术补偿低、资金不计成本，还要上交调节税、能源交通重点建设基金和预算调节基金。所有这些，使得国有企业实际税费负担高达 80%~90%，直接影响到了国有企业自我积累的能力，迫使企业只得依赖举债经营。

第四，国有企业投资过大。国有企业作为我国社会主义市场经济的主体，承担了大量的固定资产投资项目。但就国有企业而言，虽然作为一个整体，国有企业仍有正的财务利润，但是其利润与投资规模已经越来越不相称。以国有工业企业为例，从 1985 年至 1997 年（见表 3-23），国有工业企业的利润总额为 8327.7 亿元，仅相当于其同期内固定资产投资的 24%。而且利润与固定资产投资之比呈现出急剧下降的势头。到 1996 年和 1997 年，该比值已由 80 年代中期的 80% 左右下降到不足 10%。这意味着即使企业所得税为零，而且不向国家上缴任何利润，国有工业企业也有 90% 以上的固定资产投资要依赖于外部资金。在这种情况下，国有企业负债率不断上升也就在所难免了。

表 3-23   国有工业企业的利润和固定资产投资

年　份	利润总额/亿元	固定资产投资/亿元	利润与固定资产投资比
1985	738. 2	913. 65	0. 81
1986	689. 9	1159. 82	0. 59
1987	787. 0	1407. 15	0. 56
1988	891. 9	1726. 53	0. 52
1989	743. 0	1597. 01	0. 47
1990	388. 1	1809. 88	0. 21
1991	402. 2	2113. 21	0. 19
1992	535. 1	2759. 47	0. 19
1993	817. 3	3571. 57	0. 23
1994	829. 0	3933. 06	0. 21
1995	665. 6	4526. 20	0. 15
1996	412. 6	4884. 73	0. 08
1997	427. 8	4958. 10	0. 09
合计	8327. 7	35360. 38	0. 24

资料来源：《中国统计年鉴》。

第五，我国直接融资市场规模偏小，发育也不完善。随着经济的强劲增长和证券市场的发展，中国证券化程度也有了相对的提高，我国沪深两地上市公司的流通市值总额占国内生产总值的比率已从 1992 年的 0.4% 增长到 2003 年的 11%。但我国资本市场结构不合理的矛盾仍然突出，主要表现在三个方面：一是资本市场发展与经济高速增长不均衡；二是国债与企业债券发展不均衡；三是股票、债券融资发展不均衡。从国际角度比较看，我国证券化比率还显得很低（见表3-24）。欧美等发达国家在 1996 年的证券化率就达到了很高的水平，如美国为 115.60%、英国为 151.9%、加拿大为 83.9%、澳大利亚为 79.50%、荷兰为 96.50%、新加坡为 159.70%、日本为 67.2%。一些发展中国家的证券化率也远高于我国的水平，比如在 1996 年韩国为 28.6%、泰国为 53.9%、墨西哥为 31.8%、印度为 34.4%，埃及为 20.9%；到 2001 年美国证券化比率已达到 150%，其他主要西方发达国家也已超过 100%，发展中国家平均水平也已超过了 67.45%。可见，我国证券市场规模过于狭小，难以发挥资本市场对国民经济应有的支撑作用。同时，居民金融资产（主要是银行存款）结构单一，这也决定了大量的资金融通仍需通过银行。

表 3-24 部分国家 1996 年金融资产与 GDP 的比率   （％）

国　家	银行资产与 GDP 的比率	股票市值与 GDP 的比率	债券市值与 GDP 的比率
美　国	55	83	112
日　本	150	71	68
泰　国	95	104	8
韩　国	69	42	42
马来西亚	93	342	54
新加坡	167	240	70

资料来源：《经济信息报》，1997-1-3。

3.4.3　国有企业直接融资中股权融资偏好趋势明显

在西方融资理论及实践中，普遍遵循资本结构的啄食顺序理论，企业偏好将内部资金作为投资的主要资金来源，其次是债务，最后才是新的股权融资。虽然，前面分析我国企业融资在内源融资和外源融资、间接融资（银行贷款融资）与国外企业融资实践的比较，发现我国企业直接融资比率较低。但还是要分析比较我国国有企业直接融资与国外企业直接融资的融资实践。

3.4.3.1　我国国有企业直接融资方式以股权融资方式为主

直接融资方式，一般是指股权融资方式和债券融资方式。同国外企业的融资实践相比，在直接融资中，国有企业存在较为严重的股权融资偏好。在企业融资中，整体来看债权融资大大小于股权融资，20 世纪 80 年代股权融资刚刚起步，发展缓慢，债权融资占很大的比重，1993 年以后股权融资猛超债权融资，发展迅速而造成债权融资发展滞后，形成了直接融资中股权结构为主的结构（见表 3-25）。

表 3-25　我国企业的直接融资结构

年　份	债　券		股　票	
	金额/亿元	比重/%	金额/亿元	比重/%
1987	30	75.00	10	25.00
1988	75.41	75.10	25	24.90
1989	98.79	93.72	6.62	6.28
1990	126.37	96.72	4.28	3.28
1991	249.9	98.04	5	1.96
1992	683.7	87.90	94.09	12.10
1993	235.84	31.29	517.98	68.71
1994	161.75	22.24	565.67	77.76

年　份	债　券		股　票	
	金额/亿元	比重/%	金额/亿元	比重/%
1995	300.8	55.15	244.61	44.85
1996	268.92	31.73	578.53	68.27
1997	255.23	12.11	1851.82	87.89
1998	147.89	10.86	1214.44	89.14
1999	158.2	10.76	1312.7	89.24
2000	83	2.54	3184.74	97.46
2001	147	7.74	1753.18	92.26
2002	325	25.25	962	74.75
2003	358	20.87	1357	79.13
2004	327	17.86	1504	82.14
2005	636	25.24	1884	74.76
2006	1050	32.26	2204.43	67.74

资料来源：《中国金融年鉴》及中央银行报告。

通过上表分析可知，在我国企业直接融资方式中，在 1992 年之前，企业债券占比都超过了 75%，其中在 1989 年、1990 年、1991 年连续三年都超过了 90%，1991 年占比 98.04%。与此同时，在这一时期，股票融资无论数额还是占比都微乎其微。从 1992 年起，我国企业的股票融资逐渐兴起，而且发展速度很快。1993 年我国企业股票融资额首次超过债券融资额，占比达到 68.71%。在此之后，股票融资方式得到企业的广泛使用，在企业融资占比中一直居高不下，到 1997 年占比超过 85%，到 2000 年达到 97.46% 的高位。可以说随着我国证券市场的设立和发展，企业在融资过程中，充分利用了股票融资方式。

3.4.3.2　我国国有上市公司普遍存在股票融资偏好

从上面的分析可知，在企业直接融资过程中，股票融资是在 1992 年开始超过债券融资，并迅速发展的。这主要是因为我国从 1990 年开始发展证券市场，分别设立了上海证券和深圳证券两个交易所。因此，以下分析在这之后的我国国有企业融资结构及融资方式的变迁。

A　国有企业上市融资情况

从我国证券市场的设立，到 2005 年的 16 年发展过程中，中国证券市场对于国有企业融资实践都发挥了积极的作用。截止到 2005 年底我国证券市场拥有 1381 家境内上市公司，市价总值 32430.28 亿元，流通市值 10630.52 亿元，总股本 7629.51 亿股，具体上市公司发行数量见表 3-26。

表 3-26 我国上市公司数量 （个）

年份	仅发 A 股公司	仅发 B 股公司	发 A/B 股公司	发 A/H 股公司	合计
1990	10				10
1991	14				14
1992	35		18		53
1993	140	6	34	3	183
1994	227	4	54	6	291
1995	242	12	58	11	323
1996	431	16	69	14	530
1997	627	25	76	17	745
1998	727	26	80	18	851
1999	822	26	82	19	949
2000	955	28	86	19	1088
2001	1025	24	88	23	1160
2002	1085	24	87	28	1224
2003	1146	24	87	30	1287
2004	1236	24	86	31	1377
2005	1240	23	86	32	1381

资料来源：上海、深圳证券交易所，《证券期货统计年鉴》，中国证券监督委员会网站整理。

　　这一时期，中国上市公司主要由国有企业改制而来。从国有企业改制上市以来，上市公司的融资方式趋于多元化，对国有企业建立现代企业制度，提高国有企业效率起到重要作用。但同国外企业的融资方式及融资结构来看，我国上市公司的融资来源仍然以外源融资为主。表 3-27 中，可以看出 1995 ~ 2001 年上市公司的融资结构变化，内源融资比例偏低。从国际上看，西方发达国家企业融资主要是利用内源融资，平均在 50% 以上，其中美国内源融资比例高达 70% 以上。而我国上市公司的外源融资达到 80% ~ 90%。可见，证券市场的设立及国有企业改制上市，都未能改变我国国有企业对外源融资的依赖。

表 3-27 我国上市公司内源融资与外源融资结构 （%）

年份	未分配利润大于 0 的上市公司			未分配利润小于 0 的上市公司		
	内源融资	外源融资		内源融资	外源融资	
		股权融资	债权融资		股权融资	债权融资
1995	12.40	51.48	36.12	9.50	48.78	41.72
1996	14.75	49.40	35.85	3.23	39.27	57.40

年份	未分配利润大于 0 的上市公司			未分配利润小于 0 的上市公司		
	内源融资	外源融资		内源融资	外源融资	
		股权融资	债权融资		股权融资	债权融资
1997	15.43	52.23	32.35	-3.28	47.05	56.23
1998	13.73	46.18	40.10	-10.55	50.63	59.93
1999	14.23	51.15	34.62	-15.83	55.29	60.54
2000	19.19	53.23	27.58	-15.90	57.25	58.65
2001	20.30	52.81	26.89	-16.11	56.70	59.41

资料来源：国信证券课题组，《上市公司融资结构与融资成本研究》，上海证券报，2002-5-14。

B 我国上市公司融资实践存在股权融资偏好

在成熟的证券市场上，债券市场规模一般大于股票市场的规模，大致情况为股票市场占 20%~30%，债券市场占 70%~80%。而我国上市公司股权融资与债券融资情况与此完全相背。从表 3-25 可看出，我国企业在 2000 年股权融资达到顶峰，境内外股票筹资达到 3000 多亿元。证券市场的发展，确切地说是股票市场的大规模发展给我国上市公司进行直接融资创造了重要的途径与场所。1992~2004 年 13 年期间，累计股权融资总额达 11642.66 亿元，其中首次发行筹资额累计达到 8452.76 亿元，配股融资累计达到 2277.29 亿元，增发融资累计达到 918.18 亿元，可转债 478.13 亿元，B 股融资 382.95 亿元，H 股融资 2806.95 亿元。

从前面的分析可知，我国国有企业的融资方式主要以银行贷款为主，企业资产负债率较高。但随着我国证券市场的发展，国有企业改制上市以来，国有上市公司的资产负债率历年低于全国企业平均水平，从表 3-28 中可以看出，除 1992 年上市公司资产负债率是 65.02% 外，其后 10 年的资产负债率在 50% 左右，并在 2000 年后下降到 50% 以下，这明显低于全部国有企业的资产负债率。产生这种现象的原因是由于国有企业经过股份制改组并获准上市资格后，可以通过发行新股和后续配股等直接融资活动获得大量的资本金，从而降低了资产负债率。从表 3-29 可以看出，除 1992 年和 1995 年股票融资额低于债券融资额外，其他年份企业的股票融资额高于债券融资额。而这种差额也越来越大了，在 2000 年达到最大，股票融资额为 2103.02 亿元，债券融资额仅为 83.00 亿元。

表 3-28 我国上市公司资产负债率 (%)

年 份	资产负债率	年 份	资产负债率
1992	65.02	1998	49.49
1993	48.76	1999	52.57
1994	50.80	2000	53.49
1995	54.41	2001	43.74
1996	53.72	2002	45.68
1997	50.06	2003	48.42

资料来源：根据国研网数据计算整理而得。

表 3-29 1992~2003 年我国上市企业股票筹资与债券筹资额 (亿元)

年 份	股票筹资	企业债券筹资	年 份	股票筹资	企业债券筹资
1992	94.09	683.7	1998	841.52	147.89
1993	375.47	235.84	1999	944.56	158.20
1994	326.78	161.75	2000	2103.02	83.00
1995	150.32	300.8	2001	1251.89	147.00
1996	425.08	268.92	2002	961.76	325.00
1997	1293.82	255.23	2003	1357.75	358.00

资料来源：根据《中国统计年鉴》整理。

我国国有上市公司的股权融资主要采用配股或增发新股。根据蒋国云的统计，1993 年共有 41% 的上市企业进行了配股，共筹集资金 81.58 亿元。但是，由于 1993 年 12 月底中国证监会颁布了《关于上市公司配股的暂行规定》，管理层加强了对上市公司配股的监控，上市公司盲目配股的行为得到了局部控制，因此，1994 年和 1995 年两年的配股企业的总数和筹资额都较 1993 年有所下降，不过，配股筹资额仍分别为新股发行筹资额的 1.01 倍和 2.77 倍。从 1997 年开始，我国上市公司的配股热情再度高涨，见表 3-30。

表 3-30 1996~2005 年我国股票市场发行及筹资情况

年份	股票发行及融资情况
1996	发行 A 股 170 只，筹资 235.3 亿元
1997	发行 A 股 188 只，筹资 655 亿元，发行 B 股、H 股和对外发行债券、吸收外资 81 亿美元
1998	发行 A 股 109 只，筹资 440 亿元，发行 B 股、H 股共吸收外资 7.7 亿美元
1999	发行 A 股 98 只，配股 117 只，共筹资 877 亿元；发行 B 股、H 股共吸收外资 601 亿美元；发行 A 股可转换债券 15 亿元。全年通过发行、配售股票共筹集资金 941 亿元
2000	发行 A 股（包括增发）154 只，配股 162 只，共筹资 1499 亿元；发行 B 股、H 股和红筹股共 18 只，筹资 208 亿美元；发行 A 股可转换债券 28.5 亿元。全年通过发行、配售股票共筹集资金 3249 亿元

年份	股票发行及融资情况
2001	发行 A 股（包括增发）84 只，配股 126 只，共筹资 1098 亿元；发行 B 股、H 股；筹资 70 亿元。全年通过发行、配售股票共筹集资金 1168 亿元
2002	IPO 融资上市融资家数有 71 家，增发新股 38 家，配股 20 家
2003	IPO 上市融资 67 家，增发 66 家，配股 25 家
2004	IPO 有 98 家，增发新股 12 家，配股 21 家；可转债 12 家，筹资额 832.87 亿元
2005	IPO 有 15 家，增发新股 4 家，配股 2 家，共筹资 330.05 亿元

资料来源：《中国证券期货统计年鉴（1997~2002）》，中国证券期货统计出版社。

从表 3-28~表 3-30 中，可以看出我国上市公司的外部资金来源表现出典型的"轻债权融资重股权融资"特征，上市公司融资体现出较为明显的股权融资偏好。可以说，我国证券市场发展的前十年间，上市企业更多地选择了股权融资方式。在随后的十年间，我国上市公司的融资方式仍然是以股权融资方式为主，见表 3-31 和表 3-32。

表 3-31 2007~2011 国有上市企业股票发行总量和债券发行总量 （亿元）

年份	股票发行总量	债券发行总量
2007	420.7	73.9
2008	472.3	79
2009	501.5	41.5
2010	530	82
2011	473.95	139.4

资料来源：中国证券监督管理委员会网站。

表 3-32 2007~2011 年国有控股上市公司资本构成（A 股） （%）

年份	短期借款	长期借款	应付债券	股东权益
2007	15.12	6.81	0.27	51.39
2008	15.36	6.39	0.11	51.87
2009	15.89	6.72	0.18	51.94
2010	14.19	6.58	0.24	53.61
2011	13.50	9.62	0.19	49.75

资料来源：中国证券监督管理委员会网站。

从表 3-31 可知，在 2007~2011 年，我国国有上市企业的股票融资额远高于债券融资额。2010 年股票融资额为 530 亿元，债券融资额为 82 亿元，股票融资额是债券融资额的 6 倍还多。

同时，从国有上市企业的资产负债表中来看，短期借款、长期借款、应付债券、股东权益项目分别占总资产的比重（见表 3-32）有很大差异。从表中可以看出，国有上市企业的资产负债表中的应付债券占比极低，平均在 0.2% 左右。

说明企业利用债券融资占比也极低。

从我国国有上市企业的融资实践分析和表3-32中可以直观看出我国国有上市企业在融资过程中选择融资方式的先后顺序：首选股权融资，其次是利用短期借款、长期借款融资，最后选择发行债券融资，这与优序融资理论是相违背的。这也反映了我国国有上市企业的股权融资偏好。

3.4.3.3 我国国有企业股权融资偏好的原因分析

关于我国国有上市企业对于股权融资方式偏好原因的研究比较多，又提出了一些观点。大致来讲主要的研究观点有：

第一，上市国有企业盈利水平偏低，导致资产收益率不高，内部融资源头受限。尽管国有企业在经过改制、上市以后，效率有所提高，但是公司治理结构等方面仍然存在不足，导致上市国有企业效益偏低。据统计，1996~2000年间，美国、欧洲、英国上市公司的净资产收益率分别为17.9%、13.9%和17%，而同期中国上市公司仅为9.55%左右，远低于西方发达国家的收益水平。而企业的内源融资主要来自公司的盈余积累，较低甚至亏损的业绩水平限制了我国上市企业的内部融资比例。

第二，股权融资成本低是上市公司偏好股权融资的直接原因。从融资成本角度看，债务融资的成本是一种显性的硬约束，主要表现为银行贷款利息，而股权融资的成本为公司剩余索取权，在短期内是隐性的和软约束的，发行股票和配股筹集的资金使用效益的低下也没有任何法律文书的约束。相当多的上市公司将股权资金视为可自主支配的"自由现金流量"，往往根据需要调整股利发放比例，或通过送股、转股等股票股利形式发放股利，或降低现金股利支付额，从而使经营者认为股票融资成本低廉。我国公司法规定，上市公司分配当年税后利润时，应当提取利润的10%列入公司的法定公积金，并提取利润的5%~10%列入公司的法定公益金。因此，普通股每股可分配股利最多只能为每股收益的85%。从我国上市公司股利政策的实际情况（见表3-33），则是相当多的公司常年不分红，或是象征性的分红，极少有将当年盈利全部实施分配，由此可见，上市公司支付股利支出对上市公司并不构成太大的成本。

表3-33 我国A股上市公司现金股利发放情况

年 份	1996	1997	1998	1999	2000
上市公司数/个	530	745	851	949	1088
支付现金股利的公司数/个	175	220	249	289	605
所占比重/%	33.02	29.53	28.2	30.45	55.6
平均每股股利/元	0.16	0.19	0.19	0.16	0.14

资料来源：沪深证券交易所。

除此之外，在我国资本市场上股票融资交易费用也相对较低。目前，一般情况下，A股市场IPO所发生的发行费用占筹集资金的0.6%～1.2%，配股情况下一般是1.5%左右。同时，在A股上市公司行发新股市盈率远高于国外证券市场，我国企业发现股票的市盈率一般在30~50倍之间（现在新的政策在22倍左右）。在2007年我国股票市场有些股票市盈率甚至达到80倍，IPO价格的走高，这使得股票发行费用所占的比例进一步下降，股权融资成本更低。

第三，我国企业企业债发行，行政规管过严。中国企业债券的发行，从20世纪80年代中期以来，一直受到额度控制，且要经过繁琐的程序。一般来说，企业发行债券必须接受资信评估委员会对其资产质量、财务质量、偿债能力以及企业发展前景的全面调查和资信评估，有的甚至还要找担保；企业发债必须报送发债申请书、发债管理、财务会计报表等七种正式文件与材料，其中限额以上的大中型项目的发债，其审批程序先后要经过业务主管部门开户银行、地区与省银行，总共五个关口。如发行对象一般只有国家和地方认可的重点建设项目用于补充项目建设资金的缺乏。同时，企业债券的票面利率和发行期限也有严格的控制，从发行额度看（见表3-34），1986~2013年，我国企业债券发行额占GDP的平均比重仅为0.75%，除了1991年、1992年、2005年、2006年、2007年以及2009年、2012年、2013年超过1%外，其余各年均低于1%。尤其是1993~2004年企业债券市场发展调整期间，债券规模整体萎缩，停滞不前。

表3-34 我国企业债券历年发行额与所占GDP比重

年份	企业债券/亿元	GDP/亿元	企业债券/GDP	年份	企业债券/亿元	GDP/亿元	企业债券/GDP
1986	100.00	10275.20	0.97	2000	83.00	99214.60	0.08
1987	30.00	12058.60	0.25	2001	147.00	109655.20	0.13
1988	75.41	15042.80	0.50	2002	325.00	120332.70	0.27
1989	75.26	16992.30	0.44	2003	358.00	135822.80	0.26
1990	126.37	18667.80	0.68	2004	327.00	159878.30	0.20
1991	249.96	21781.50	1.15	2005	2046.50	183217.40	1.12
1992	683.71	26923.50	2.54	2006	3938.30	209407.00	1.88
1993	235.84	35333.90	0.67	2007	5058.50	246619.00	2.05
1994	161.75	48197.90	0.34	2008	2366.9	315974.57	0.75
1995	300.80	60793.70	0.49	2009	4252.33	348775.07	1.22
1996	268.92	71176.60	0.38	2010	3628.53	402816.47	0.90
1997	255.23	78973.00	0.32	2011	3485.48	472619.17	0.74
1998	147.89	84402.30	0.18	2012	7999.31	529399.2	1.51
1999	158.00	89677.10	0.18	2013	6252	586673	1.07

资料来源：中华人民共和国统计局，《中国统计年鉴（2014）》，中国统计出版社，2014。

第四，公司治理结构不完善，内部人控制严重。我国是以国家所有制经济占主体的经济制度国家，在这种制度背景下，我国国有上市公司国有股权比例较高。现有上市公司主要是由原国有企业改制而来，国家股控制了大部分股权，并且国有股不能在证券市场自由流通转让（见表3-35），因而削弱了证券市场敌意购并和代理权争夺对管理者的监督作用。我国目前的市场机制下，股票的激励作用大大降低。因此公司管理层为了利益最大化而倾向于在职消费，从而在融资方式的选择上必然首选无破产风险的股权融资而不选择增加企业破产风险的债权融资。

表3-35　1995~2003年我国上市公司流通股与非流通股　　　　（%）

年份	流通股	非流通股	合计	年份	流通股	非流通股	合计
1995	35.53	64.47	100	2000	35.72	64.28	100
1996	35.25	64.75	100	2001	34.72	65.28	100
1997	34.56	65.44	100	2002	34.67	65.33	100
1998	34.11	65.89	100	2003	35.37	64.63	100
1999	34.95	65.05	100				

资料来源：沪深证券交易所。

表3-36显示，在非流通股中国家股占的比重在一半以上，在1998年前其比率有所下降，但1998年以后这个比率大幅增加，主要原因是，1997年"十五大"提出国有企业"三年脱困"的战略目标后，国有企业改制上市比例急剧增加，1998年到2001年3年间，股份有限公司融资额达到3275亿元，相当于1992~1997年五年融资总额的1.7倍。而流通股的比例基本上保持不变，国家股的第一大股东地位不仅未变，反而在增强。

表3-36　我国国有上市公司非流通股结构　　　　（%）

年份	1995	1996	1997	1998	1999	2000	2001	2002	2003
国家股	60.09	54.71	48.16	51.99	55.52	60.52	70.8	72.25	73.51
法人股	38.2	41.97	46.92	43.02	40.8	37.05	28.03	26.51	25.79
其他非流通股	1.71	3.32	4.92	4.99	3.68	2.43	1.17	1.24	0.7
合计	100	100	100	100	100	100	100	100	100

资料来源：中国证券监督委员会网站。

中国特殊的股权结构将影响到公司的融资行为，因为国有股、法人股、社会流通股和外资股各自有着不同的目标函数，对融资方式的偏好也不尽相同，这些因素都会影响上市公司的融资结构。国有股和法人股不能流通，其利益所在不是股票价格的上升，而是账面价值，即每股净资产；社会流通股股东只能通过股票价格的上涨或股利来获利。国有股股东占控股地位的企业融资时会根据自身的目标函数进行决策。当与其他股东目标函数冲突时，控股的地位使它们常常会损害其他股东的利益。假如上市公司决定融资，由于债权融资能减少代理成本，扩大每股收益，流通股股东认为债权融资最优。但大股东无法从股价上升中获利，因为资产保值增值考核以净资产衡量，非流通股的价值表现为净资产。非流通股的转让以净资产为基础确定，作为第一大股东的政府机构，其目标多重化，行为方式没有市场化，非流通股股东的财富最大化是以净资产的大小来衡量的，而发行股票融资的高溢价必然导致净资产的成倍增加，导致上市公司偏好股权融资。

第五，政策导向和制度缺陷。我国建立证券市场目的之一是运用现代企业制度改造国有企业，解决国有企业的资金问题。国有企业的主要资金来源在改革开放以来，经历了从财政拨款到银行贷款，再以发行股票及债券的演变。强调股票市场的融资功能，希望通过股票市场的发展来解决国有企业的资金问题，一直是政府对发展我国股票市场的功能定位。

第六，证券市场不健全。在西方国家完善的资本市场中，投资者某种程度上会把上市公司资产负债率的上升视为一种正面信号，因为只有在经理层对项目未来收益有信心的情况下，才会选择负债融资，债务只需要按时付息，不需要像股票那样与股东分享利润。当上市公司利用股票进行融资时，投资者会把它视为一种负面信号，因为利用股票为项目融资说明企业对项目未来收益并没有把握，项目风险很大，从而需要与股东共担风险。但是我国资本市场尚不健全，所以无法形成上述机制，故投资者无法从公司融资方式得出上述信号。

综上所述，在我国的证券市场上，国有企业可以通过股票发行用很低的成本获得大量的资金，而且对这些资金的使用也没有有效的限制，无论是证券市场制度或是投资者都无法对其进行有效约束，这必然导致国有上市企业的股权融资偏好。

4 我国国有企业权益融资和债权融资效率分析

在市场经济改革过程中，国有企业也随之进行改革，改革的任务是建立现代企业管理制度，提高国有企业经营管理效率，充分参与市场竞争。随着证券市场的确立和国有企业的股份制改革，可以说现在国有企业的资金主要有国家投入的资本金、在股票市场筹集的股东权益金以及负债筹集的资金，这其中主要是银行贷款。近些年国家为改革国有企业治理结构，进行了股份制改造，以至于许多国有企业率纷纷上市融资。如前所述，国有企业主要的融资方式是间接融资的银行贷款，而国有上市企业的直接融资方式偏好股票融资。股票权益融资和银行贷款的债权融资对国有企业做强做大以及建立现代企业制度都起到了重要作用。本章就是在此基础上分析国有企业的这两种融资渠道的资金效率。

国有企业融资是国有企业经营管理的一个重要组成部分，其根本目的是实现经济效益的最大化。经济效益是一个抽象的概念，难以衡量。究竟以什么指标作为企业经济效益的主要衡量标准，是理论界争论的核心所在。正如第 1 章企业融资目标的有关理论所述，目前比较有代表性的企业融资目标主要有利润最大化、股东财富最大化或企业价值最大化等，每一种都有各自的理论依据与优缺点。利润最大化是指企业在满足投资者必要报酬率的前提下，争取尽可能多的税后利润。利润最大化是最简单、最直接的企业融资指标。利润在一定程度上反映企业经济效益的高低，是衡量企业盈利的一个基本指标。但是该指标忽视了货币的时间价值和风险问题，容易导致企业财务决策带有短期行为倾向，不顾企业的长远发展。此外，利润是一个绝对数，不能体现收益与投资的关系，不利于不同资本规模的企业或同一企业不同期间之间的比较。而且，利润额的确定受到会计政策选择的影响较大，易受人为操纵，难以反映企业的真实经济效益情况。企业价值最大化是指企业通过财务上的合理经营，采用最优的财务政策，充分考虑货币的时间价值和风险报酬，在保证企业长期稳定发展的基础上实现企业总价值最大化。企业价值最大化考虑了利益相关者的合法利益及利益协调，有利于企业的可持续发展，使企业的微观效益与社会效益达到统一，最终使社会财富达到最大化。

基于国有企业的性质及所肩负的功能，采用企业价值最大化作为国有企业融资的目标，那么对于国有企业的融资效率分析进而也就是以国有企业价值最大化为评价标准。

4.1 企业融资效率的分析体系

经济学对效率的研究开始于古典经济学，鼻祖是亚当·斯密。他通过对专业化和分工的探讨来说明劳动生产率的提高，以此来促进国家财富的增长，所以效率的提高是提高国民财富的主要手段。马克思用单位劳动时间的产出量来衡量生产力，以劳动生产率作为度量生产效率的指标。他在批判继承斯密观点的基础上认为效率是投入与产出的数量关系，即在尽量少的劳动时间里创造出尽量丰富的物质财富。

一般来讲，经济学上所说的效率，主要是指帕累托效率（Pareto Efficiency）。意大利经济学家和社会学家帕累托对效率的定义是这样的：对于某种经济资源的配置，如果不存在其他生产上可行的配置，使得该经济中所有个人至少和他们在初始时情况一样良好，而且至少有一个人的情况比初始时严格更好，那么这个资源配置就是最优的。

随着经济学的不断发展，在经济学中，效率的概念应用得更广泛。通常，它是指不浪费，给定投入和技术的条件下，经济资源没有浪费，或对经济资源做了能带来最大可能性的满足程度的利用。因此，也可说是资源的利用效率。

从效率的最基本涵义讲，它是泛指日常工作中所消耗的劳动量与所获得的劳动效果的比率。股权融资效率和债权融资效率是效率的含义的一种扩展，它属于一种融资效率。关于"企业融资效率"的概念已在第1章进行了相关界定。从企业融资效率范畴来看，在本质上和经济效率一致。相关研究归纳起来融资效率的含义主要有以下表述：

第一，企业融资效率是指企业融资能力大小及融资成本的高低，或单独指企业融资能力的大小。持这种观点的主要学者是刘海虹（2000）等。

第二，企业融资效率是指企业融资行为方式的成本和风险对企业价值的作用，或企业融资对企业自身发展所产生的影响作用。持此观点的主要学者有吕景波（2003）、高有才（2003）等。

第三，企业融资效率是指企业融通所需资金的成本最低，而且所融通的资金得到最好地利用。

第四，融资效率是融资的成本与融资收益之间的关系，是某种融资方式具有以最低成本为筹资者提供融入资金，最有可能创造出最大财富，即最具有效率的资金使用者，持这种观点的主要学者是陈珊（1999）等。

本书所讲的企业融资效率主要是针对微观经济主体——国有企业。从定义来看，企业融资效率是指企业以某种融资方式筹集企业生产经营或投资新项目所需的资金时，考虑以最高成本-收益比率和最低风险，以及由此带来的企业治理效率。它主要从融入资金的企业角度，考察企业在融入资金过程中发生的相关成本、收益和风险。对于具体的国有企业来讲，效率概念是指该企业在投入一定生产要素的条件下达到产出最大，反过来讲，就是在生产一定产出量时企业实现了"成本最小"，这称为"微观效率"。

企业融资过程不仅是筹资者选择融资方式、利用融资工具吸引社会资源流入的过程，也是向社会提供金融投资工具的过程。这一过程既是资金的筹集与供给过程，也是资金的重新配给过程。分析金融工具或过程的融资效率应该从该种金融工具（或过程）融通资金的量以及融通资金的质两个方面进行，在综合两个方面效率状况的基础上，才能归纳出一个企业融资效率的完整定义。因此，国有企业融资效率应该是指能够创造企业价值的融资能力。它应包括两方面的含义：首先，企业的融资效率是指企业是否能以尽可能低的成本融通到所需要的资金。其次，企业的融资效率还表现为企业所融通的资金能否得到有效的利用。企业融资成本只是企业为获取资本所必须支付的最低价格。从企业的角度来看，企业所取得的资金能否得到有效利用，所投资的项目能否获得最佳效益，直接决定了企业融资成本和融资效率的高低。如果企业的投资收益还不足以补偿融资成本的要求，即使融资成本再低，融资效率无疑是低下的。

综上所述，对国有企业融资效率的分析体系主要包括如下内容：

第一，国有企业融资效率的量的分析。企业的融资效率从企业自身角度来看是在给定市场约束条件下融资效率量的表现，是在这个资金配置过程中，企业能否以尽可能低的成本和适度的风险融通到所需要的资金。因此，考察企业的融资效率要对企业的资产结构、融入成本、企业经营效益与风险等影响融资能力的因素进行综合分析。一般来说，企业融资可在多种融资方式之间做出选择，可以说基于融资方式的企业融资效率分析的核心是资金成本、杠杆效率，由融资结构决定的最优资本结构。

第二，国有企业融资效率的质的分析。其表现为企业资金的使用效率，企业所融通的资金能否得到有效的利用。从企业的角度来看，企业所取得的资金能否得到高效使用，所投资的项目能否获得最高的效益，直接决定了企业融资效率的高低。

第三，国有企业的企业治理效率分析。国有企业作为我国市场经济的主体，建立现代企业制度，充分参与市场竞争尤为重要。根据西方经济学的相关理论，企业的资本结构及不同融资渠道、方式对于企业的治理影响较大。所以说，分析国有企业的融资效率不仅要分析企业的财务效率，更要长远地分析对于我国国有企业改革及企业现代化治理的影响，也即企业融资结构的变化对国有企业治理效率的影响。

本章将从第一和第二方面分析国有企业的融资效率，由资本结构影响的国有企业治理效率在第5章分析。

4.2 融资成本分析

企业在融资时，是有偿从投资人手中获得资金的使用权，也就是说企业为资金使用权出代价，投资人让出资金使用权而得到报酬。这就是融资成本，它可以从企业和投资人两个角度来考虑。

首先，从企业角度看，融资成本是指企业使用资金而付出的代价。由于融资规模的不同将导致融资总额的不同，使融资成本失去可比性。故一般情况下，采用融资成本率来表示。其计算公式为：

$$融资成本率 = \frac{资金使用费}{融资总额 - 融资费用}$$

其次，从投资者的角度看，融资成本是投资所要求的回报。一般包括两部分：一是无风险报酬；二是风险报酬。无风险报酬一般是指银行存款、购买国库券等。风险报酬是指投资者在冒风险的状态下投资获取的额外报酬，是投资可能遭受的损失而预先获取的补偿。其计算公式为：

$$融资成本率 = 无风险报酬率 + 风险报酬率$$

企业的融资有短期和长期之分，因而融资成本也有短期融资成本和长期融资成本。通常，企业的长期融资筹集的资金称作资本，因此长期融资成本又称作资本成本。资本成本是公司筹措和使用资本所付出的代价，从另一个角度说，它是资本的预期收益率，是企业选择资金来源，进行资本筹集决策的重要依据。企业资本成本同样由两部分组成，即资金占用费和资金筹集费。资金占用费是指因占用资金而付出的代价，如股息、红利和利息等。资金筹集费是指在资金筹集过程中支付的各项费用，如发行股票、债券支付的印刷费、发行手续费、资信评估费、广告费等。资本成本通常也是用百分率表示的，即资本成本率，它表现为投资者所得到的报酬与所筹资本总额之比。

从相关理论上分析，融资成本可分为融资的机会成本、融资的风险成本和融资的代理成本：（1）机会成本。机会成本是经济学的一个重要概念，它是指由于将某种资源用于某种特定用途而放弃的其他各种用途中的最高收益。根据经济学的一般原理，每一种资源可以有多种用途，而这些资源又是十分稀缺的，因而将一种资源使用于某一种用途，就不得不放弃将这种资源用于其他各种用途的"机会"，而放弃了这些机会，也就放弃了在这些用途中可能得到的收益，这些收益中的最高值就是将该资源使用于某种特定用途而付出的"代价"或"成本"，这就是机会成本。一般在分析内源融资（例如留存收益等）时，由于资金来源于企业内部，企业无需对外支付成本，所以机会成本将是分析的主要因素。通常情况下，以留存收益为代表的企业内源融资的融资成本就是普通股的盈利率，只是不要支付股票融资时的融资费用。（2）风险成本。企业融资的风险成本主要指破产成本和财务困境成本。在企业债务融资的情况下，如果由于企业经营状况不佳，现金流量不足，不能支付债务利息和到期本金时，就会出现支付危机，进而导致企业破产。企业债务融资的破产风险是企业融资的主要风险，与企业破产相关的企业价值损失就是破产成本，也就是企业融资的风险成本。破产成本的构成包括两个部分，即直接破产成本和间接破产成本。对于破产成本，华纳曾给过一个非常完整的定义："文献里所讲的破产成本有两类，直接成本和间接成本。直接成本包括律师和会计师的费用，其他职业性费用以及花费在破产行政管理上的管理时间的价值。间接成本包括丧失销售、利润以及企业除非按照十分恶劣的条款，否则无力获得信贷或发行证券的可能性。"（3）代理成本。现代企业的最主要特征是所有权与控制权相分离，在"所有权"和"控制权"分离的情况下，就产生了委托-代理问题（简称代理问题）。詹森和麦克林将代理关系定义为："一个或多个委托人委托某一个代理人（包括授予代理人相应的决策权）代为采取某些行为的一项契约。"代理成本由监督成本、约束成本和剩余损失所构成。对于委托人和代理人双方来讲，他们的目标都是为了达到各自的效用最大化。如果他们的效用函数不一样，那就很难保证代理人的每一行为会完全是从委托人的最优利益出发。为了保证代理人的行为不会偏离委托人的利益或不会采取损害委托人利益的行为，委托人可以通过两种方式来限制代理人的行为：一是给代理人设立适当的激励方案或对代理人偏离行为进行监督；二是要求代理人保证不采取损害委托人利益的行为或在代理人采取这类行为时给予委托人必要的补偿。这两种行为都会产生监督成本和约束成本（包括金钱和非金钱）。

根据国有企业的实际情况，即企业项目建设及运营投资时间长、投资回收期长的特点，本书主要研究国有企业的长期融资，也就是分析国有企业的资本成本。同时，由于破产成本、代理成本等还没有可行的实际运用模型，在具体分析国有企业某一种融资方式的融资成本时，还很难量化操作，只能在分析国有企业治理效率定性分析。因此，这里只讨论以财务成本为主体的国有企业融资成本。下面分析权益融资和债权融资的资金成本。

4.2.1 权益融资的资金成本

国有企业筹集长期权益资金的主要方式为发行普通股、发行优先股和留存收益。股票融资成本的基本构成部分是定期向股东所支付的红利或股息。这仅仅是其融资成本中较小的一部分成本来源。而由信息非对称性所发生的交易成本以及双重纳税的税收成本则是企业股票融资的重要构成部分：（1）信息非对称性下企业融资的交易成本。股票融资除了会产生由于企业和投资者都缺乏融资动力而带来的负面效应以外，主要表现在逆向选择效应所产生的企业市场价值被低估。在现实经济中，能反映企业未来收益状况的变量是股票的价格。股票价格具有相关性和客观性两个方面的特性。其相关性表现在它反映了市场对企业未来收益能力的评价，而其客观性表明股票价格反映了股票市场对企业未来收益能力的认可。股票价格就是市场对企业经营业绩的综合反映。但是，信息非对称性所造成的逆向选择增加了企业融资的交易成本，使利用股票融资来弱化融资成本的努力受到挑战。西方学者对股票融资的大量研究表明，股票融资会带来大量融资噪声，增大企业融资成本，使企业融资与企业业绩相脱离，使业绩好的企业为业绩差的企业所拖累。这样，股票价格就不能真正反映企业经营状况，导致社会资源无效配置，增大企业融资成本。（2）税收成本。与企业其他融资方式相比，股票融资税收成本较高。在股票融资中，一直就存在着对企业和股东"双重纳税"的问题（李扬，1998）。对企业来说，不仅要承担在一级市场融资的税负，还要承担二级市场再融资的税负。但就我国资本市场发展情况来看，并不成熟，为便于计算比较，所以本节对股票融资成本的估算主要以股息和股利进行计算。在计算时，分析各种方式的资本成本采用百分数表示，即资本成本率。

4.2.1.1　普通股资本成本

普通股作为权益性资本，其资本成本的确定可以采用不同的计算方法。

A　股利折现法

股利折现法就是根据普通股价值为预期未来现金股利按普通股股东所要求的收益率折现后的现值的定义，通过建立股利折现模型，计算普通股股东所要求的收益率，进而计算普通股资本成本。股利折现模型为：

$$P_0 = \sum_{t=1}^{\infty} D_t / (1 + k_e)^t$$

式中，P_0 为发行股票的净值，等于股票市场价格扣除发行费用；D_t 为预期第 t 年的普通股股利；k_e 为普通股股东要求的收益率。

但是，由于预期每期的股利是相当困难的，因此，上式是计算普通股资本成本的理论模型。在实际工作中，通常是按照第一年预期的股利与股票净价格的比值，即按第一年预期的股票收益率作为基础，加上股利预期固定的年增长率，来计算普通股资本成本。计算公式如下：

$$k_e = D_1 / P_0 + g$$

式中，D_1 为预期第一年的股票收益率；g 为股利预期固定的年增长率。

B　资本资产定价模型法

资本资产定价模型理论为投资者提供了一个投资价值分析工具，它是从投资者角度来描述的。其内容为：普通股的预期收益率等于无风险利率加上风险报酬率。用公式表示为：

$$k_e = R_f + (R_m - R_f)\beta_i$$

式中，R_m 为市场组合预期收益率；R_f 为无风险报酬率；β_i 为股票的系统风险。

在利用资本资产定价模型评估普通股成本时，有关因素的评估带有较强的主观判断，如无风险利率、市场风险利率、投资者期望的公司未来 β 系数的确定的主观随意性较大，所以通常采用的模型是股利增长模型。

C 风险溢价法

根据风险与收益相匹配的原理，普通股股东要求的收益率，应该以债券投资者要求的收益率，追加一定的风险溢价。用公式表示为：

$$k_e = k_i + k_{pe}$$

式中，k_i 为债务资本成本；k_{pe} 为股东对预期承担的比债券持有人更大风险而要求追加的收益率。

4.2.1.2 优先股资本成本

企业发行优先股融资，要支付融资费用，定期支付股利，同债券不同的是股利要在税后支付。用公式表示为：

$$k_p = D_p / P_0$$

式中，k_p 为优先股资本成本；D_p 为优先股股利；P_0 为发行优先股的净值，等于发行价格扣除发行费用。

4.2.1.3 留存收益的资本成本

留存收益作为企业内部融资是无偿使用的，它无需实际对外支付资金成本，但它之所以考虑成本，是因为机会成本所决定的。因为资金存入银行也有一定的收益。一般情况下，企业留存收益可以视同普通股股东对企业的再投资，其资本成本则表现为投资机会成本，即股东可以分得的应得股利收益。因此，它可以比照普通股资本成本估算方法进行，只是省去发行费用。用公式表示为：

$$k_e = D_1 / P_0 + g$$

4.2.2 债权融资的资金成本

企业债务融资的成本主要是企业通过银行信贷或发行债券进行融资所发生的成本。由于债务融资到期要还本付息，所以这一部分成本是企业融资的基本支付。国有企业筹集长期债权资金的主要方式有长期银行借款和发行长期企业债券。

4.2.2.1 长期银行借款的资本成本

长期银行借款的资本成本，在不考虑纳税因素的情况下就是长期借款利率，考虑到利息是在税前支付的，因此其计算公式如下：

$$k_{d1} = i_1(1 - T)/(1 - f_1)$$

式中，k_{d1} 为长期银行借款的资本成本；i_1 为长期银行借款利率；T 为所得税；f_1 为筹资费用率。

4.2.2.2　长期企业债券的资本成本

在我国国有企业发行的债券一般都是按面额发行的，其利息也是在税前支付的，同时发行时有各种发行费用。其计算公式如下：

$$k_{d2} = i_b(1 - T)/(1 - f_b)$$

式中，k_{d2} 为长期债券的资本成本；i_b 为长期债券支付的利息率；T 为所得税；f_b 为债券筹资费用率。

4.2.3　国有企业实际融资的资金成本分析

基于作者收集数据情况，考虑数据分析的完整性、时间性的要求，同时考虑我国证券市场对于企业上市发行新股（增发、配股等）和企业债券发行政策的变化，对国有企业融资过程中的资金成本对比分析统一按照一个时间段来进行。

4.2.3.1　国有企业债权资金成本分析

从第3章我国国有企业资本结构现状和历年的国有企业融资实践来看，我国国有企业债权资金来源主要是银行贷款，国有企业债券种类不是太多，国有企业发行债券主要还是大型建设项目债券，比如电力债券、基础设施建设债券（如高速公路、铁路等）。

A　银行长期贷款成本
我国的银行贷款利率是由国家央行确定的，历年银行贷款利率变化见表4-1。

表4-1　中国人民银行历年贷款基准利率表　　　　（%）

序号	日　期	五年期以上利率	序号	日　期	五年期以上利率
1	2015-10-14	4.9	12	2004-10-29	6.12
2	2015-05-11	5.65	13	2002-02-21	5.76
3	2014-11-22	6.15	14	1999-06-10	6.21
4	2012-07-06	6.55	15	1998-12-07	7.56
5	2011-07-07	7.05	16	1998-07-01	8.01
6	2011-02-09	6.60	17	1998-03-25	10.35
7	2010-12-26	6.40	18	1997-10-23	10.53
8	2008-12-23	5.94	19	1996-08-23	12.42
9	2007-12-21	7.83	20	1996-05-01	15.12
10	2006-08-19	6.84	21	1995-07-01	15.30
11	2005-03-17	6.12	22	1995-01-01	14.76

资料来源：中国人民银行网站。

从表4-1可以看出，我国的长期（五年以上）银行贷款利率变动频率和幅度都较大，但总体趋势是下降的。我国的银行长期利率在1998年前基本上都在10%以上，1995年7月1日达到最高，为15.30%；在1998年下降较大，1998年7月1日下降到8.01%。进入2000年后，基本维持在5%~6.2%之间。为了便于估算，选取2000年后平均贷款利率6%为基准，同时我国国有企业贷款发生的筹资费用相对较低，在此忽略不计，并按33%的企业所得税计算，则国有企业的长期（五年以上）银行贷款成本为：

$$k_{d1} = i_1(1 - T)/(1 - f_1) = 6\% \times (1 - 33\%) = 4.02\%$$

B　企业长期债券成本

国有企业发行长期债券的利率和数额受国家政策限制，国内先后发行的国有企业债占比较低。根据GICS四级行业分类，企业债发行人可细致地分成15~20个行业。但也可以将企业债分为两大类：城投类和非城投类。电力、煤炭、钢铁、港口、铁路、化工、机械和部分综合类行业并入非城投类，国有多元控股、城市和房地产开发、公路开发与运输、水务、建筑工程和部分综合类行业并入城投类。2008年以来，企业债发行期限以5年期（含5+N年）为主。5年期品种占比为44.74%，其次为7年期品种和3年期品种（含3+N年），10年和15年品种自取消银行担保后发行量锐减。

以电力行业发行的企业债券为例，我国国有企业在2000年前后先后发行了电力投资债券、国家电力债券、三峡电力债券、岷江电力债券、大渡河电力债券等规模不一的电力企业债券。从目前发行企业债券的情况来看，长期的电力企业债券有固定利率和浮动利率两种见下表（表4-2）。

表4-2　我国电力债券发行情况一览

债券名称	债券类别	发行日期	到期日期	总额/亿元	利率/%
03 三峡债	附息	2003-8-1	2033-7-31	30	4.86
02 三峡债	附息	2002-9-20	2022-9-20	50	4.76
01 三峡债	附息	2001-11-8	2011-11-8	30	3.73
01 三峡债	附息	2001-11-8	2016-11-8	30	5.21
99 三峡债	附息	2000-8-13	2010-7-25	30	3.73
98 三峡债	附息	1999-1-18	2007-1-17	10	6.2
03 电网债（1）	附息	2003-12-31	2013-12-30	30	4.61
03 电网债（2）	附息	2003-12-31	2013-12-30	30	L+1.75
02 电网债15	附息	2002-6-19	2017-6-18	35	4.86
02 电网3	零息	2002-6-19	2005-6-18	5	3.5
02 广核债	附息	2002-11-10	2017-11-10	40	4.5
01 广核债	附息	2001-12-11	2008-12-10	25	4.12

资料来源：金融界网站（www.jrj.com.cn）。

从表4-2来看，我国企业发行的企业债券利率一般都在5%以下，只有1998年三峡债和2001年三峡债较高。从相关数据来看，一般国有企业长期债券的平均年利率为4.8%左右；浮动利率一般为年利率为1年期银行整存整取定期储蓄存款利率上浮1.75个百分点。在2007年企业债券利率市场化以前，我国企业债券利率一般不超过同期限定期存款利率的百分之四十。

国有企业债券发行费率和发行规模有关，根据《国家发展改革委关于下达2007年第一批企业债券发行规模及发行核准有关问题的通知》的有关规定，企业债券发行费率见表4-3。

表4-3　承销企业（公司）债券佣金收费标准　　　　　（%）

总　　额	包销方式	代销方式
不超过1亿元部分	1.5~2.5	1.5~2.0
超过1亿元（含1亿元）至5亿元部分	1.5~2.0	1.2~1.5
超过5亿元（含5亿元）至10亿元部分	1.2~1.5	0.8~1.2
超过10亿元部分（含10亿元）	0.8~1.0	0.5~1.0

资料来源：国家发改委网站（http://www.ndrc.gov.cn/zcfb/zcfbtz/200703/t20070321_122903.html）。

从表4-3可知，企业债券的承销费用和融资总额有关。国有企业每次发行企业债券数额较大，平均费率一般是1%左右，取1%作为计算基准。则国有企业债券资金成本率为：

$$k_{d2} = i_b(1-T)/(1-f_b) = 4.8\% \times (1-33\%)/(1-1\%) = 3.25\%$$

4.2.3.2　国有企业权益资金成本分析

从权益资金来源看，留存收益对于企业来说无需实际支出费用，无疑是最低的。优先股我国发行极少，所以本书主要估算普通股的融资成本。

估算企业股票融资方式的融资成本采用股利报酬率作为计算参数，股利报酬率则是普通股每股股利与每股市价之比，利用目前常用的市盈率概念可以对股利报酬率进行推算：

股利报酬率＝每股股利/每股市价
＝（每股收益/每股市价）×（每股股利/每股收益）
＝（1/市盈率）×（每股股利/每股收益）

我国公司法规定，上市公司税后利润分配前需要提取法定盈余公积金（税后利润的10%）和提取法定公益金（税后利润的5%~10%）等。一般而言，我国国有企业普通股每股分配股利最多只能为每股收益的85%。

由于股票投资者是企业的所有者，股票代表一种剩余索取权，不需要还本，是否分红、分红方式取决于企业的决策，是一种软约束。在我国资本市场上，很多上市企业甚至将通过发行股票筹集的资金当作"自由现金流量",由其自由支配。大部分上市企业都是选择不分红的,即使分红,大多也不是以现金股利的方式分红,而是通过股票股利的方式分红,或者分红比例极低(见表4-4),从而使现金留在企业当中。

表 4-4 1998~2004 年配股企业配股前三年现金分红情况

年份	样本	配股前一年			配股前两年			配股前三年		
		现金分红企业数量	现金分红率/%	每股分红/元	现金分红企业数量	现金分红率/%	每股分红/元	现金分红企业数量	现金分红率/%	每股分红/元
1998	158	39	24.68	0.236	39	24.68	0.220	25	15.82	0.255
1999	112	44	39.28	0.185	21	18.75	0.160	22	19.64	0.192
2000	152	62	40.78	0.201	41	26.97	0.186	21	13.82	0.174
2001	127	50	39.37	0.167	38	50	0.240	31	24.41	0.227
2002	22	20	90.91	0.178	11	84	0.169	6	27.27	0.180
2003	25	22	88	0.135	21	95.65	0.175		36	0.197
2004	23	20	86.96	0.128	22	24.68	0.128	19	82.6	0.149

资料来源:徐军辉,《政府监管与股权再融资效率——基于中国配股政策变迁的研究》,暨南大学,2007:58。

从表4-4中可以看出,1998~2004年通过配股再融资的企业在配股前三年的现金分红比例较低,再融资企业现金分红比例大致在30%左右。所以说,在考察我国国有企业股票融资成本时,如果选择股利分红额或股息作为股票融资成本的话,那很多企业股票融资成本基本为零。因此,在估算股票融资成本时采用全部可分配收益估算,即可分配股利为每股收益的85%。

我国上市公司的股票发行费用是比较高的,从发行股票上市公司公告的招股说明书来看,发行股票数量较大(大盘股)的发行费用大概是募集资金的0.6%~1%,配股的承销费用为1.5%。其平均值应在1%以内。

我国的国有企业股票发行定价属于固定价格方式,即在发行前由主承销商和发行人根据市盈率法来确定新股发行价。为保证国有资产不流失,我国最初规定国有企业上市的市盈率不低于15。从我国国有企业上市实践来看,我国国有企业上市新股发行市盈率一般在20~30倍之间,最高的达到80多倍。以二级市场价格为准计算的市盈率则更高。以证券市场的平均市盈率40倍计算。

综上所述,我国国有上市企业股权融资总成本:

$$k_e = (1 \div 40) \times 85\% + 1\% = 3.125\%$$

从以上的分析与假定知道,采用了全部可分配利润作为股利,所以此单位资本成本是极大值。

4.2.3.3   国有企业权益融资成本和债权融资成本的比较

从西方的理论研究和实践来看，在权益资金来源中，留存收益无疑是最低的。优先股有定期股利支付，且在破产清算时排在普通股之前，所以优先股的资本成本低于普通股资本成本。债权资金同权益资金相比，其利息在税前支付，有税盾作用。同时，债权资金需要还本，在企业破产清算时排在权益资金之前，一般情况下，债权资本成本低于权益资本成本。

但从以上国有企业权益融资成本和债权融资成本的实际分析可以看出，在我国证券市场上的国有企业融资实践与国外研究及实践不同。从估算结果来看，债权融资方式中企业债券融资成本为 3.25%（2000 年前后，下同），银行贷款方式的融资成本为 4.02%；权益融资中普通股融资方式的平均成本为 3.125%。这也就是说，在国有企业的各种融资方式中，由于内部融资实际上无需支付费用，所以内部融资成本最低，然后是股票融资、债券融资，最后是银行贷款融资。产生这样的现象的主要原因是还是我国资本市场建设不成熟，企业热衷于送股、资本公积金转增等权益分红方式，而股票融资的现金股利支付率较低。

4.3 财务杠杆和财务风险分析

随着企业融资方式的多元化，西方国家企业融资实践和理论研究表明企业的杠杆效应是企业财务理论中的重要内容，第 2 章的 MM 理论等都是基于企业融资杠杆的分析。一般来讲，企业采用杠杆效率可能带来收益，提高企业价值，同时也看可能带来企业风险，增加企业成本，进而降低企业价值。从企业融资效率角度讲，最主要的杠杆效应涉及两个方面：一是债权融资对权益资本收益与风险的影响；二是传统意义上的营业杠杆效应和财务杠杆效应，营业杠杆用于衡量营业性质对企业利润的影响，财务杠杆则反映在负债融资的情况下利息费用对企业盈利变化的作用程度。二者都在一定意义上说明了企业经营风险的大小，并且它们还会发生相互影响。

债权融资对股东利益的影响是一把双刃剑：一方面，企业负债经营可以为企业带来一定的财务杠杆利器，即在一定的条件下，债务比例的提高会使权益资本的收益率相应提高；另一方面，随着收益的增加，风险（主要指财务风险）也同时增加。财务风险是企业负债经营所带来的风险，即企业面临的到期不能按时还本付息以致破产的风险。因此，在对企业资金融入效率进行分析时，必须对企业负债的预期收益和风险进行评价。

4.3.1 财务杠杆效率

在经济领域，称别人的钱为财务杠杆，因为它是用来增加股东利益的一种设计。通过负债，企业自有资金收益率与全投资收益率的差别被资金构成比所放大，这种放大效应称为财务杠杆效应。在一般情况下，企业可以通过恰当地采用固定成本的债务代替股东权益，以此来提高股东的收益。本节主要研究财务杠杆对企业收益的影响。

4.3.1.1 财务杠杆影响因素分析

影响债权融资的杠杆利益与财务风险的决定因素主要有三个：

第一，负债占总资产比率的大小，即资产负债率的大小。负债比率的高低对企业总资产报酬率和权益资本报酬率有明显的扩张作用。

第二，负债利息率的高低。企业负债经营的先决条件是资产报酬率大于借款利息率。在正常情况下，负债利息率越高，企业实际报酬率越低。因此，过高的利息率，势必降低企业收益，影响企业偿债能力。

第三，总资产报酬率的高低。企业总资产报酬率能综合反映其生产经营状况及经济效益的高低，它是企业负债经营决策评价标准之一，也是企业偿还债务的基础。只有当企业资产报酬率大于借入借款利息率时，负债经营才可获得财务杠杆利益；否则，企业负债经营则会遭受财务杠杆损失，面临较大的财务风险。

对于以上三个因素，可以在下面的计量模型中得到进一步的说明。债权融资的杠杆利益计量模型如下：

设企业总资产为 A，总资产收益率为 R_a，权益资本报酬率（净资产收益率）为 R_e，负债比率为 L，负债年利率为 i，所得税率为 T。

则有负债比率与权益资本报酬率的关系：

$$R_e = \frac{1-T}{1-L}(R_a - Li) \tag{4-1}$$

首先，对式（4-1）中的负债年利率为 i 进行求导，可得：

$$\frac{\partial R_e}{\partial i} = -\frac{L}{1-L}(1-T) < 0 \tag{4-2}$$

其次，对式（4-1）中的负债比例 L 进行求导，可得：

$$\frac{\partial R_e}{\partial L} = \frac{-i(1-L)-(R_a-Li)}{(1-L)^2}(1-T) = \frac{R_a-i}{(1-L)^2}(1-T) \tag{4-3}$$

由上面的计算可知：

（1）从式（4-2）看，净资产收益率 R_e 对负债年利率 i 的一阶导数恒为负，则负债年利率 i 与净资产收益率 R_e 负相关。也就是说负债年利率 i 越低，净资产收益率 R_e 就越高，反之，随着负债年利率 i 的升高，资产收益率 R_e 就会降低。所以说，企业想要利用负债提高资产收益率 R_e，那么就要采用负债年利率 i 低的方式。从 4.2 节企业融资成本分析可知，在负债融资方式中，企业债券的成本要低于银行贷款的成本。因此，为充分利用财务杠杆的效率，企业在负债融资时应采用债券融资方式。

（2）从式（4-2）看，当 $R_a > i$ 时，净资产收益率 R_e 对负债比例 L 的一阶导数大于零；当 $R_a = i$ 时，净资产收益率 R_e 对负债比例 L 的一阶导数等于零；当 $R_a < i$ 时，净资产收益率 R_e 对负债比例 L 的一阶导数小于零。因此，企业能否利用财务杠杆增加收益还取决于总资产收益率，只有总资产收益率高于负债年利率时，增加负债比例就能增加企业的价值。

4.3.1.2 国有企业变动财务杠杆对企业净资产收益率的影响分析

国有企业采取权益融资方式和债权融资方式都将影响企业的资产负债率，进而影响企业对于财务杠杆效率的利用。从前面的分析可知，我国国有上市企业偏好股权融资方式（前面已经分析主要是我国股票融资直接支付成本低），在上市企业的股权融资方式中主要是配股和增发。配股和增发新股的融资方式属于权益融资方式，融资结果将影响财务杠杆率。下面就配股对上市公司净资产收益率和股权收益的影响进行分析。

A 配股融资方式对净资产收益率的数学分析

设 V 为企业总资产，Y 表示收益，E 为净资产，D 为负债，$L=V/E$ 为财务杠杆。当没有负债即 $D=0$ 时，则 $V=E$，$L=1$；而当企业运用了负债时，有 $V=D+E$，即 $V>E$，$L>1$。

净资产收益率是一定时期企业利润与净资产之比，用 R_e 表示：

$$R_e = Y/E = (Y/V)(V/E) = R_a L \tag{4-4}$$

式中，R_a 为总资产收益率。根据 R_a 定义，

$$R_a = (\text{EBIT} - I)(1 - T)/V \tag{4-5}$$

式中，EBIT 为企业息前税前收益；T 为税率；I 为支付的利息。设 i 为平均利率，$I=iD$。

式（4-5）写成：

$$R_a = (\text{EBIT} - iD)(1 - T)/V \tag{4-6}$$

式（4-6）代入式（4-4）中得：

$$R_e = (\text{EBIT} - iD)(1 - T)L/V = [\text{EBIT} - i(V - E)](1 - T)L/V$$
$$= (1 - T)(\text{EBIT}/V - i + iE/V)V/E \tag{4-7}$$

这里 EBIT/V 为企业息前税前与总资产之比，用 E_p 表示，于是式（4-7）有：

$$R_e = (1 - T)(E_p - i + iE/V)(V/E) = (1 - T)[i + L(E_p - i)] \tag{4-8}$$

从式（4-8）可以看出：

（1）当 $L=1$ 时：$Re=(1-T)E_p$，这时 $E_p > R_e$。

(2) 当 $L>1$ 时：若 $E_p>i$，则 R_e 随 L 的增大而增大，这时 L 为有利的财务杠杆。若 $E_p<i$，则 R_e 随 L 的增大而减小，这时 L 为不利的财务杠杆，增加企业的负债会使企业的收益减小。

为了具体分析配股后净资产收益率的变化情况，运用数学方法分析如下：

设 X 为配股比例，并且假定权益增加的比例与配股比例相同，公司的负债保持不变。这样，配股完成后，财务杠杆为：

$$L_1 = [D + E(1 + X)]/[E(1 + X)] = D(1 + X) - XD + E(1 + X)]/[E(1 + X)]$$
$$= (D + E)(1 + X)/[E(1 + X)] - XD/[E(1 + X)]$$
$$= L - XD/[E(1 + X)]$$
$$= L - (V - E)X/[E(1 + X)]$$
$$= L - (L - 1)X/(1 + X) \tag{4-9}$$

由式（4-9）可以看出，由于配股后权益和总资产都有增加，而负债保持不变，这样使得新的杠杆较原来的杠杆下降，下降的幅度为 $(L-1)X/(1+X)$。由此可见，配股比例 X 越大，杠杆下降的幅度也越大。

将式（4-9）中 L_1 代替式（4-8）中的 L 得配股后的净资产收益率 R_{e1}：

$$R_{e1} = (1 - T)\left[i + \frac{L - (L - 1)X}{1 + X}\right](E_p - i)$$
$$= (1 - T)\left[i + L(E_p - i) - \frac{(L - 1)X}{1 + X}\right](E_p - i)$$
$$= R_e - \frac{(L - 1)X}{1 + X}(E_p - i)(1 - T) \tag{4-10}$$

由式（4-10）可知，右边的第二项表示配股后净资产收益率下降的幅度（在 $E_p>i$ 的情况下）。下降的幅度取决于原来杠杆 L 的大小以及配股比例 X 的大小。当其他条件不变时，原有杠杆越大，净资产收益率下降的幅度越大；同样，配股的比例越高，净资产收益率下降的幅度也越大。

B　我国国有企业配股融资实践分析

我国证券市场对于企业配股融资有一定要求，主要是配股比例和净资产收益率的要求。可以说，从1993年开始对配股企业的配股比例就有了明确限制，不能超过公司总股本的30%。1996年放松了要求，对于配股募集资金用于国家重点建设项目和技改造项目的，在发起人承诺认购其可配股份的情况下，可不受30%的限制。1999年规定公司一次配股发行总数不能超过公司前一次募足股份后的总股份的30%。2001年规定如果公司具有实际控制权的股东全部认购的情况下，可以不受30%的限制。从表4-5看，1999年前后的配股比例出现了显著的上升，对1999年以后的企业配股比例进行分析发现，大量的企业配股比例达到或接近0.3的上限，有少量重点支持企业配股比例达到0.8。2001年的政策微调并没有带来配股比例的显著变化，而 2001 年以后有高达 83% 的企业配股比例为 0.3。

　　从表 4-5 的数据可知，上市企业采用配股再融资时，倾向于在政策允许的空间内最大限度地筹集资金。这也能反映出上市企业的股权融资偏好。但从表 4-6 可知，大股东的认购比例下降明显。李康等（ 2003 ）研究表明非流通大股东无论是否配股都能获得每股净资产的大幅增长，其中不配股可以获得 33.06% 的每股净资产的增长，而配股可以获得 28.22% 的每股净资产增长，相比之下不配股对大股东而言更有利，因此在这样的大前提下，大量的大股东放弃配股。

表 4-5　1994～2004 年企业配股比例比较

配股年份	样本数	配股比等于 0.3 占比/%	配股比例
1994	127	48.03	0.286
1996	314	35.35	0.257
1999	264	64.03	0.293
2001	196	83.16	0.293

　　资料来源：徐军辉，《政府监管与股权再融资效率——基于中国配股政策变迁的研究》，暨南大学，2007：60。

表 4-6　1994～2004 企业大股东配股比例变化情况

年　份	样本数	总认购比例/%	大股东认购比例/%
1994	41	112.05	58.58
1995	69	87.62	39.53
1996	46	77.01	41.78
1997	114	78.24	43.93
1998	153	65.16	40.89
1999	167	52.64	26.27
2000	77	43.38	11.51
2001	167	37.31	4.77
2002	20	40.86	4.80
2003	21	40.0	1.52
2004	11	38.77	0

　　资料来源：徐军辉，《政府监管与股权再融资效率——基于中国配股政策变迁的研究》，暨南大学，2007：60。

　　从我国上市企业配股对企业净资产收益率的限制来看，一般要求配股企业的净资产收益率要超过 10%。从 1994～2004 年国家多次调整了对特殊行业配股企业的 ROE 要求，1994 年对国家重点支持的能源、原材料、基础设施类公司的 ROE 可以低于 10%。1995 年对房地产项目配股进行了限制；1996 年要求国家重点支持项目其 ROE 不能低于 9%，1999 年对农业、能源、原材料、基础设施、高科技等行业可以放松要求。可以说，在我国国有上市企业中有资格配股的净资产收益率都较高。从式（4-10）可知，如果总资产收益率大于负债年率，那么配股融资将导致企业的净资产收益率下降。从表 4-7 可以看出，1995~2001 年参与配股融资的企业在配股后的净资产收益率确是下降的。也就是，配股融资对企业净资产收益率的影响是负面的。

表 4-7 各行业配股前一年、配股当年、配股后三年 ROE 变化情况

行　业	配股企业家数	配股前一年 ROE	配股当年 ROE	ROE 当年降幅/%	配股后一年 ROE	配股后两年 ROE	配股后三年 ROE	ROE 三年降幅/%
农林牧渔	14	0.1468	0.0780	46.84	0.0136	0.0135	-0.2001	-242.85
采　掘	3	0.1422	0.0409	-71.24	0.0534	0.0088	0.0656	-53.850
制造业	414	0.1248	0.0910	-27.08	0.0570	0.0371	-0.0387	-130.96
电、煤、水	33	0.1329	0.0986	-25.83	0.0944	0.0803	0.0668	-9.7506
建　筑	15	0.1335	0.0505	-2.13	0.0900	0.0629	0.0667	-50.03
交通、运输	20	0.1491	0.0891	-40.28	0.0909	-0.0386	-0.8175	-194.42
信息技术	27	0.1332	0.0979	-26.49	0.0765	0.0725	0.0147	-88.94
批发、零售	97	0.1170	0.0817	-30.18	0.0549	0.0626	0.0089	-92.32
金　融	3	0.1715	0.1157	-32.53	0.0993	0.0637	0.0559	-67..40
地　产	28	0.1266	0.0898	-9.103	0.0481	-0.0375	0.0377	-70.22
社会服务	23	0.1234	0.0830	-32.73	0.0484	0.0194	0.0397	-67.85
文化传播	5	0.1021	0.0721	-29.36	0.0320	0.0655	-0.0519	-150.84
综　合	69	0.1309	0.0983	-24.89	0.0778	0.0242	0.0135	-89.68

资料来源：徐军辉，《政府监管与股权再融资效率——基于中国配股政策变迁的研究》，暨南大学，2007：62。

C　我国国有企业财务杠杆效率的实证分析

从上面的分析可以看出，企业能否充分利用财务杠杆增加企业收益，取决于三个方面，即企业总资产收益率、负债年利率和财务杠杆率。

首先，从我国国有企业的资产负债率来看，我国国有企业的整体负债比例从 1980 年后逐步提高（见表 3-18），到 2000 年时逐步提高到 60%左右。可以说，整体上利用财务杠杆情况较好，但在 90 年代我国证券市场建立后，国有企业改革步伐加快，部分国有企业上市融资导致了国有上市企业资产负债率逐步降低（见表 3-28），资产负债率在 2000 年后降低到 50%以下。世界银行在工业项目评估中，一般要求权益资本占总资产的 30%~40%，也就是说资产负债率在 60%~70%之间属于正常范围。通过统计（见表 4-8），我国国有上市公司的平均资产负债率为 47.22%。整体上来讲，我国国有上市企业的资产负债率偏低，从表 4-8

可知，大约有 54.65% 的企业资产负债率低于 40%，那么这部分企业不能够充分利用财务杠杆效应；资产负债率在 40%～60% 之间企业占 36.36%，一般认为是适宜水平；资产负债率超过 80% 以上的有 1.26%，这少部分企业负债水平较高，风险较大。

表 4-8　国有上市公司资产负债率分布

样本区间	样本量	占总体样本比例/%
0～20%	792	19.82
20%～40%	1392	34.83
40%～60%	1453	36.36
60%～80%	309	7.730
80%～100%	34	0.85
100%～150%	7	0.18
150%～200%	5	0.13
200%～300%	2	0.05
300%以上	2	0.05
合　计	3996	100.00

资料来源：中国证券交易所相关数据整理。

其次，从我国国有企业总资产收益率和负债利率来看。在 20 世纪 90 年代后，由于国有企业改革，我国国有企业资金来源发生变化，整体上资产负债率较高，充分利用了财务杠杆作用。但有学者研究指出，与高负债相伴随的是国有企业的低效率现象尤为严重。据调查，2662 户企业权益资本利润率由 1985 年的 22.4% 急剧下降为 1994 年的 2.7%，而银行贷款利率超过企业权益资本利润率 10 多个百分点。通过对 5000 户工业企业投资报酬率与借款利率的比较，得出我国国有企业在这一时期的盈利能力差，平均投资报酬率不及一年银行借款利率，财务杠杆为负（表 4-9）。

表 4-9　5000 户工业企业盈利能力与负债利率比率　　　　　（%）

年份	资产收益率	净资产收益率	一年期存款利率	按资产收益率计算的投资报酬率	按净资产收益计算的投资报酬率	贷款利率
1994	3.2	9.1	10.98	10.5	12.3	12.0
1995	2.4	6.5	10.98	10.3	11.5	12.0
1996	1.4	3.7	9.22	9.0	9.1	10.0
1997	1.3	3.4	7.17	6.3	7.0	7.5

资料来源：熊莲化等，《我国企业直接融资发展现状分析》，金融时报，1998-8-1。

从表 4-9 可以看出，我国国有企业的总资产回报率低于银行贷款利率，所以说，国有企业采用银行贷款作为负债融资方式并不能充分利用财务杠杆效应提高国有企业的价值。

第三，各行业国有上市企业财务杠杆利用效率的分析。从我国证券市场的发展实践和国有企业改制上市的实践来看，我国国有上市企业偏好股权融资，主要采用配股和增发两种方式（见表 3-30）。在 1999 年和 2000 年国有上市企业进行配股再融资的企业超过 100 家。但有学者研究表明，国有上市企业过度偏好股权融资并不利于国有上市企业融资结构的优化，不利于充分发挥企业自有资本的使用效率，也不能享受债务融资带来的诸如财务杠杆效应、信息传递功能等好处。从 1999 年 66 家配股企业向相关数据（见表 4-10）来看，从中可以发现 66 家公司中有相当一部分公司的资产负债率偏低，且部分企业负债率偏低的企业净资产收益率是高于当年银行长期贷款利率的，因此，这些企业采用负债融资有利于发挥财务杠杆效应。但多数企业资产收益率低于银行贷款利率，这些企业很难发挥财务杠杆效应。

表 4-10　66 家样本公司资产负债表与主要经营效率指标对照表

资产负债率	平均净资产收益率	平均每股收益/元	家数	所占比率/%
0.2 以下	0.0528	0.202	7	10.61
0.2~0.3	0.0788	0.318	8	12.12
0.3~0.4	0.1024	0.330	16	24.24
0.4~0.5	0.1301	0.401	11	16.67
0.5~0.6	0.0661	0.249	15	22.73
0.6~0.7	0.1062	0.378	6	9.09
大于 0.7	−0.2097	−0.381	3	4.55

资料来源：根据 2000 年上市公司年报数据计算。

我国国有企业所属行业门类比较多，各行业上市企业发展及盈利能力参差不齐。龚浔在 2014 年对我国上市企业分行业的财务杠杆利用效率进行统计分析。其选取在 2008 年以前上市的相关企业数据，分析其在 2009 年到 2012 年总资产收益率（ROA）、净资产收益率（ROE）、资产负债率（DFL）等相关指标数据，相关统计数据见表 4-11。其中银行贷款利率（I）以中国人民银行所公布的"金融机构一年期贷款利率"，按照天数进行加权平均后计算出的结果作为债务利息率，2009~2012 年的利息率分别为 5.31%、5.61%、6.47%、6.14%。之所以选用一年前银行贷款利率，主要是因为在这一时期国上市公司的流动负债在负债总额中所占比重较大，我国上市公司在 2009~2012 年流动负债占总负债的比率分别为 2009 年的 81.30%，2010 年的 81.17%，2011 年的 80.91%，2012 年的 79.68%。

表 4-11   我国各行业上市公司 2009~2012 年财务杠杆分析数据

行　业	年份	ROA	ROA>I		ROE	DFL
			企业数	比重/%		
农林牧渔业	2009	0.0368	7	25.93	0.0525	1.0765
	2010	0.0435	11	40.74	0.0730	1.2932
	2011	0.0296	7	25.93	0.0111	1.1550
	2012	0.0460	7	25.93	0.0732	1.4045
采掘业	2009	0.0699	28	62.22	0.0761	1.1124
	2010	0.0835	27	60.00	0.1558	1.0132
	2011	0.1063	26	57.78	0.1925	1.0302
	2012	0.0883	22	48.89	0.1652	1.0999
制造业	2009	0.0306	276	35.25	−0.0629	1.5733
	2010	0.0393	306	39.08	0.1848	1.2627
	2011	0.0724	227	28.99	0.0786	1.4510
	2012	0.0363	187	23.88	0.0315	1.5626
电力煤气及水生产供应	2009	0.0213	12	18.18	0.0375	2.1872
	2010	0.0271	13	19.70	0.0655	2.0039
	2011	0.0262	9	13.64	0.0533	2.6551
	2012	0.0277	6	9.09	0.0740	3.4015
建筑业	2009	0.0391	7	24.14	0.0990	1.0515
	2010	0.0409	6	20.69	0.1529	1.1655
	2011	0.0305	3	10.34	0.1213	1.2451
	2012	0.0256	2	6.90	0.1066	1.4224
交通运输及仓储业	2009	0.0441	26	44.07	0.0835	1.3501
	2010	0.0609	26	44.07	0.1182	1.0844
	2011	0.0484	17	28.81	0.0977	1.1468
	2012	0.0546	20	33.90	0.0786	1.2003
信息技术业	2009	0.0478	31	41.33	0.0864	0.8290
	2010	0.0628	33	44.00	0.0987	0.7271
	2011	0.0506	18	24.00	0.0801	0.8235
	2012	0.0511	23	30.67	0.0891	1.0454

行 业	年份	ROA	ROA>I		ROE	DFL
			企业数	比重/%		
批发和零售贸易	2009	0.0421	31	31.96	0.0600	1.4842
	2010	0.0447	26	26.80	0.1562	1.2977
	2011	0.0490	27	27.84	0.1089	1.1567
	2012	0.0372	20	18.56	0.0896	1.1879
房地产业	2009	0.0529	44	36.67	0.1596	1.0977
	2010	0.0406	35	29.17	0.1332	0.9782
	2011	0.0401	17	14.17	0.1331	1.0631
	2012	0.0301	12	10.00	0.0999	1.2086
社会服务业	2009	0.0303	17	36.17	0.0435	1.0503
	2010	0.0447	19	40.43	0.0777	1.2014
	2011	0.0392	12	25.53	0.1119	0.8258
	2012	0.0563	16	34.40	0.1033	1.0661
传播与文化产业	2009	0.0259	9	52.94	0.0009	1.0332
	2010	0.1291	9	52.94	0.2023	0.8269
	2011	0.0997	10	58.82	0.1329	0.5512
	2012	0.0715	11	64.71	0.1200	0.4817
综合类	2009	0.0471	12	25.00	0.0762	1.2053
	2010	0.0395	12	25.00	0.1097	1.3449
	2011	0.0281	6	12.50	0.0542	1.4293
	2012	0.0309	6	10.42	0.0660	1.3179
总样本	2009	0.0364	500	35.39	0.0020	1.4354
	2010	0.0442	523	37.01	0.1559	1.2258
	2011	0.0603	380	25.41	0.0892	1.3525
	2012	0.0395	330	23.28	0.0595	1.4916

资料来源：龚浔，《我国上市公司债务融资税盾及财务杠杆效应分析》，西南财经大学，2014：26。

从表 4-11 数据中，可以看出：

（1）我国国有上市公司发挥财务杠杆效应整体情况较差。根据表 4-11 的数据统计，在 2009 年我国上市公司 ROA 大于 I 的公司占比仅为 35.39%，2010 年占比仅为 37.01%，说明 2009 年和 2010 年我国上市公司中能够发挥财务杠杆正效应的公司只有 1/3 强；2011 年 ROA 大于 I 的公司占比仅为 25.41%，2012 年仅为 23.28%，说明 2011 年和 2012 年我国上市公司中能够发挥财务杠杆正效应的公司只有 1/4。可以说，由于我国上市企业的总资产收益率较低，大部分上市公司很难利用财务杠杆的正效应。

（2）我国各行业发挥财务杠杆效应情况。根据表中数据的发现大多数行业的财务杠杆系数（DFL）平均值也是在总样本平均水平附近，说明各行业发挥财务杠杆效应水平差不多，但是由于各行业总资产收益率不同，财务杠杆效应也不同。通过 4 年的数据发现，采掘业和传播与文化产业的企业 ROA 大于 I 的公司占比超过了 50%，说明这两个行业基本上大部分公司都发挥出财务杠杆正效应。而其他行业的大部分企业的财务杠杆效应为负。

（3）从纵向时间看，我国各行业上市公司发挥财务杠杆正效应逐年下降。从表中数据可以看出，在这 4 年中，有部分行业在 2010 年财务杠杆正效应提升外，总体上看这四年的变化数据，可知我国上市企业的 ROA 大于 I 的公司占比基本呈现逐年下降的趋势，由此可以看出，我国上市公司的盈利能力有逐渐减弱的趋势。

4.3.2　权益融资和债权融资方式的风险分析

企业融资风险是指企业在融资过程中由于不确定性因素的存在，使融资成本增加或融资失败，不能达到预期融资目标而给企业所有者带来损失，甚至破产的可能性。企业权益融资和债权融资由于对资金的要求不同，导致对于企业风险的影响也不同，由于债权融资需要定期支付固定利息且需到期日还本，所以对于企业的经营和资金流构成一定压力。权益融资方式（发行股票、留存收益、折旧基金等）不需要还本且一般没有强制现金分红要求（我国资本市场实践来看），所以对企业来说资金压力要小于债权融资方式（银行贷款、企业债券等）。可以说，不同融资方式的风险不尽相同。一般而言，企业融资风险可分为负债融资风险、权益融资风险和其他风险。

4.3.2.1　负债融资风险

A　信用风险

信用风险是企业融资过程中最基本的风险，主要包括两个方面：一是指资金供应者不能按照约定向企业提供资金或出租人不能按要求提供租赁设备和维修服务的风险；二是指由于企业经营状况不佳而造成的企业不能按约定还本付息，不能产生预期投资回报，使企业再融资能力下降的风险。

B　财务风险

财务风险是指企业无法履行偿债义务或公司财务状况恶化而不能按期偿还债务的风险。财务风险的大小主要取决于企业的负债总额。一般而言，举债越多的企业承受的风险越大，举债越少的企业承受的风险越小。在债务融资方式下，企业必须按约到期支付利息及本金。如果企业的资金使用无法形成良好的预期回报，不能按期如数还本付息，企业将面临资信下降、再融资受阻、持续经营难以为继，甚至变卖资产、破产的威胁。

C　决策失误风险

企业采用负债融资时，如果融资决策缺乏科学化，不能实现预期融资目标，将会使企业陷入财务风险之中。企业可合理选择融资方式，并对融资方式进行组合，是企业融资决策成功的关键所在。此外，企业融资决策还应对融资规模、融资的信用工具、融资期限、融资市场、融资中介机构进行合理筹划，以免融资决策不当的风险影响企业融资。

D　发行风险

发行风险是指企业利用证券信用融资时，由发行企业信誉、发行数量及发行时机等因素的影响，导致有价证券发行不成功的可能性。由于有价证券发行时的经济环境、投资者的收入水平和投资偏好、其他企业的有价证券发行数量，同期的银行存款利率，国债的发行规模等因素影响，可能导致企业投入大量的广告宣传费、发行费、各种手续费却没有完成筹资计划。

E　市场风险

市场风险是指由于利率、汇率的变动，以及通货膨胀等因素，使企业融资成本增加、效益下降的风险。企业在筹措资金期间，可能会受到通货膨胀的影响，使贷款利率发生增长变化，利率的增长必然会使企业负担的资金成本相应提高。如果企业筹借外币，还可能面临汇率变动带来的风险。当借入外币在借款期间升值时，企业到期偿还本息的实际价值就要高于借入时价值。

4.3.2.2　权益融资风险

权益融资和负债融资一样，同样面临着财务风险、发行风险和市场风险等风险的影响。除此之外，权益融资还面临着一些特殊的风险，具体包括道德风险和再融资风险。

A　道德风险

道德风险是指从事经济活动的人在最大限度地增进自身效用时做出不利于他人的行动。由于上市公司的经营者不完全拥有企业的剩余控制权，而且所有者与经营者之间的信息不完全对称性和契约的不完备性，从而导致经营者在股权融资中出现道德风险。证券市场上近几年出现了大量上市公司造假、大股东掏空上市公司、违规担保等违规行为，导致一些上市公司信用下降，甚至曾经一度面临退市。

B 再融资风险

股份公司上市后，通过证券市场配股或者增发新股来融资的行为称为再融资。再融资的最大风险就是公司的业绩不能与股本同步增长，二级市场"填权"压力加大，公司二级市场形象将受到损害，甚至使公司失去配股和增发的资格。

4.3.2.3 其他风险

A 法律风险

法律风险是指企业在融资过程中，由于法律变动而带来的风险。体现在当出现融资纠纷时，是否有完善的法律体系提供仲裁，解决纠纷以及是否有严格的司法制度和法律执行体系执行法院仲裁结果。

B 政治风险

政治风险是指由于一国政府动荡或经济政策出现重大变化，导致企业融资失败或企业融资成本上升而遭受损失的风险。例如，实施紧缩的货币政策，会使企业融资成本、融资额度受到较大的影响。

C 系统风险

系统风险是从融资方式对宏观经济稳定性产生影响的角度而言的，也就是一种融资安排失败可能导致整个宏观经济不稳定的可能性。一般而言，由于直接融资具有分散风险的功能，直接融资安排失败不会导致整个宏观经济的波动；相反，间接融资却会给整个宏观经济带来巨大的震动。

4.3.2.4 企业融资风险的测度方法

衡量融资风险就是要测量负债资金实现的现金流量与需要偿还的负债本息额之间的偏离程度。衡量企业融资风险程度的指标有多种，其中期望自有资金收益率和资金成本率指标分别从效益和成本两个角度反映企业融资风险程度，计算简单且准确性高，是较为实用的融资风险评价指标。此外，针对企业的负债融资，企业可以选择采用财务杠杆系数的方法预测融资的风险程度。

A 期望自有资金收益率

$$期望自有资金收益率 = 期望投资收益率 + (借入资金 / 自有资金)(期望投资收益率 - 借入资金利息率)$$

从上式可以看出投资收益率、借入资金与自有资金的比例、借入资金利息率的变化决定了自有资金收益率的高低。通过对自有资金收益率指标的分析，可以判断融资风险程度，调整融资决策。具体方法是：

首先，自有资金收益率指标直接反映融资风险程度。自有资金收益率高，说明企业融资效益大，融资风险相对减少；相反，自有资金收益率低，说明企业融资效益差，融资风险相对增大；如果自有资金收益率为零，说明该融资无效益，融资风险达到最大值；如果自有资金收益率为负值，说明该投资方案不可采用；如果投资项目已付诸实施，自有资金收益率呈现负值，说明融资风险已给企业带来损失。

其次，如果借入资金利息率高于全部资金收益率，借入资金对自有资金的比率越大，自有资金的收益率越低；反之，借入资金对自有资金的比率越小，自有资金收益率则越高。如果企业投资效益差，则应尽量减少外借资金。在企业的投资报酬不足以支付借款利息时，企业将发生亏损，将因过量举债而面临破产危险。因此，不是任何企业都可以"负债经营"。

第三，如果借入资金利息率低于全部资金收益率，借入资金对自有资金的比率越大，自有资金收益率就越高；反之，借入资金对自有资金的比率越小，自有资金收益率就越低。因此，投资效益好的企业，适当增加借入资金，采用"举债经营"的方法，在不改变生产方法和销售条件下，就可以提高融资效益。

B 资金成本率

资金成本率 = 资金占用费 / (筹集资金总额 − 资金筹集费)

如果企业筹集的资金为负债，上述公式中的资金占用费还应扣除因增加利息支出而少交的所得税额，上述公式可改为：

借入资金成本率 = 资金占用费(1 − 所得税率) / (筹集资金总额 − 资金筹集费)

企业多种渠道用多种方式同时筹集资金时，由于不同的资金成本不一样，为此就需要计算全部筹集资金的综合资金成本率，其计算公式为：

综合资金成本率 = $\sum$ 各项资金成本率 × 该项资金占全部资金比例

资金成本率指标是企业选择资金来源，拟订融资方案的依据，通过对资金成本率变化的分析，可以判断筹资风险程度。具体方法是：

首先，通过对资金成本率指标分析，决定融资方案是否可行。资金成本是企业支付给投资者的投资报酬，在投资总收益不变的情况下，资金成本率越大，说明企业支付给投资者的报酬越多，而企业的净收益则越少，企业的融资风险就大。如果资金成本率等于投资报酬率，说明企业融资风险达到最大限度。一般情况下，若资金成本率大于投资报酬率，则该投资方案不适采用。如果资金运用中出现这种情况，则说明融资风险已给企业带来损失。企业应尽量选择投资收益率较高、资金成本率较低的方案。

其次，通过对资金成本率的分析，选择融资来源。企业的资金可以从多方面来筹集，如长期投资，可以从银行借款，也可以发行债券，还可以发行股票。在同时可以取得多种来源的条件下，企业到底应该选择哪一种来源？首先应考虑的因素就是资金成本率。企业应择优吸收资金成本率最低的资金来源，以便减少企业融资风险。

第三，通过对资金成本率的分析，确定最优资金结构。从前面对综合资金成本率计算公式可以看出，在有多种资金来源共同组成的融资方案中，如果提高资金成本率较低的资金占总资金额的比例，则综合资金成本率会相应降低。因此，在确定融资结构时，应尽量采用综合资金成本率最低的融资方案。

C　财务杠杆系数法

财务杠杆是指负债融资在企业投资收益中所起的作用。财务杠杆作为一把双刃剑，其另一面就是增加企业的财务风险，随着负债的增加到某一点后，企业的破产风险也急剧增加。下面讨论负债融资对企业财务风险的影响。

a　营业杠杆效应与营业风险

营业风险是指未来经营收益及息税前利润本身所固有的不确定性，也即在没有负债时公司资产的风险。营业杠杆效应，是指在某一固定成本比率下，销售量的变动对利润所产生的影响。营业杠杆效应的大小，通常用营业杠杆系数（Degree of Operating Leverage，DOL）来衡量。用公式表示为：

$$DOL = 息税前利润的变动百分比／销售量变动百分比$$

$$= \frac{\Delta EBIT/EBIT}{\Delta Q/Q}$$

式中，EBIT 为息税前利润；$\Delta EBIT$ 为息税前利润的变动额；Q 为销售量；ΔQ 为销售量变动额。

通常，在一定的固定成本总额范围内，销售量越大，营业杠杆系数越小，则融资风险越小；反之，销售量越小，则营业杠杆系数越大，而融资风险越大。

b　财务杠杆效应与财务风险

财务风险是企业负债规模的变化带来经营收益变化的风险。财务风险的大小受企业负债规模的影响。这是因为，当负债比率较高时，公司将承担较大的债务利息，从而导致财务风险加大；相反，负债比率较低时，财务风险就较小。这种由于负债而给公司收益带来的影响，称为财务杠杆效应。

财务杠杆效应的大小通常用财务杠杆系数（Degree of Financial Leverage，DFL）来衡量，该系数反映每股利润随息税前利润变动而变动的幅度。用公式表示为：

$$DFL = 每股利润变动百分比／息税前利润变动百分比$$

$$= \frac{\Delta EPS/EPS}{\Delta EBIT/EBIT}$$

$$EPS = (EBIT - I)(1 - T)/N$$

式中，I 为利息支出；T 为所得税率；N 为流通在外的普通股股数。

一般地说，该项指标过低，说明企业没有充分利用财务杠杆提高企业经济效益；该项指标过高，说明企业借入资金过多，融资风险较大。

c　综合杠杆效应

在企业的实际经营中，营业杠杆和财务杠杆是同时起作用的，如果两个杠杆的效应都大，那么企业由销售变动带来的效应也就很大。它用综合杠杆系数（Degree of Total Leverage，DTL）来衡量。用公式表示为：

$$DTL = DOL \times DFL$$

$$= \frac{\Delta EBIT/EBIT}{\Delta Q/Q} \times \frac{\Delta EPS/EPS}{\Delta EBIT/EBIT}$$

$$= \frac{\Delta EPS/EPS}{\Delta Q/Q}$$

由上式可知，综合杠杆效应是每股利润随销售收入的变动而发生变动的幅度。

企业在做融资决策时，应考虑综合杠杆效应系数。一般地说，综合杠杆系数这项经济指标过高，企业借入资金的融资风险也就越大；反之，复合杠杆系数过低，企业借入资金的融资风险也就越小。当综合杠杆系数确定时，营业杠杆较高的企业应采用较低的财务杠杆；营业杠杆较低的企业应采用较高的财务杠杆。

4.4　国有企业的融资结构与企业市场价值分析

资本结构是指企业取得长期资金的各项来源、组合及其相互关系。最优资本结构是指在充分权衡融资成本和融资风险的情况下，能使企业价值最大化的资本结构。从本质上来讲，企业融资结构的优化，是企业融资成本和企业市场价值的比较。而不同的融资方式由于具有不同的特征表现，因而其融资成本和收益也存在较大的差异性，它是企业融资结构优化分析的出发点。

在市场经济条件下，有关对企业市场价值的分析，基本上是假定企业主要是以发行债券和股票进行融资，因而企业的市场价值是由股票的市场价值和债券的市场价值所构成，用数学公式可以简化为：

$$V = V_E + V_D$$

股票的市场价值等于发行股票的数量乘以每股的价格；而债券的市场价值等于它的面值。如果现在把企业融资方式选择扩大到银行信贷，则企业市场价值就等于三者之和。其公式为：

$$V = V_E + V_D + V_B$$

　　由上述公式可以看出，企业融资结构调整、融资方式选择与企业市场价值具有直接的相关关系。因此，企业要寻求企业价值的最大化，就必须调整各种融资方式的最佳组合比例，即优化企业融资结构。

　　按企业融资来源的性质，企业融资方式主要分为负债融资和股权融资两大类。负债融资主要体现为债券和银行信贷融资；而股权融资则主要是发行股票。衡量二者最优组合的标准则取决于融资成本和市场价值的比较。可以说，在企业融资成本最小，而企业市场价值最大时，负债融资与股权融资组合会达到最佳状态。

4.4.1　企业融资结构对企业价值影响

　　下面比较股权融资和债权融资方式比例变动对企业市场价值的影响。

　　如果假定在某企业融资结构中，发行股票融资 2000 万股，每股面值为 1 元，分红派息率为 10%；负债融资 2 亿元，利息为 6%，企业收益即未分配利润为 4000 万元。则企业财务状况见表 4-12。

表 4-12　企业财务状况　　　　　　　　（万元）

指　　　标	计　算　方　法
企业净收益	4000
利息支出	20000×6%＝1200
股东所得收益	4000－1200＝2800
分红派息率	10%
股票融资的市场价值	2800/10%＝28000
股票价格	28000/2000＝14 元/股
债券融资的市场价值	20000
企业市场价值	28000+20000＝48000
总融资成本率	（28000×10%＋20000×6%）/48000＝8.33%
融资结构（负债/股权）	1∶1.4
资产负债率	20000/48000＝41.67%

4.4.1.1　增加负债比率，企业价值变动

　　假若变动融资方式，调整企业融资结构，以提高企业的市场价值。由于负债融资成本率低于股权融资成本率，且企业的资产负债率只有 41.67%，那么，增加部分企业负债融资来代替股权融资，提高企业的资产负债率，即负债融资由原来的 2 亿元增加到 2.98 亿元，而企业分红派息率以及利息率不变。在这种情况下，如果企业把负债融资净增加的 9800 万元，以每股 14 元的市场价格回购企业股票，可回购 9800/14＝700 万股，此时企业可流通股就减少为 1300 万股，则企

业财务变动状况见表4-13。

表4-13 企业财务变动状况计算方法 （万元）

指　　标	计　算　方　法
企业净收益	4000
利息支出	29800 × 6% = 1788
股东所得收益	4000 − 1788 = 2212
分红派息率	10%
股票融资的市场价值	2212/10% = 22120
股票价格	22120/1300 = 17.02 元/股
债券融资的市场价值	29800
企业市场价值	22120 + 29800 = 51920
总融资成本率	（22120 × 10% + 29800 × 6%）/51920 = 7.70%
融资结构（负债/股权）	1∶0.74
资产负债率	29800/51920 = 57.40%

通过上述企业融资结构变动对企业市场价值的影响来看，负债融资结构的增加调整了企业融资结构，产生了直接和间接效应，从而提高了企业总体的效应水平。这主要表现在：一是提高了企业的市场价值，使其从48000万元增加到51920万元；二是降低了企业融资成本率，使其由8.33%降为7.70%；三是提高了企业股票的市场价格，从14元提高到22.4元。

4.4.1.2 降低负债比例，企业价值变动

变动融资方式，可通过发行新股、偿还债务，降低企业资产负债率。假若企业以市场价增发新股600万股，则不考虑相关费用情况下，募集资金600万股 × 14元/股 = 8400万元，偿还债务后，负债融资由原来的2亿元下降到1.16亿元，而企业分红派息率以及利息率不变。在这种情况下，如果企业负债融资净减少8400万元，股票增加到2600万股，则企业财务变动状况见表4-14。

表4-14 企业财务变动状况 （万元）

指　　标	计　算　方　法
企业净收益	4000
利息支出	11600 × 6% = 696
股东所得收益	4000 − 696 = 3304
分红派息率	10%
股票融资的市场价值	3304/10% = 33040

指　标	计　算　方　法
股票价格	33040/2600＝12.71 元/股
债券融资的市场价值	11600
企业市场价值	33040＋11600＝44640
总融资成本率	（33040×10%＋11600×6%）/44640＝8.96%
融资结构（负债/股权）	1：2.85
资产负债率	11600/44640＝25.99%

通过上述企业融资结构变动对企业市场价值的影响来看，负债融资结构的减少调整了企业融资结构，企业的资产负债率降低到 25.99%，但企业的市场价值降低了，使其从 48000 万元降低到 44640 万元；同时企业的融资成本率增加，使其由 8.33% 提高到 8.96%；从市场企业股票的市场价格变动来看，企业股票 14元下降到 12.71 元。在上面的测算中，企业发行新股是以市场价格发行的，但实际发行价格应该低于市价，所以企业价值的下降应该更多。

通过上面的简单分析（表 4-12~表 4-14）可知，增加负债率可以增加企业的市场价值，降低企业的融资成本率，提升企业股票价格；反之，负债率的降低就会使得企业的市场价值降低，提高企业的融资成本率，降低企业股票价格。然而，通过反映企业融资结构变动的负债-股权比率的变动，尤其增大负债融资比例来提高企业市场价值，降低融资成本也是有条件的，其中包括资产收益率要高于举债利息率，企业净利润分配固定，不考虑所得税等因素。因此，企业在通过融资成本与收益比较来优化融资结构，提高企业市场价值时，必须充分考虑决定企业融资结构选择的内部和外部因素，只有这样，才能确保融资结构优化与市场价值最大化目标的实现。

4.4.2　企业最佳资本结构的确定方法

通过上面的分析可知，通过调整企业融资结构，使得企业的市场价值发生变化。对于企业来讲，融资决策的目的就是要在考虑各种影响因素条件下，通过调整融资结构实现企业市场价值最大化。企业价值最大化的融资结构也就是企业的最佳资本结构。企业的最佳资本结构是在企业日常筹资决策中实现的，只有在每个筹资决策之前均考虑筹资方案对企业收益和风险的影响，选择最佳筹资方案，才能在企业实现资本结构的优化。

在第 2 章已经回顾了西方经济学对于企业资本结构的相关研究，比如 MM 理论等。可以说对于企业资本结构的研究较为丰富，但由于企业资本结构的确立是受多种因素制约的结果，从前章的分析也可以看出各国的企业融资实践确立的资本结构并没有确定的基数。从现在的研究来看，企业最佳资本结构的确定有多种方法。

4.4.2.1 EBIT-EPS 分析法

A EBIT-EPS 分析法原理

EBIT-EPS 分析是西方财务学中用以分析筹资方式决策中较常用的方法，它以追求企业每股盈余（EPS）最优为目的，综合考虑负债资本成本、税收作用、企业市场状况等，确定企业的最佳资本结构。

该方法假设：企业的债务增加不会引起企业风险的增加，因而债务资本成本和权益资本成本的变化可不予考虑，企业只要每股盈余增加，就会实现价值最大。股东每股收益（EPS）的大小，主要取决于息税前利润（EBIT）的大小。此外，与固定财务支出（利息等）的多少和流通在外的股份数的多少也有关系。在企业息税前利润一定时，企业负债比例越高，固定利息费用支出就越大，同时也意味着发行股份较少；反之，企业负债比例越低，固定利息费用支出就越小，同时也意味着发行股份较多。因此，在企业息税前利润一定时，负债率的高低会直接影响到每股收益的多少。一般情况下，企业息税前利润足够大，企业负债率的提高有助于提高每股收益；如果企业息税前利润较少，负债率的提高则会导致每股收益降低。因此，在企业的资本结构中存在一个使每股收益最大的负债率点。

现假设企业的息税前收益为 EBIT，固定费用为 F，所得税率为 T，原股本数为 N。现企业欲增加筹资数 N_1，已知债务的利息率为 I_D。企业采取负债筹资和权益筹资的每股收益为：

$$负债筹资每股收益\ EPS = (EBIT - F - N_1 I_D)(1 - T)/N$$
$$权益筹资每股收益\ EPS = (EBIT - F)(1 - T)/(N + N_1)$$

根据以上两式可知，EBIT 和 EPS 是线性关系，如图 4-1 所示。

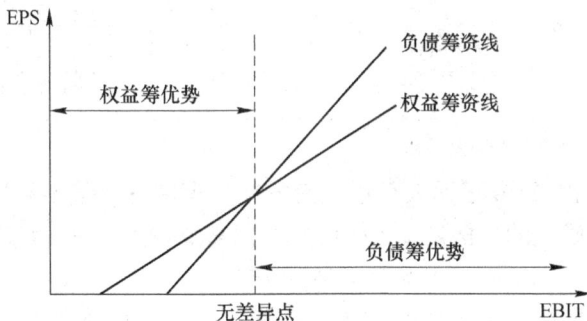

图 4-1 EBIT-EPS 分析图

根据图 4-1 可知，两条直线的交点，就是每股收益的无差异点，该点代表的是在当前企业息税前收益下，债权融资和权益融资的每股收益是相等的，其计算公式为：

$$(EBIT - F - N_1 I_D)(1 - T)/N = (EBIT - F)(1 - T)/(N + N_1)$$

根据图 4-1 可知，在无差异点的左边区域为权益融资优势区域，无差异点的右边为负债筹资优势区域。

B 基于 EBIT-EPS 分析法的新兴铸管资本结构实证分析

由于新兴铸管在 2016 年公告发行企业债券和增发新股，最终在 2016 年发行企业债券，并在 2017 年 4 月增发新股。所以，以新兴铸管（000778）为例，利用 EBIT-EPS 分析法，分析其 2016 年发行企业债券再融资的最佳资本结构。

新兴铸管公司 1997 年 6 月 6 日发行上市，是一家以离心球墨铸铁管及配套管件和钢铁冶炼及压延加工产品为主要产品的企业。公司以钢铁生产为基础，以铸管为主导，是我国球墨铸铁管及管件最大生产基地。

新兴铸管股份有限公司 2016 年面向合格投资者公开发行公司债券（第一期）（以下简称"本期债券"，债券简称："16 新兴 01"，债券代码：112408）的发行规模为人民币 10 亿元。本期债券的期限为 5 年，附发行人第 3 年末上调票面利率选择权和投资者回售选择权，发行价格为每张人民币 100 元，采取网下面向合格投资者公开发行的方式发行。2016 年 6 月 29 日，发行人和主承销商根据向合格投资者询价登记结果最终确定本期债券票面利率为 4.75%。

为便于分析，从新兴铸管 2015 年年度报告中摘录如下数据（见表 4-15）。

表 4-15 2015 年新兴铸管相关数据　　　　　　　（元）

指　标	数　据	指　标	数　据
总股本数/股	3643307361	总资产	50871286154.23
利润总额	802104922.42	总负债	32562440667.03
所得税费	335069312.17	所有者权益	18308845487.20
财务费用	969731414.37	利息率/%	2.978
所得税率/%	41.77	资产收益率/%	2.82

注：所得税率 T=所得税费/利润总额。

2016 年公告融资 10 亿元人民币，其方案可有两种：债券和增发股份。2017 年增发股份公告确定的价格是 5.15 元/股，则需要增发股份 194174757.3 股。两种融资方案下的资本结构变化见表 4-16。

如果预计增资后的企业息税前利润不变。结合表 4-15 和表 4-16 数据则分别计算两种方案的每股收益（见表 4-17）。

表 4-16 两种融资方案资本结构比较

资本种类	发行前资本构成		发行后资本构成			
			发行普通股		增加债券	
	金额/元	比重/%	金额/元	比重/%	金额/元	比重/%
债 务	32562440667.03	64	32562440667.03	62.77	33562440667.03	64.70
股 份	18308845487.20	36	19308845487.20	37.23	18308845487.20	35.30
资本总额	5087286154.23	100	51871286154.23	100	51871286154.23	100
股份数量/股	3643307361		3837482118		3643307361	

表 4-17 两种融资方案的每股收益（EPS） （万元）

融资方案	息税前收益	利息	税前利润	税额	税后利润	普通股数/万股	每股收益/元
增发股份	177184	96973	80211	33504.13	46706.87	383748	0.1217
发行债券	177184	101723	75461	31520.06	43940.94	364331	0.1206

注：息税前收益 = 802104922.42 + 969731414.37 = 1771836336.79 元；

发行债券一年利息：10 亿元 × 4.75% = 4750 万元。

通过表 4-17 可以看出，在当前息税前收益水平下，且发行企业债券的利息率为 4.75% 时，债券的发行没有增加每股收益，反而是增发股份能增加每股收益。

下面在计算发行股份和债券的无差异点。将表 4-15～表 4-17 相关数据带入无差异点公式，则有：

$$(EBIT - F - N_1 I_D)(1 - T)/N = (EBIT - F)(1 - T)/(N + N_1)$$
$$(EBIT - 101723)(1 - 41.77\%)/364331 = (EBIT - 96973)(1 - 41.77\%)/383748$$

解得： $EBIT = 190849.7$ 万元

即当新兴铸管的息税前收益为 190849.7 万元时，选择增发普通股与发行企业债券这两个方案下每股收益是相同的；当息税前收益大于 190849.7 万元时，增发企业债券会带来更多的每股收益；息税前收益小于 190849.7 万元时，发行普通股还会带来更多的每股收益。因此，从新兴铸管的实际融资来看，企业在 2017 年增发股份进行了融资。

4.4.2.2 资本成本测算法（考虑风险）

EBIT-EPS 分析法的缺点也很明显：不考虑企业债务比例变化引起的风险增加，从而可能减少公司价值。事实上，企业追求的目标是公司价值最大化，而不是每股盈余最大化。最佳资本结构应当是企业价值最大化时而不是每股盈余最大化时的资本结构。

资本成本测算法的主旨就在于对企业不同资本结构下测算企业价值的变动，进而测算出企业价值最大化时的资本结构，并以此作为企业筹资决策的目标。因此，测算法的关键在于解决不同债务比例下企业负债和权益的资本成本上升的问题。对于负债的资本成本问题，可考虑采用资信评级的方法，确定不同债务比例下企业不同的资信水平，以评价企业的债务等级，据以判断企业债务的利率水平；而对权益资本成本，则可先考察股票在历史上不同负债比例时不同的 β 值，再按照现在企业的状况，考虑企业可能采用不同的负债比例进行修正，得到反映不同债务比例时不同财务风险的 β 值，最后按资本资产定价模型计算出企业股票必要投资报酬率（即权益资本成本）。

债务资本成本和股票必要投资报酬率计算出来以后，企业便可用税后利润除以股票必要投资报酬率测算出股票市场价格。将股票价格加上债务金额便得出企业价值。计算公式如下：

企业股票必要投资报酬率： $k_e = R_f + (R_m - R_f)\beta_i$

式中，R_m 为市场组合预期收益率；R_f 为无风险报酬率；β_i 为股票的系统风险。

债务资本成本： $k_d = i(1 - T)/(1 - f)$

式中，k_d 为债务的资本成本；i 为长期银行借款利率；T 为所得税；f 为筹资费用率。

则考虑风险等级的企业综合资金成本为：

$$K = \sum W_i K_i$$

式中，K 为加权平均资金成本；W_i 为第 i 种融资方式下的融资量在总融资量中所占的比重；K_i 为第 i 种融资方式下的融资成本。

4.4.2.3 效用法

在实际的证券市场操作中，很少有企业采取单纯的股权融资，而一般采用股权和债权的混合融资，传统西方经济学理论上解释这一现象的原因是：一是债权融资可以减少公司税收负担（税盾作用）；二是在总资产收益率大于债权融资利息率时，利用债权融资可以提高净资产收益率（正财务杠杆效应）。这样解释是非常合理的，但并不完善。事实上还存在另外一个重要的原因：混合融资比单纯的股权融资可以明显改善投资者承受的风险结构。也就是说，企业融资既会带来效益，又会产生风险。因此，企业对筹资成本关注的同时，也更为关注筹资的风险，这是因为一方面企业投资者对收益的追求，企业的最终目的是盈利，而收益与风险是对等的；另一方面企业筹资带来的风险关系到企业的生存和持续发展。

MM 定理认为，不考虑税收和破产成本的情况下，如果投资者是风险厌恶的，公司的初始所有者仍可以从混合融资中得到好处，但是对于风险中性投资者，混合融资和纯股权融资是没有差别的。企业初始投资者利用混合融资的好处有：在公司经营状况较好时，债权（普通债券和或银行贷款）持有人得到固定的息票支付，而股权持有人承担公司收益的全部风险收益；在公司经营状况差但还没有违约时，那么原始股东承担公司风险，此时只有普通债券持有人继续得到固定息票支付，与此同时，破产触发水平降低；在公司违约时刻，股权持有人退出，普通债券或银行贷款持有人获得公司未来收益流，此时普通债券或银行贷款起到分散公司风险的好处。由此，考虑投资者是厌恶风险的情况下，企业的最佳股权和债权结构就是企业的最优资本结构。显然，公司的最优资本结构问题等同于企业初始所有者的最优化问题：初始所有者试图最大化公司证券（股权和债权）的效用无差别价格之和。

A 基于风险效用函数的资本结构模型

如前所述，企业的风险分为两类：一类是经营风险（Business Risks），也称营业风险或系统风险，是上市公司不使用债务资本时的资产风险。它是企业固有的、由于经营上的原因而导致未来经营收益的不确定性。另一类是筹资风险（Financial Risks），也称融资风险，是企业公司进行债务融资而产生的应由普通股股东承担的附加风险。此处只考虑与资本结构直接相关的筹资风险。筹资风险的度量指标主要有：权益收益率的标准差（或方差）、期望权益收益率、期望权益收益率标准离差（期望权益收益率与其标准差的比）、坏账的概率。本书选用权益收益率的方差来度量上市公司的筹资风险。

风险效用模型建立如下：

设企业总资产为 V。D 为借入资金总额，E 为权益资金总额，且 $V=D+E$；EBIT 为公司的息税前收益；r 为总资产收益率，ROE 为权益资本报酬率（净资产收益率），计算时简写为 R；L 为负债比率，i 为负债年利率，T 为所得税率。$\sigma(r)$ 为总资产报酬率标准差，$\sigma(R)$ 为权益资本报酬率标准差，则有：

$$R = (\text{EBIT} - Di)(1 - T)/E \qquad (4\text{-}11)$$

$$r = \text{EBIT}(1 - T)/V \qquad (4\text{-}12)$$

由式（4-11）和式（4-12）推导可知：

$$R = (\text{EBIT} - Di)(1 - T)/E = (\text{EBIT} - Di)V(1 - T)/EV$$
$$= r + D[r - i(1 - T)]/E$$

令 $k = D/E[L = K/(1 + K)]$，则得到如下公式：

$$R = r + k[r - i(1 - T)] \qquad (4\text{-}13)$$

假设投资收益近似地服从正态分布，其方差表示投资风险。而净资产收益率 R 是投资收益率 r 的线性函数，则 R 也是随机变量，并且服从正态分布。

设的 R 的均值为 $\mu(R)$，方差为 $\sigma^2(R)$；r 的均值为 $\mu(r)$，方差为 $\sigma^2(r)$，则可得到：

$$\mu(R) = \mu(r) + k[\mu(r) - i(1-T)] \qquad (4\text{-}14)$$

$$\sigma^2(R) = (1+k)^2\sigma^2(r) \qquad (4\text{-}15)$$

由式 (4-15) 可见，权益收益率的方差 $\sigma(R)$ 的大小与资本结构 k 正相关，而且与投资收益率的方差 $\sigma(r)$ 也正相关。$\sigma(R)$ 大小反映了筹资风险的大小，k 或 $\sigma(r)$ 越大，筹资风险就越大，反之就越小。

为了确定最佳资本结构点，引入效用函数来反映融资者对达到融资目的的满足程度。而且一般情况下融资者是厌恶风险的，则他们的效用函数遵循边际效用递减的规律。选用指数型函数拟合风险厌恶者的实际效用曲线。函数如下：

$$U(R) = 1 - e^{-\frac{R}{\beta}} \qquad (4\text{-}16)$$

式中，β 为上市公司自身的贝塔系数，$\beta > 0$；$1/\beta$ 为风险厌恶度。这是因为在实际应用中，企业在其自身的系统风险越大时，融资决策应更加小心。

对式 (4-16) 求一阶导数和二阶导数，可得：

$$\frac{\mathrm{d}U}{\mathrm{d}R} = \frac{1}{\beta}e^{-\frac{R}{\beta}} > 0, \quad \frac{\mathrm{d}U}{\mathrm{d}\beta} = -\frac{R}{\beta^2}e^{-\frac{R}{\beta}} < 0(R > 0) \qquad (4\text{-}17)$$

$$\frac{\mathrm{d}U^2}{\mathrm{d}R^2} = -\frac{1}{\beta^2}e^{-\frac{R}{\beta}} < 0 \qquad (4\text{-}18)$$

由式 (4-17) 和式 (4-18)，对 R 求导的结果是一阶导数大于 0 且二阶导数小于 0，则可知式 (4-16) 表示的效用函数遵循边际效用递减的规律，表明融资者是厌恶风险的。由于净资产收益率 R 是一随机变量，所以 $\mu(R)$ 也为随机变量。式 (4-16) 对应的期望效用 EU 为：

$$\begin{aligned}
\mathrm{EU} &= \int_{-\infty}^{+\infty}\left(1 - e^{-\frac{t}{\beta}}\right)\frac{1}{\sigma(R)\sqrt{2\pi}}e^{-\frac{1}{2}\left[\frac{t-\mu(R)}{\sigma(R)}\right]^2}\mathrm{d}t \\
&= \frac{1}{\sigma(R)\sqrt{2\pi}}\int_{-\infty}^{+\infty}e^{-\frac{\left[\frac{t-\mu(R)}{\sigma(R)}\right]^2}{2}}\mathrm{d}t - \frac{1}{\sigma(R)\sqrt{2\pi}}\int_{-\infty}^{+\infty}e^{-\frac{1}{2}\left[\frac{t-\mu(R)}{\sigma(R)}\right]^2-\frac{t}{\beta}}\mathrm{d}t \\
&= 1 - \frac{1}{\sqrt{2\pi}}\int_{-\infty}^{+\infty}e^{-\frac{1}{2}s^2-\frac{\sigma(R)s}{\beta}-\frac{\mu(R)}{\beta}}\mathrm{d}s \qquad \left(\diamondsuit\ s = \frac{t-\mu(R)}{\sigma(R)}\right) \\
&= 1 - \frac{1}{\sqrt{2\pi}}\int_{-\infty}^{+\infty}e^{-\frac{1}{2}\left[s+\frac{\sigma(R)}{\beta}\right]^2}\times e^{-\frac{1}{2}\left[\frac{2\mu(R)}{\beta}-\frac{\sigma^2(R)}{\beta^2}\right]}\mathrm{d}s \\
&= 1 - e^{-\frac{1}{2}\left[\frac{2\mu(R)}{\beta}-\frac{\sigma^2(R)}{\beta^2}\right]}\times\frac{1}{\sqrt{2\pi}}\int_{-\infty}^{+\infty}e^{-\frac{1}{2}\left[s+\frac{\sigma(R)}{\beta}\right]^2}\mathrm{d}\left(s+\frac{\sigma(R)}{\beta}\right) \\
&= 1 - e^{\frac{\sigma^2(R)}{2\beta^2}-\frac{\mu(R)}{\beta}} \qquad (4\text{-}19)
\end{aligned}$$

式 (4-19) 即为所要求的风险效用模型。由式 (4-19) 可以看出，筹资者的期望效用是权益收益率的期望值与方差的函数。筹资者的目的是要获得最大期望效用，即 EU 取最大值时的资本结构即为最佳资本结构。

式 (4-19) 取最大值的条件为 $e^{\frac{\sigma^2(R)}{2\beta^2}-\frac{\mu(R)}{\beta}}$ 取得最小值。

设
$$y = \frac{\sigma^2(R)}{2\beta^2} - \frac{\mu(R)}{\beta} \qquad (4\text{-}20)$$

将式 (4-14) 和式 (4-15) 代入式 (4-20)，可得：

$$y = \frac{(1+k)^2\sigma^2(r)}{2\beta^2} - \frac{\mu(r)+k[\mu(r)-i(1-T)]}{\beta}$$

令 $\dfrac{\mathrm{d}y}{\mathrm{d}k} = 0$，可得：

$$k = \frac{[\mu(r)-i(1-T)]\beta}{\sigma^2(r)} - 1 \qquad (4\text{-}21)$$

又
$$\frac{\mathrm{d}^2y}{\mathrm{d}k^2} = \frac{\sigma^2(r)}{\beta^2} \geq 0$$

所以，当 $k = \dfrac{[\mu(r)-i(1-T)]\beta}{\sigma^2(r)} - 1$ 时，y 取到最小值，EU 取到最大值，此时 k 即为使融资者期望效用达到最大的最优资本结构。

在实际中，应是 $k > 0$，若 $k \leq 0$ 时，可取 $k=0$。实质上可以这样理解：

(1) 当 $\mu(r) < i(1-T)$，取 $k=0$，说明当期望投资收益率 $\mu(r)$ 小于借入资金利息率 i 时，企业当然不应该负债经营，即 $D=0$。

(2) 当 $\mu(r) > i(1-T)$，但以 $\mu(r)-i(1-T) < \dfrac{\sigma^2(r)}{\beta}$，$\dfrac{\sigma^2(r)}{\beta}$ 可视为上市公司负债经营应该得到的风险报酬。虽然期望投资收益率高于借入资金的利息率 $i(1-T)$，但超过的部分不足以补偿风险报酬，所以上市公司仍不应负债经营。

通过上面的分析可以得到，在 $\mu(r)-i(1-T) > \dfrac{\sigma^2(r)}{\beta}$，即上市公司的期望投资收益率与借入资金的利息率之差大于风险报酬时，上市公司的最佳资本结构为 $k = \dfrac{[\mu(r)-i(1-T)]\beta}{\sigma^2(r)} - 1$。

　B　华能国际资本结构的风险效用模型实证

本书利用该模型研究华能国际（600011）资本结构最优点。从银行证券网的上市公司数据库中可知华能国际 2003 年年底的财务数据如下：

净资产收益率 $R = 15.687\%$

总资产 $V = 5327696.50$ 万元

总负债 $D = 1740017.80$ 万元

股东权益总额 $E = 3478710.02$ 万元

利润总额 TR $= 677408.06$ 万元

利息费用（和前面一样采用财务费用代替）$Di = 55963.65$ 万元

所得税 = 111610.05 万元

β 系数 = 0.98764

则：

息税前收益 EBIT = 677408.06 + 55963.65 = 733371.71 万元

投资收益率 r = EBIT/V = 733371.71/5327696.5 = 13.765%

利息率 $i = Di/D = 55963.65/1740017.8 = 3.22\%$

所得税率 $T = 111610.05/677408.06 = 16.47\%$

为了计算投资收益率的期望收益率和风险，本书假设华能国际 2004 年不同投资收益率和其各种情况出现的概率。10 个估计值见表 4-18。

表 4-18 投资收益率分布表   （%）

序号	1	2	3	4	5	6	7	8	9	10
p	1.5	5	10.5	13	16	23	12	10	5.5	3.5
r	1.6	3.5	6.8	8.2	10.1	11.7	12.5	14	18	20

由上面的数据，可以计算 2004 年华能国际的期望投资收益率和方差：

$$\mu(r) = \sum_{i=1}^{10} p_i r_i = 10.876\%, \quad \sigma^2(r) = \sum_{i=1}^{10} [r_i - \mu(r)]^2 p_i = 13.94 \times 10^{-4}$$

那么华能国际 2014 年资本结构点为：

$$k = \frac{[\mu(r) - i(1 - T)]\beta}{\sigma^2(r)} - 1$$

$$= \frac{[10.876\% - 3.22\%(1 - 16.47\%)] \times 0.98764}{13.94 \times 10^{-4}} - 1 = 58.01$$

在 2004 年 6 月 30 日华能国际的财务报告中，它的实际负债总额 D 和股东权益总额 E 分别为：

$$D = 2262516.18 \text{ 万元}$$

$$E = 3430435.33 \text{ 万元}$$

可知 2004 年 6 月 30 日，华能国际的实际资本结构点为：

$$k_{实} = D/E = 2262516.18/3430435.33 = 0.66$$

通过这两个资本结构 k 值可知，华能国际的决策者有着强烈的股权偏好，或者说极度厌恶风险。

电力企业的投资收益率较高，且由于行业的背景，投资风险较小，根据风险效用函数模型计算可知，电力企业可以高负债经营。由此可知电力企业（尤其是上市公司）在目前负债率较低的情况下，债权融资的效率会高于股权融资效率。

4.5 国有企业的资金使用效率分析

近年来，随着证券市场迅速发展，企业融资渠道不断扩大。国有企业可以通过上市融资，也可以发行企业债券。由于股权筹集的资金同债权筹集的资金相比，有不用清偿的优点，一时间上市成为企业融资的首要目标，发行完后还要配股、增发。然而企业从股票市场筹集到大量的资金有时却没有投资目标，企业盲目融资降低了资金的使用效率。我国的上市企业普遍存在非理性和低效的募集资金行为，变更募集资金投向的行为比较普遍。这不仅影响资本市场发挥资源配置的功能，而且不利于我国资本市场的健康稳定发展。

4.5.1 我国上市企业资金募集及变更情况分析

在前面章节中可知，我国企业偏好股票融资，甚至有些企业再融资目的不明确，没有清晰地融资目标，可以说是为了融资而融资。从 2000 年 1 月 1 日至 2015 年 6 月 30 日，A 股上市公司再融资共募资 2759 次，其中，配股 421 次，增发 2213 次，发行可转化债券 125 次；平均每次募资 17.09 亿元，其中，配股平均每次募资 9.82 亿元；增发平均每次募资 17.66 亿元，发行可转债平均每次募资 31.33 亿元；募资金额总计 47141.32 亿元，其中，配股募资总计 4133.42 亿元，增发募资总计 39091.91 亿元，发行可转债总计 3915.99 亿元。

据有关统计，在 2000 年 1 月 1 日至 2015 年 6 月 30 日进行过再融资的上市公司中，共有 409 次募资发生变更，占全部募资次数的 14.82%。在这 409 次变更中，配股变更 171 次，变更比例最高，高达 40.62%；增发变更 226 次，占比 10.21%；发行可转换公司债券变更 12 次，占比为 9.60%，由此可知，配股募资变更最多，其次是增发，最后是发行可转债，见表 4-19。

表 4-19 2000~2015 年募集资金投向变更总体情况

项 目	配 股	增 发	发行可转债	合 计
变更次数	171	226	12	409
募资次数	421	2213	125	2759
变更比例/%	40.62	10.21	9.60	14.82
募资项目变更数	389	422	24	835

资料来源：DIB 迪博内部控制与风险管理数据库。

上市企业募集资金时，会在招股说明书中说明所募资金的用途，即募集资金将投入的项目。从表 4-19 可知，企业在 2000 年 1 月 1 日至 2015 年 6 月 30 日的募集资金 409 次变更中，共 835 个项目发生了变更。配股募资原项目变更次数为 389 次，占比 46.59%；增发募资原项目变更次数为 42.2 次，占比为 50.54%；

可转换公司债券原项目变更次数为 24 次，占比为 2.87%。从上市企业发布的募集资金项目变更公告中可知，仅有小部分项目变更有充分合理的原因，大部分变更是上市企业在投资项目的确定和募集资金的使用过程中存在问题所造成的。因此，研究分析企业的融资使用效率更为重要。

4.5.2　企业融资资金效率分析方法

经查阅相关研究，用来表征上市企业再融资资金效率的指标多种多样，大致可以归纳为三类：

第一类是经营业绩类财务指标。早期的研究多以上市公司再融资后的利润、每股盈余、主营业务利润率、每股收益、主营业务增长率等传统的经营业绩类财务指标来衡量上市公司的再融资效率，其中用净资产收益率来衡量公司再融资效率最为普遍，因为净资产收益率是证监会衡量上市公司能否实施再融资的重要标准。这些会计收益指标具有计算简便、易于获得的优点，但同时也存在许多缺陷，如容易受到人为操纵、没有考虑权益资本的成本、容易造成经营者的短期行为等。一些上市公司为了达到证监会要求的再融资资格或为了保住再融资资格，就有可能通过资产减值准备的计提和转回、关联交易等手段进行盈余管理或虚减净资产来粉饰财务报表，提高净利润和净资产收益率。

第二类是托宾 Q 比率。有一部分学者采用托宾 Q 比率作为测评标准。在我国资本市场机制不完善的条件下，沿用托宾 Q 比率衡量再融资效率存在着不少缺陷。首先，相关数据较难取得，如公司资产的重置价值，一般是用总资产账面价值来衡量，但账面价值与市场重置成本事实上差异很大；其次，权益市场总值是用计算期内股票的市场价格乘以发行在外的普通股股数得到的，但在我国当前的股票市场中，仍有一部分非流通股，这部分不能交易的国有股和法人股的估值是非常困难的。

第三类是 EVA（economic value added，经济增加值）指标。1991 年 Stern Stewart 管理咨询公司提出 EVA（经济增加值）指标，1997 年 Jeffrey 提出 REVA（修正的经济增加值）指标，在 EVA 的基础上又设计了 MVA（market value added，市场增加值）指标。EVA 指标是从税后净营业利润中扣除包括股权和债务的所有资金成本后的真实经济利润，它综合考虑了所有资本的成本，这一指标的缺陷主要有两个：一是仅仅关注企业当期的经营情况，没有反映出市场对公司整个未来经营收益预测的修正；二是计算方法建立在半强式有效市场的假设条件下，而我国的股票市场仅达到弱式有效。此外，由于我国上市公司的股票分为流通股和非流通股，因此很难准确计算权益的市场价值。

对于国有企业再融资的资金使用（配置）效率采用 EVA（经济增加值）方法进行分析评价。

4.5.2.1 EVA 模型简介

为了对企业的融资行为进行评价，要看它的资金使用效率。评价的一般方法是看该公司的每股收益（EPS）、净资产收益率（ROE）和税后净利润。但是这几个指标并不能完全反映产生这些收益所支出的成本，特别是资本成本，而且这几个指标也偏离了利润最大化目标。针对上述缺陷，学术界和实际工作者从 20 世纪 80 年代起逐步开发了一批以创造股东价值为中心的业绩衡量指标，而 EVA 是其中影响最大、应用最广的一个。EVA 和 MVA 这两个名词是由约尔·思腾恩（Joel Stern）和贝内特·斯图尔特（G. Bennett Stewart）提出的，他们于 1982 年共同创办了管理咨询公司思腾思特（Stem & Stewart），并申请了"EVA"和"MVA"的版权。

MVA 是指公司股票的市场价值与股东提供的权益资本价值之差，其计算公式为：

$$MVA = 股票市值 - 权益资本 = 股价 × 公司发行在外的股数 - 权益资本$$

MVA 也可以定义为公司的总市场价值和投资者投入资本总量的差额。对大多数公司来说，可以通过资产负债表计算出投资者投入的资本总量，即股权和债权之和。公司的总市值是股权和债权的市场价值之和。能够很容易得到股票的市场价格从而求出股权的市场价值，债权（比如银行贷款）的市场价值不能容易得到，往往把财务报表中债务的账面价值近似为市值处理。

EVA 是公司经过调整的经营利润率（net operating profit after taxes，NOPAT）减去公司为获得这些利润所使用资本的"费用"。EVA 的基本计算公式是：

$$EVA = NOPAT - 经营性资本的税后成本$$

由于 $NOPAT = EBIT(1-T)$，则：

$$EVA = EBIT(1 - T) - 经营性资本 × WACC$$

经营性资本（operating capital）是用来购买公司经营性资产净额（net operating assets）的付息债务和股权的总和，经营性资产净额则等于经营性营运资本净额（net operating working assets）与公司经营性长期资产（可通过固定资产净值求得）之和。根据定义，经营性资产与用于购买经营性资产的资本价值相等。

用公司的投资回报率（return on invested capital，ROIC）计算 EVA，其计算公式为：

$$ROIC = NOPAT/ 总经营性资本$$

$$EVA = 经营性资本 × (ROIC - WACC)$$

也就是说，只要投资回报率大于公司的加权平均成本，那么 EVA 就大于零，经营性资本的新增投资就会增加公司的价值。

EVA 与会计利润的根本区别在于它考虑了股权的成本。道理很简单，权益资本是有成本的，因为股东完全可以把资金投入别处而获得回报，而会计利润却忽略了权益资本的成本。从算术角度说，EVA 等于税后经营利润减去债务和股本成本，是所有成本被扣除后的剩余收入（residual income）。EVA 是对真正"经济"利润的评价，或者说，是表示净营运利润与投资者用同样资本投资其他风险相近的有价证券的最低回报相比，超出或低于后者的量值。

EVA 的提出对国有企业的资金效率分析有两个方面的意义：首先，EVA 是股东衡量利润的方法。资本费用是 EVA 最突出最重要的一个方面。在传统的会计利润条件下，大多数公司都在盈利。但是，许多公司实际上是在损害股东财富，因为所得利润是小于全部资本成本的。EVA 纠正了这个错误，并明确指出，管理人员在运用资本时，必须为资本付费，就像付工资一样。考虑到包括净资产在内的所有资本的成本，EVA 显示了一个企业在每个报表时期创造或损害了的财富价值。换句话说，EVA 是股东定义的利润。假设股东希望得到 10% 的投资回报率，那么，只有当他们所分享的税后营运利润超过 10% 的资本金的时候，他们才是在"赚钱"。所以说，计算国有企业的 EVA，能够真正分析国有企业是否真正在盈利，是否真正有效率。其次，EVA 使决策与股东财富一致。思腾思特公司提出了 EVA 衡量指标，帮助管理人员在决策过程中运用两条基本财务原则：第一条原则，任何公司的财务指标必须是最大程度地增加股东财富；第二条原则，一个公司的价值取决于投资者对利润是超出还是低于资本成本的预期程度。从定义上来说，EVA 的可持续性增长将会带来公司市场价值的增值。这条途径在实践中几乎对所有组织都十分有效，从刚起步的公司到大型企业都是如此。EVA 的当前的绝对水平并不真正起决定性作用，重要的是 EVA 的增长，正是EVA 的连续增长为股东财富带来连续增长。

EVA 指标首先在美国得到迅速推广，以可口可乐、AT&T 等公司为代表的一批美国公司从 20 世纪 80 年代中期开始尝试将 EVA 作为衡量经营者业绩的指标引入到公司内部管理中，并以 EVA 最大化作为公司目标。90 年代中期以后，高盛公司、第一波士顿公司等著名的投资银行也采用 EVA 指标来评价上市公司。

在 2001 年 3 月，Stern Stewart 在中国上海建立了思腾思特管理咨询中国公司，逐步开展了业务；并于 2001 年 9 月在上海和上海证券交易所联合召开了"EVA 国际研讨会"，向上市公司、证券投资机构全力推介 EVA，受到了广泛关注。

4.5.2.2 EVA 效率模型的建立

经济增加值的定义为：

$$EVA = 税后净营业利润 - 资本成本$$
$$= 税后净营业利润 - 加权平均资本成本率 \times 资产总额$$

上述计算的 EVA 代表了企业创造的利润总额，是绝对指标；评价股东资本使用效率的相对指标是股东资本利润率，或叫 EVA 效率，其计算公式为：

$$EVA 效率 = (EVA / 股东资本总额) \times 100\%$$

公式中各项的计算要根据会计报表进行调整，以下介绍各个指标计算方法：

（1）税后净营业利润：

$$税后净营业利润 = 税后净利润 + 利息支出$$

也即销售收入减去除了利息以外的全部经营成本和费用后的净值，税后净利润采用上市公司财务报表中净利润（扣除），利息支出上市公司财务报表中采用财务费用代替（因为一般情况下，上市公司的财务报表中没有利息支出这一项）。

（2）资产总额：

$$资产总额 = 债务资本 + 股权资本$$
$$= 短期贷款 + 长期贷款 + 少数股东权益 + 普通股$$
$$= E + D$$

其中债务资本不包括应付账款、应付票据、其他应付款等商业信用负债，资本总额的计算可以采用年初和年末资本总额的平均值。

（3）WACC：

$$WACC = 股权资本比例 \times 股权资本成本率 + 债权资本比例 \times$$
$$债权资本成本率 \times (1 - T)$$
$$= (E/V)K_e + (1 - E/V)K_d(1 - T)$$

式中，E 为股权资本；V 为总资产；K_e、K_d 分别为股权资本成本率和债权资本成本率；T 为所得税税率。股权资本成本率采用资本资产定价模型得出：

$$股权资本成本率 K_e = 无风险收益率 + \beta \times 市场组合的风险溢价$$

其中的无风险收益率采用国债收益率或一年期银行存款利率，本书采用一年期银行存款利率。β 系数采用证券公司公布值。风险溢价在美国通常采用 6%，如 2001 年 8 月份的《财经》杂志采用的是 6%。清华大学计算为 9%（见 2001 年 7 月 16 日的 21 世纪经济报道）。中国社会科学院研究院李双杰博士在其博士论文《企业绩效和效率评价》中采用的为 6%。考虑到在我国金融市场可供选择的投资品种比较少，投资者对股票投资的风险溢价要求不高，本书采用一个低值 6%，对后面的对比研究应无影响。

债权资本成本率 K_d 采用五年以上期贷款利率。

公司的所得税率 T 一般为 33%。

4.5.3　基于 EVA 效率模型的国有上市公司资金使用效率实证分析

采用 EVA 效率模型对国有上市企业再融资的资金使用（配置）效率进行实证分析。以电力行业为例，对电力上市企业在 2002 年和 2003 年的资金使用效率进行实证。这主要是因为电力上市企业均为国有企业，选择2002年和2003年主要是在2000年前后国有上市企业再融资频繁，同时在这一时期企业债券的发行中电力投资建设债券较多，债券的期限较长，相对来讲电力企业的长期负债占比较大（从我国的上市企业资产负债表来看，上市企业的短期流动负债占比较大）。

截至2003年我国电子行业共有上市公司50多家，但由于几家公司上市时间较晚（比如上海电力是2003年10月29日上市），相关财务数据统计不全，所以选择其中上市时间较长的48家公司。2002年和2003年国有电力上市企业名单见表4-20。

表4-20　2002年和2003年国有电力上市公司名录

股票代码	股票名称	股票代码	股票名称	股票代码	股票名称
600011	华能国际	600627	电器股份	000531	穗恒运A
600067	冠城大通	600642	申能股份	000534	汕电力A
600068	葛洲坝	600644	乐山电力	000539	粤电力A
600089	特变电工	600719	大连热电	000543	皖能电力
600098	广州控股	600726	龙电股份	000601	韶能股份
600101	明星电力	600744	华银电力	000692	惠天热电
600116	三峡水利	600769	祥龙电业	000720	鲁能泰山
600121	郑州煤电	600780	通宝能源	000767	漳泽电力
600131	岷江水电	600795	国电电力	000899	赣能股份
600192	长城电工	600863	内蒙华电	000937	金牛能源
600236	桂冠电力	600864	岁宝热电	000939	凯迪电力
600268	国电南自	600886	湖北兴化	000958	东方热电
600292	九龙电力	000027	深能源A	000966	长源电力
600310	桂东电力	000037	深南电A	000983	西山煤电
600508	上海能源	000400	许继电器	000993	闽东电力
600509	天富热电	000426	富龙热力	001896	豫能控股

下面分别计算国有电力上市企业2002年和2003年的EVA效率。

4.5.3.1　2002年国有电力上市企业EVA效率

2002年国有电力上市企业的相关数据见表4-21。

表4-21　2002年国有电力上市公司相关财务数据　　　　（万元）

股票代码	扣除后净利润	利息支出	营业净利润	总资产V	E/V/%	D/V/%
600011	411112.9	56271.98	467384.86	4809875.52	62.35	37.65
600067	1937.71	1123.99	3061.7	94586.29	33.59	66.41

股票代码	扣除后净利润	利息支出	营业净利润	总资产 V	$E/V/\%$	$D/V/\%$
600068	11044.65	2209.27	13253.92	484425.11	69.46	30.54
600089	8044.61	4765.44	12810.05	270832.56	36.97	63.03
600098	72130.96	3525.58	75656.54	1074651.18	64.62	35.38
600101	8087.19	−58.29	8028.9	142535.94	76.43	23.57
600116	820.91	1766.84	2587.75	118049.4	45.39	54.61
600121	8406.28	2169.26	10575.54	218382.87	59.67	40.33
600131	5119.5	2785.71	7905.21	168086.02	39.3	60.7
600192	1795.36	1323.31	3118.67	188773.64	55.44	44.56
600236	25321.52	126.33	25447.85	385930.63	77.11	22.89
600268	2878.68	1281.86	4160.54	97582.04	48.55	51.45
600292	6322.16	230.29	6552.45	152924.61	60.58	39.42
600310	6338.42	340.77	6679.19	78434.11	79.15	20.85
600508	16663.56	−789.33	15874.23	218194.98	67.27	32.73
600509	4245.44	1071.16	5316.6	153139.57	41.58	58.42
600627	5351.92	7526.72	12878.64	168121.79	53.05	46.95
600642	100223.2	15289.91	115513.11	1349281.36	57.36	42.64
600644	−453.66	1762.07	1308.41	114718.16	42.67	57.33
600719	2875.55	2788.31	5663.86	170510.89	43.04	56.96
600726	19598.08	2787.68	22385.76	360528.58	83.91	16.09
600744	291.25	5395.72	5686.97	528801.16	55.53	44.47
600769	−8768.58	606.07	−8162.51	103547.91	73.05	26.95
600780	7429.17	449.81	7878.98	125352.02	88.36	11.64
600795	54168.67	25361.99	79530.66	1769220.35	36.36	63.64
600863	24126.96	5501.22	29628.18	811651.6	56.26	43.74
600864	716.77	1956.63	2673.4	93000.4	50.46	49.54
600886	−1239.75	4069.25	2829.5	468875.26	29.36	70.64
000027	52462.46	3975.1	56437.56	813352.19	70.26	29.74
000037	38453.04	1152.58	39605.62	202916.17	58.63	41.37
000400	15132.51	3549.79	18682.3	274572.34	58.94	41.06
000426	6979.07	1385.31	8364.38	214377.24	51.22	48.78

股票代码	扣除后净利润	利息支出	营业净利润	总资产 V	E/V/%	D/V/%
000531	8964. 37	1675. 81	10640. 18	194856. 28	47. 8	52. 2
000534	810. 74	−77. 63	733. 11	55871. 94	98. 74	1. 26
000539	120084. 5	9725. 37	129809. 88	1172921. 63	69. 78	30. 22
000543	11469. 89	−1459. 48	10010. 41	264069. 56	92. 61	7. 39
000601	11204. 72	2487. 41	13692. 13	352338. 36	58. 6	41. 4
000692	−395. 69	1022. 41	626. 72	192004. 74	52. 53	47. 47
000720	8884. 7	6096. 19	14980. 89	291895. 45	50. 3	49. 7
000767	9411. 6	23182. 3	32593. 9	462486. 27	37. 14	62. 86
000899	4091. 56	−432. 41	3659. 15	160278. 16	89. 44	10. 56
000937	18609. 07	575. 71	19184. 78	242037. 86	71. 64	28. 36
000939	8883. 16	1463. 23	10346. 39	120216. 23	47. 38	52. 62
000958	7359. 27	1062. 66	8421. 93	208148. 69	58. 12	41. 88
000966	3642. 75	5948. 94	9591. 69	243112. 2	43. 41	56. 59
000983	20402. 39	2734. 07	23136. 46	451411. 07	68. 55	31. 45
000993	889. 86	2669. 18	3559. 04	242334. 19	62. 2	37. 8
0001896	4114. 02	1945. 06	6059. 08	135918. 96	69. 24	30. 76

数据来源：银河证券。

依据上面建立的 EVA 效率计算公式，结合表 4-21 的财务数据，计算 2002 年国有上市电力企业的资金使用效率，结果见表 4-22。

表 4-22   2002 年国有电力上市企业 EVA 效率计算结果

股票代码	BETA 系数	K_e/%	WACC/%	总资本成本/万元	EVA/万元	EVA 效率/%
600011	0. 98764	7. 90584	6. 38228	306979. 7	160405. 13	5. 348697
600067	1. 01541	8. 07246	5. 274434	4988. 891	−1927. 191	−6. 06578
600068	1. 03976	8. 21856	6. 887211	33363. 38	−20109. 46	−5. 97639
600089	0. 77027	6. 60162	4. 873073	13197. 87	−387. 8175	−0. 38733
600098	1. 19861	9. 17166	7. 292112	78364. 76	−2708. 224	−0. 38999
600101	0. 9387	7. 6122	6. 727618	9589. 273	−1560. 373	−1. 43232
600116	0. 93909	7. 61454	5. 563749	6567. 972	−3980. 222	−7. 4282
600121	1. 10525	8. 6115	6. 694897	14620. 51	−4044. 969	−3. 10414
600131	1. 11961	8. 69766	5. 760715	9682. 956	−1777. 746	−2. 6912

股票代码	BETA 系数	K_e/%	WACC/%	总资本成本/万元	EVA/万元	EVA 效率/%
600192	1.15507	8.91042	6.659596	12571.56	−9452.892	−9.03234
600236	0.95641	7.71846	6.835075	26378.65	−930.7995	−0.31278
600268	0.89598	7.35588	5.556838	5422.476	−1261.936	−2.66366
600292	0.94626	7.65756	6.160246	9420.533	−2868.083	−3.09589
600310	0.92212	7.51272	6.750961	5295.056	1384.1338	2.229575
600508	0.96196	7.75176	6.477725	14134.07	1740.159	1.185558
600509	0.92548	7.53288	5.386716	8249.194	−2932.594	−4.60553
600627	1.24712	9.46272	6.831867	11485.86	1392.7823	1.561615
600642	0.91897	7.49382	5.944018	80201.53	35311.583	4.562528
600644	0.82131	6.90786	5.160063	5919.53	−4611.12	−9.42001
600719	1.06641	8.37846	5.80429	9896.946	−4233.086	−5.7681
600726	1.06224	8.35344	7.630317	27509.47	−5123.713	−1.69368
600744	1.1169	8.6814	6.536968	34567.56	−28880.59	−9.83526
600769	0.8565	7.119	6.240484	6461.891	−14624.4	−19.3338
600780	1.21731	9.28386	8.65243	10846	−2967.015	−2.67875
600795	0.79252	6.73512	4.904885	86778.21	−7247.555	−1.12664
600863	1.02906	8.15436	6.275657	50936.47	−21308.29	−4.66637
600864	1.10267	8.59602	6.249399	5811.966	−3138.566	−6.68805
600886	0.98314	7.87884	5.039366	23628.34	−20798.84	−15.1087
000027	1.07894	8.45364	7.087254	57644.33	−1206.772	−0.21117
000037	0.81541	6.87246	5.625874	11415.81	28189.811	23.69494
000400	0.77294	6.61764	5.485025	15060.36	3621.9398	2.238073
000426	0.8569	7.1214	5.530099	11855.27	−3490.893	−3.1792
000531	0.75448	6.50688	5.124791	9985.977	654.20282	0.702377
000534	0.99614	7.95684	7.90521	4416.794	−3683.684	−6.67722
000539	0.78822	6.70932	5.848014	68592.62	61217.262	7.479524
000543	0.82384	6.92304	6.696622	17683.74	−7673.331	−3.13767
000601	0.91849	7.49094	5.9874	21095.91	−7403.776	−3.58588
000692	0.80323	6.79938	5.403677	10375.32	−9748.595	−9.66546
000720	0.72521	6.33126	5.102646	14894.39	86.497971	0.058913

股票代码	BETA 系数	K_e/%	WACC/%	总资本成本/万元	EVA/万元	EVA 效率/%
000767	0.84208	7.03248	5.037756	23298.93	9294.9693	5.41137
000899	1.23672	9.40032	8.815178	14128.8	-10469.65	-7.30342
000937	0.8038	6.8028	5.967995	14444.81	4739.9725	2.733612
000939	0.8649	7.1694	5.427573	6524.823	3821.5666	6.709394
000958	0.67689	6.04134	5.12746	10672.74	-2250.81	-1.86054
000966	1.03145	8.1687	5.729954	13930.22	-4338.527	-4.11098
000983	1.11871	8.69226	7.172263	32376.39	-9239.927	-2.98599
000993	0.97763	7.84578	6.338853	15361.21	-11802.17	-7.82991
001896	0.91471	7.46826	6.358113	8641.881	-2582.801	-2.74444

注：$WACC = (E/V)K_e + (1 - E/V)K_d(1 - T) = (E/V)K_e + (1 - E/V) \times 5.76\% \times (1 - 33\%)$;
$K_e = 1.98\% + 6\%\beta$。

4.5.3.2 2003 年国有电力上市企业 EVA 效率

2003 年国有电力上市企业的相关数据见表 4-23。

表 4-23 2003 年国有电力上市公司相关财务数据　　　　　（万元）

股票代码	扣除后净利润	利息支出	营业净利润	总资产 V	E/V/%	D/V/%
600011	556391.65	55963.65	612355.3	5327696.5	67.34	32.66
600067	5095.99	1852.63	6948.62	224000.95	19.72	80.28
600068	6890.33	3251.55	10141.88	785598.48	47.89	52.11
600089	10462.18	7493.34	17955.52	490372.57	30.24	69.76
600098	79885.67	6003.19	85888.86	1014308.57	71.14	28.86
600101	7667.03	76.41	7743.44	229433.84	57.13	42.87
600116	11627.79	1571.46	13199.25	116708.71	34.94	65.06
600121	8341.62	2915.18	11256.8	251509.03	55.19	44.81
600131	2726.49	2422.89	5149.38	153831.43	41.88	58.12
600192	1605.86	2034.29	3640.15	217084.05	49.48	50.52
600236	29046.76	1081.64	30128.4	667844.08	51.76	48.24
600268	3361.36	1545.08	4906.44	106101.08	49.76	50.24
600292	6084.23	149.3	6233.53	225593.28	41.31	58.69
600310	5623.28	578.36	6201.64	130396.66	58.11	41.89

股票代码	扣除后净利润	利息支出	营业净利润	总资产 V	E/V/%	D/V/%
600508	16790. 2	−730. 12	16060. 08	272363. 67	62. 08	37. 92
600509	5704. 69	2764. 82	8469. 51	202271. 02	34. 95	65. 05
600627	8047	2638. 8	10685. 8	173025. 97	56. 84	43. 16
600642	110023. 16	18121. 06	128144. 2	1525120. 29	65. 69	34. 31
600644	1224. 57	1883. 09	3107. 66	126307. 01	39. 49	60. 51
600719	1071. 18	3730. 05	4801. 23	155029. 24	47. 21	52. 79
600726	19446. 94	2743. 75	22190. 69	477862. 81	68. 05	31. 95
600744	2000. 89	5511. 64	7512. 53	593371. 76	49. 47	50. 53
600769	504. 42	487. 74	992. 16	99787. 53	76. 16	23. 84
600780	22287. 11	17634. 35	39921. 46	514358. 48	28. 09	71. 91
600795	70839. 75	35362. 7	106202. 5	2274879. 12	34. 08	65. 92
600863	32559. 37	13374. 45	45933. 82	1168016. 69	45. 34	54. 66
600864	1510. 12	1881. 95	3392. 07	93053. 82	52. 74	47. 26
600886	22875. 71	13619. 34	36495. 05	460050. 85	35. 38	64. 62
000027	70616. 82	2087. 81	72704. 63	889425. 33	73. 89	26. 11
000037	38535. 99	887. 27	39423. 26	257197. 11	62. 52	37. 48
000400	16363. 32	4193. 29	20556. 61	309344. 81	60. 08	39. 92
000426	−3528. 21	2995. 85	−532. 36	343679. 17	35. 95	64. 05
000531	13576. 71	2403. 39	15980. 1	235721. 99	46. 89	53. 11
000534	1156. 42	−63. 67	1092. 75	57604. 95	98. 92	1. 08
000539	125588. 86	7470. 97	133059. 8	1248690. 35	77. 72	22. 28
000543	22061. 2	2974. 63	25035. 83	423604. 43	73. 32	26. 68
000601	12818. 39	3589. 27	16407. 66	402190. 2	55. 17	44. 83
000692	3129. 65	1454. 44	4584. 09	206953. 37	49. 9	50. 1
000720	5962. 85	4808. 01	10770. 86	249164. 21	61. 49	38. 51
000767	29692. 52	28025. 75	57718. 27	465545. 97	38. 05	61. 95
000899	6898	−208. 29	6689. 71	166833. 63	90. 79	9. 21
000937	12997. 19	969. 78	13966. 97	253956. 56	66. 4	33. 6
000939	9102. 42	930. 53	10032. 95	157541. 09	41. 55	58. 45
000958	7668. 01	1580. 51	9248. 52	237795. 15	54. 11	45. 89

续表4-23

股票代码	扣除后净利润	利息支出	营业净利润	总资产 V	E/V/%	D/V/%
000966	5712.7	6411.33	12124.03	268032.1	40.42	59.58
000983	29436.49	2400.29	31836.78	539510.78	64.25	35.75
000993	−9347.67	2886.36	−6461.31	258037.67	54.35	45.65
001896	5827.75	1745.58	7573.33	129832.41	72.12	27.88

数据来源：银河证券。

依据上面建立的 EVA 效率计算公式，结合表4-23 的财务数据，计算 2002 年国有上市电力企业的资金使用效率，结果见表4-24。

表4-24   2003 年国有电力上市企业 EVA 效率计算结果

股票代码	BETA 系数	K_e/%	WACC/%	总资本成本/万元	EVA/万元	EVA 效率/%
600011	0.98764	7.90584	6.584207	350786.586	261568.71	7.290767
600067	1.01541	8.07246	4.690055	10505.7675	−3557.147	−8.05277
600068	1.03976	8.21856	5.946898	46718.7364	−36576.86	−9.72212
600089	0.77027	6.60162	4.688508	22991.1562	−5035.636	−3.39583
600098	1.19861	9.17166	7.638484	77477.7983	8411.0617	1.165647
600101	0.9387	7.6122	6.003289	13773.5762	−6030.136	−4.6005
600116	0.93909	7.61454	5.171316	6035.37596	7163.874	17.56798
600121	1.10525	8.6115	6.481994	16302.8012	−5046.001	−3.63524
600131	1.11961	8.69766	5.885547	9053.82119	−3904.441	−6.06048
600192	1.15507	8.91042	6.358544	13803.3841	−10163.23	−9.46181
600236	0.95641	7.71846	5.856753	39113.978	−8985.578	−2.59942
600268	0.89598	7.35588	5.599148	5940.75646	−1034.316	−1.95908
600292	0.94626	7.65756	5.428303	12245.8857	−6012.356	−6.45154
600310	0.92212	7.51272	5.98226	7800.66785	−1599.028	−2.11027
600508	0.96196	7.75176	6.275701	17092.7302	−1032.65	−0.61073
600509	0.92548	7.53288	5.143151	10403.1043	−1933.594	−2.73517
600627	1.24712	9.46272	7.044241	12188.3659	−1502.566	−1.52781
600642	0.91897	7.49382	6.246782	95270.9379	32873.282	3.281253
600644	0.82131	6.90786	5.063116	6395.07022	−3287.41	−6.59082
600719	1.06641	8.37846	5.992743	9290.50338	−4489.273	−6.13378
600726	1.06224	8.35344	6.91753	33056.3048	−10865.61	−3.34136

股票代码	BETA 系数	K_e/%	WACC/%	总资本成本/万元	EVA/万元	EVA 效率/%
600744	1.1169	8.6814	6.244742	37054.5375	−29542.01	−10.064
600769	0.8565	7.119	6.341864	6328.38912	−5336.229	−7.02152
600780	1.21731	9.28386	5.382987	27687.8501	12233.61	8.467145
600795	0.79252	6.73512	4.839314	110088.533	−3886.083	−0.50125
600863	1.02906	8.15436	5.806626	67822.3555	−21888.54	−4.1332
600864	1.10267	8.59602	6.357399	5915.8025	−2523.732	−5.14244
600886	0.98314	7.87884	5.281349	24296.8893	12198.161	7.494293
000027	1.07894	8.45364	7.254032	64519.1955	8185.4345	1.245508
000037	0.81541	6.87246	5.74309	14771.0619	24652.198	15.331
000400	0.77294	6.61764	5.516471	17064.916	3491.694	1.878726
000426	0.8569	7.1214	5.031961	17293.8015	−17826.16	−14.428
000531	0.75448	6.50688	5.100697	12023.4648	3956.6352	3.579692
000534	0.99614	7.95684	7.912585	4558.04091	−3465.291	−6.08129
000539	0.78822	6.70932	6.074313	75849.3636	57210.466	5.895056
000543	0.82384	6.92304	6.105607	25863.6238	−827.7938	−0.26653
000601	0.91849	7.49094	5.862831	23579.7316	−7172.072	−3.23229
000692	0.80323	6.79938	5.32635	11023.0605	−6438.97	−6.2351
000720	0.72521	6.33126	5.37927	13403.2148	−2632.355	−1.71812
000767	0.84208	7.03248	5.066633	23587.5059	34130.764	19.26765
000899	1.23672	9.40032	8.889983	14831.4811	−8141.771	−5.37523
000937	0.8038	6.8028	5.81375	14764.4005	−797.4305	−0.4729
000939	0.8649	7.1694	5.234588	8246.62715	1786.3229	2.728947
000958	0.67689	6.04134	5.039956	11984.7708	−2736.251	−2.12655
000966	1.03145	8.1687	5.6011	15012.7457	−2888.716	−2.66638
000983	1.11871	8.69226	6.964441	37573.9102	−5737.13	−1.65509
000993	0.97763	7.84578	6.025906	15549.108	−22010.42	−15.6944
001896	0.91471	7.46826	6.462054	8389.84054	−816.5105	−0.87201

注：$WACC = (E/V)K_e + (1 - E/V)K_d(1 - T) = (E/V)K_e + (1 - E/V) \times 5.76\% \times (1 - 33\%)$；

$K_e = 1.98\% + 6\%\beta$。

4.5.3.3 国有电力上市企业 EVA 效率分析

从计算结果的 EVA 的数值来看，2003 年有 35 家为负，占到 72.92%，总的来看，国有电力上市公司的资金使用效率低下。在 EVA 为正的 13 家公司中，以漳泽电力（EVA 效率为 19.27%）和三峡水利（EVA 效率为 17.57%）的资金使用效率最高。2002 年有 35 家为负，占到 72.92%，总的来看，电力上市公司的资金使用效率低下。在 EVA 为正的 13 家公司中，以深南电 A（EVA 效率为 23.69%）的资金使用效率最高。

从 2002 年和 2003 年两年的情况来看，电力企业的资金使用效率整体上是比较低的，超过 70% 企业的 EVA 为负。单从企业间来说，它的资金使用效率分布比较离散，差距也比较大；从企业个体内部来说，变化也比较大。

从 EVA 模型的计算过程来看，要想提高 EVA 的数值，就要求营业净收益提高，这是企业利润方面的因素；还有就是降低企业成本（这里讲的是资金的使用成本），也就是说企业在融资时必须考虑资金使用成本。计算过程可以看出，债务的成本要比股权的成本低，同时还有税盾作用。公式分析如下：

$$EVA = 税后净营业利润 - 资本成本$$
$$= 税后净营业利润 - 加权平均资本成本率 \times 资产总额$$
$$= (税后净利润 + 利息支出) - 加权平均资本成本率 \times 资产总额$$
$$= 总资产报酬率 \times 资本总额 - 加权平均资本成本率 \times 资产总额$$
$$= 资产总额 \times (总资产报酬率 - 加权平均资本成本率)$$
$$= V(\mathrm{ROA} - \mathrm{WACC})$$
$$= V[\mathrm{ROA} - (E/V)K_e - (1 - E/V)K_d(1 - T)]$$

式中，V 为资产总额；ROA 为总资产报酬率；WACC 为加权平均资本成本率。

假设 K_e、K_d、T 不变，对新的投资项目，只要新项目的投资回报率不低于原资产报酬率，总资产报酬率就不会降低。于是就可以通过运用财务杠杆选择合适的融资方式不增加 WACC，也就是新的 WACC 小于或等于原来的 WACC，由 WACC 的计算公式可知：（1）若 $K_e < K_d(1 - T)$，则采用股权融资方式；（2）若 $K_e > K_d(1 - T)$，则采用债权融资方式。从 2002 年和 2003 年电力上市企业的情况来看，电力企业资产收益率较高，如果按照正常分红来看，股票融资成本较高，许多公司都满足条件 $K_e > K_d(1 - T)$，因而它们适合举债来筹措资金，这样它们的 WACC 就会逐步降低。

5 国有企业融资结构与国有企业治理效率

20 世纪 80 年代以来，企业治理问题在全球引起了广泛的重视，世界各国逐渐认识到其对微观层面的现代公司所具有的重要性。从定义上讲，企业治理解决的是资金供给者如何设计某种机制以确保自己的投资得到一定回报的问题。可以说企业治理是公司融资的出发点和归宿。作为出发点，企业治理是否完善将成为金融机构和金融市场是否愿意提供金融资源、以什么样的条件提供金融资源的主要依据；作为归宿，合理的融资模式、有效的金融市场和严格的法治环境将保证现代公司建立一种有助于维护投资者利益、促进企业可持续发展的治理结构。在企业融资过程中，伴随着资金的转移会发生权利和义务的变化，各利益相关主体间为确保各自的利益，必然要对与企业资金的使用、收益和控制等相关的权责利关系进行界定，形成一种相对稳定的有效均衡态势，从而决定企业股东、债权人和经理人之间的关系。由于不同的融资方式决定着不同的企业资本结构，进而对权责利关系的界定也不同，所以说不同的融资方式对企业法人治理有不同的直接或间接影响。

5.1 企业法人治理效率

5.1.1 融资方式与企业治理

经济学家对公司治理（corporate governance）问题的关注甚至可以追溯到亚当·斯密。在《国民财富的性质和原因的研究》中，斯密写到："要想股份公司董事们监视财钱用途，像私人合伙公司那样用心周到，那是很难做到的。……这样疏忽和浪费，常为股份公司业务经营上多少难免的弊窦。"（亚当·斯密，1776）这显然已经触及到公司治理的一个核心问题，即由于所有权和经营权相分离而引起的代理问题。具体说来，就是在股份公司中，由于股东（所有者）一般不直接参与公司的经营管理，而经营管理者又不拥有（或只拥有少部分）公司股权，因此当双方目标不一致或利益发生冲突时，管理者追求自身利益的行为会偏离企业利润最大化目标，从而最终侵害了股东的利益。对企业治理具有重要历史意义的研究成果是伯利（Berle）和米恩斯（Means）1932 年出版的《现代公司与私有财产》一书。在此书中，伯利和米恩斯指出：在一些公司中，所有权与控制权出现分离，现代公司已由"所有者控制"转变为"管理者控制"。

　　青木昌彦（1995）指出：融资结构与现代公司的重要性，不仅仅体现在融资成本与公司的市场价值方面，更加重要的是其影响着公司治理结构。公司治理结构是融资结构及资本结构形成机理中的动因。因此，企业法人治理结构是一种"以资本为核心，以对资本的盈利分享为纽带，使出资者-经营者行为目标一致"的企业制度安排。企业融资对企业治理结构的影响，一般可以概括如下：

　　第一，企业融资方式的选择决定企业破产可能性的大小。股票投资者拥有对企业的剩余收入索取权和企业正常经营的控制权；债权人则拥有固定收入索取权和企业不能偿还债务时的破产权。从控制权的角度看，股票投资者在任何情况下都可以行使对企业的控制权；而企业债券持有者或给企业提供贷款的银行，只有在企业无力支付债务本息时才能行使对企业的控制权。企业在选择以上不同的融资方式时，就决定了企业控制权在股票投资者和债权人（即债券投资或银行）之间转移的事件和时间。一般来讲，企业控制权只有在破产时才由股东向债权人转移，因此，企业对不同融资方式的选择，就决定了企业破产的概率。

　　第二，企业融资方式决定投资者对企业的控制程度和干预方式。本质而言，企业受投资者控制，实施投资者的意图，实现投资者的目标。投资者对企业控制权的实施方式有多种，主要有事前控制、事中控制和事后控制。事前控制表现为控制者直接参与决策，否定管理者的无效决策，实施有效决策；事中控制是指投资者对决策执行的情况所进行的跟踪控制，是在不良后果还没有完全形成之前就对偏差予以纠正；事后控制体现为当管理者偏离了控制者所期望的决策时予以纠正或替换。投资者对企业控制权的实施方式选择与融资方式密切相关。例如，就股东的控制方式和干预方式来说，就会因股权结构的不同而不同。如果股权比较集中，且投资一方是大额股份持有者，他就以通过进入董事会，通过董事会直接选择、监督经营者，并直接制定企业的发展战略和重大决策，监督管理行为，检查其效果，通过"用手投票"来进行控制和干预；而如果股权结构较分散，单个股东的股权比例很小，投资者大多通过股票市场上股票的买卖进行间接控制，即当对企业发展看好时，对企业作出的决策持认同态度时，增加企业股票持有量；反之，则卖出企业股票，通过"用脚投票"间接反映对企业管理者行为、重大决策的控制和干预。再如，在日本主银行制度下，主银行既是企业的开户行，又是企业的股东和银团贷款的贷款担保者，它可以对企业实施事前、事中和事后的全方位控制和监督。

　　第三，企业融资方式决定投资者对企业破产清算的控制方式选择。企业在出现财务危机时有两种控制选择：一是清算。即把企业的资产进行拍卖，所得收益按债权的优先顺序进行清偿。二是重组。一般来讲，股票投资者愿意选择重组，而债权人喜欢选择清算。这是因为股东是清算的最后索取者，而债权人则有优先索取权。同时，债权结构安排对破产企业的控制选择也有决定性影响。如果债权人比较集中，单个债权人持有的债权比重较大，达成重组协议的可能性就较大，因为债权人在清算时的损失较大，同时，债权人集中时达成重组协议的成本较低，可能性较大。相反，如果债权人比较分散，单个债权人持有的债权比重相对较小，重组协议达成的成本就高，清算的可能性就大。

1995年，张维迎在《改革》上发表的《公司融资结构的契约理论：一个综述》中指出，现代契约理论把企业融资与法人治理结构结合起来分析，认为融资方式的选择决定企业资本结构，从而通过影响企业法人治理结构来影响企业市场价值。这种影响表现在三个方面：首先，资本结构会影响经营者的工作努力水平和其他行为选择，从而影响企业的收入流和市场价值。例如，当内部股东（经营者）持有的股份降低时，其工作努力程度就会降低而其在职消费就增加，这是因为，一方面，努力工作的成本全部落在自己头上，而努力的收益却有更大比例归于他人；另一方面，在职消费的全部好处由自己享有，而消费的成本却有更大比例由他人负担。其次，根据信号模型可知，企业经营者对企业的经营状况比外部投资者有着更多的了解，后者是根据前者的融资决策来判断企业的经营状况的。这样，融资方式的选择就通过其信息传递功能影响投资者对企业经营状况的判断，从而影响企业的市场价值。再次，融资结构不仅规定着企业的收入分配，而且规定着企业控制权的分配。经营者占有的股份越多，其控制能力也就越强，这样由于经营者对控制权本身的偏好，资本结构会通过影响控制权的分配来影响法人治理结构，进而影响企业的市场价值。

5.1.2　国际上的企业治理模式

解决企业治理问题的途径通常有四种方式：一是通过建立有效的法人治理结构，通过公司正式的权力设置和制度安排来解决公司治理问题，即股东以"用手投票"的方式解决公司法人治理问题。二是通过证券市场，即股东在证券市场上出售公司股票，不做公司股东，这就是所谓的"用脚投票"。在发达的有效证券市场上，股东大量抛售股票对公司在位的经营者是一个巨大的威胁，因为存在恶意接管的机制。三是通过完善的市场体系，主要指产品市场、资本市场和经理人员市场等。完善的产品市场使价格信号能充分地反映产品的供求状况，使企业违背供求规律的定价行为不能长久地维持下去。完善的经理人员市场对企业经理人员形成强有力的行为约束，因为一个因经营失败或侵害所有者利益而被所有者解聘的经理人员在经理人员市场上的价格会大大下降，同时也不再容易在该市场上找到更好的工作。四是通过完善的法律制度，比如对公司职员的贪污受贿、挪用公司款项、渎职等行为，许多国家都有相应的法律予以制裁等。

从世界范围内看，企业融资模式有两种不同的典型模式，与此相对应地有两种不同的法人治理结构。它们是美国的证券型融资模式与相应的市场主导型法人治理结构，以及日本的主银行型融资模式与相机治理型法人治理结构。

5.1.2.1 美国证券型融资模式与市场主导型法人治理结构

美国公司治理模式是一种典型的市场导向性的治理模式，即拥有非常发达的金融市场，股份所有权广泛分散的开放型公司大量存在，活跃的公司控制权市场（Moerland，1995）。关于其公司的内部治理结构，《美国标准公司法》规定："公司不设监事会，只设董事会；由股东大会或股东特别会议选举董事会或撤换董事；董事会行使或授权行使公司法人权利，董事会向股东大会负责。"

美国公司治理模式的特点是股权高度的分散化。柯林·梅耶在"市场经济和过渡经济地企业督导机制"一文中指出，美国是公司的王国，拥有各种公司达700多万家，其中股份公司占近95%。美国公司的典型特征是股权的高度分散化，从持股主体上看，以个人股东和机构投资者为主。股权的高度分散化是与美国企业的融资方式密切相关的。其融资方式以直接融资为主，辅之于间接融资，即企业主要是通过发行股票和债券的方式从资本市场上直接筹措长期资本，而不是依赖银行贷款。对融资方式的选择是由美国的金融体制所决定的。由于银行受到法律限制，为了适应企业外部直接融资的需求，美国非银行的各类金融机构逐渐发达起来，各种养老基金、互助基金、保险、信托公司成为企业筹措资金的极其重要的中介机构。迄今为止，这些中介机构作为投资者已拥有美国全部大公司50%以上的股权。由于股权的高度分散化，导致了公司所有权与经营权的分离，公司的大权大都掌握在经营者手中，股东一般无意也无力对公司经营加以控制。一方面，众多分散的个人股东由于缺乏专门的知识和信息，难以对公司经营提出意见，而且这些分散的股东要相互联系、达成一致协议来监控公司的经营者，要付出高昂的监督成本，因此，这些分散的股东就没有直接监督和左右公司经营的积极性，而是把关心公司经营的兴趣转向股票收益的升降上，对公司的态度使用简便的"用脚投票"取代费心费力的"用手投票"。另外，尽管公司的机构投资者在公司占有较大的股票份额，但是由于这些机构投资者并不是真正的所有者，只是机构性的代理人，因此，他们的身份并不等同于那些持股比例较大的个人股东。他们并不像持股大的个人股东那样具有监督和关注公司的积极性，他们只是一个受托者，他们并没有像个人大股东那样在公司经营不佳时会直接要求召开股东大会或董事会、修改公司经营战略、改变公司人事安排的积极要求。他们主要关心的是公司能付给他们多高的红利，而不是企业经营的好坏和实力的强弱。一旦公司业绩不佳或股票下降，他们的第一反应是"迅速抛售股票"，以改变自己的股票组合，而无意插手改组公司领导班子或帮助公司改善经营。

美国市场主导型法人治理结构模式在解决企业法人治理问题时，主要借助于市场的力量。这种法人治理结构模式的优点在于：（1）由于强大的股东约束和市场约束，公司治理结构之间的制衡关系较为平衡，企业经营透明度高，股东权益一般能得到较好的保障，私人收益在每个时期都比较高。（2）股票期权激励（据统计，1997 年在《财富》杂志排名前 1000 家美国公司中，有 90%实施了经理股票期权计划。1998 年，全美 100 家大公司管理人员的薪酬中，有 53%来自股票期权）。经营者的做法把经营者的行为与股东的长期目标有效地结合起来，是对经营者较为有效的激励机制。（3）由市场的不同机构执行对公司运作中的事前、事中和事后控制。具体说就是，每一个项目的事前控制委托给投资银行，事中控制委托给商业银行，而事后控制则委托给股票市场（包括会计师、破产法庭、恶意收购者等）。这是一种典型的外部监督模式，有利于减少内部人控制，提高法人治理效率。（4）投资者的投资行为完全是自主的，没有道德压力，发达的证券市场和便利的短期交易为资本的流动提供了条件，它有利于资本在部门间重新配置，有利于新兴产业的筹资。

美国的公司治理模式虽然通过股权分散以及市场约束机制，能对业绩不良的经营管理者产生持续的替代威胁，有效地保护股东的利益。但是在现代公司的运作中，这种模式也有明显的不足：第一，高度分散的股权结构，造成了经营者的短期化行为。由于众多分散性的股民及机构投资者看重企业的分红比例和股票价格的高低，导致公司经营者不得不迎合这些人的需求而过分关注短期有利的财务指标，而不将注意力集中到有效的经营管理业务上。第二，频繁易手的公司股票有损美国公司资本结构的稳定性。众多分散性的股东和机构投资者为了追求投资的效益最大化，根据其预期必将导致股票的不断翻炒，由此而产生的交易思想不仅使公司的长期发展没有稳定的资产保障结构，而且容易造成企业的兼并与接管的动荡。第三，美国公司股权结构的实际运营使经营者处于支配地位，容易产生内部人控制。

5.1.2.2 日本的主银行型融资模式与相机治理型法人治理结构

日本是第二次世界大战以后兴起并成功实现经济赶超的发达国家，其公司治理模式表现为股权的相对集中，控制企业股权的主要是法人企业（金融机构和实业公司），其法人持股的主要形式是集团内的企业交叉持股或循环持股，整个集团形成一个大的股东会。因此，日本公司的股权相对集中，持股集团成员对公司行为具有决定作用，银行在融资和企业监控能力方面起到重要作用，董事会对经营管理者的监督约束相对直接和突出，内部经理人员流动性相对较弱，稳定性较强，具有强烈的群体意识和凝聚力。

日本企业的治理模式的形成也与日本企业的融资方式直接相关。日本的融资模式不同欧美国家，其特点是证券市场不发达，主要采取银行导向型融资。日本在经济高速增长时期，主要企业的融资始终是以银行融资为中心，银行融资所占

比例一直在 40%左右，而股票和债券等证券融资所占比重从 20 世纪 50 年代的
18.5%下降到 70 年代的 8.3%。在银行融资中还形成了所谓的主银行体制，日本
所有大企业都有自己的主银行。主银行在企业的贷款中居第一位，并往往同时持
有该企业的股票，在银团贷款中起担保作用。在股权融资中，日本形成了独特的
法人相互持股的股权结构。据日本全国证券交易所协会《股份分布状况调查》
统计，1949~1984 年，个人股东（不包括外国人）的持股率从 69.1%下降为
26.3%，而法人股东的持股率则从 15.5%上升为 67.6%。日本的法人持股还经常
采取相互持股的方式。事实上相互持股主要发生在一个企业集团内的各个企业之
间，这有利于建立长期稳定的交易关系，也有利于加强企业经理人员对公司的自
主控制。

　　日本法人治理结构具有如下特点。第一，由于法人之间具有相互持股关系，
很少干预对方的经营活动，因此日本公司经理人员拥有做出经营决策的极大自主
权。在一个企业集团内，往往是由相互信任、支持和配合的经营者集团实际控制
着企业。这样，经营者阶层比较稳定，公司权力结构向经营者倾斜，使经营者能
够独立地行使决策权，以较大的自由度去追求经营行为的长期化，而不至于像美
国公司那样经常受到股东行为的影响。第二，公司内部决策权与执行权统一，监
督和约束主要来自公司外部。日本公司的董事会几乎全为内部董事。董事成员一
般由企业内部产生，通常是经过长期考察和选拔，在本企业中一步步升迁上来
的。大多数董事由公司各事业部或分厂的领导兼任。这种模式使得公司经营者对
公司各方面经营业务比较熟悉，并且容易对公司产生浓厚的感情，注重把公司长
期发展作为公司和个人的奋斗目标。日本公司的监督和约束主要来自两个方面：
一是来自相互持股的持股公司，一个集团内的企业相互控制。在企业集团内，企
业集团的总经理会（或称社长会）就是大股东会，行使着对集团内企业的监督
和控制。二是主银行的监督和控制。主银行的监督和控制采取的是相机治理模
式。在公司业绩较好、企业运转正常时，主银行不进行干预，但在公司业绩很差
时，就显示其控制权力。当公司出现财务危机时，主银行可以派出小组接管企
业，更换企业现有的经营人员，实在没救的情况下实行破产。在日本，主银行既
是企业的主贷款银行，又是主要开户银行，可以密切关注企业的资金流动情况，
判断企业的财务状况和经营业绩，因此，无论是事前、事中，还是事后都能对企
业实施有效的监督和控制。第三，公司主要通过事业型激励机制实现对经理人员
的有效激励。只有不断地努力工作，才有可能一步一步往上得到提升。而一旦成
为企业的高级领导，就会拥有较大的权力和社会地位与声望。中谷岩男在《转变
中的日本企业》一书中指出，日本企业文化的一个特点是，在企业中取得成功—
获得一个高职位—会受到社会很高的评价，由于所有企业的价值观都是相同的，
在企业中取得成功就等于在生活中获得了成功。

两种公司治理模式之间存在着显著的差异，并且各有优劣。可以将它们的优点概括为以下两个方面：（1）在美国的公司治理中，管理行为的公开性和财务的透明度可以降低资本搜寻成本和监督管理行为的成本，是获得治理效率的关键；（2）日本的公司治理中，法人相互持股形成了经营网或主银行的大股东和公司管理层之间发展的长期关系，这种关系性投资可以节约获得长期资本的成本，降低资本信息成本，从而获得治理效率。

5.1.3 国有企业的企业治理研究

学者普遍认为真正公司治理理论的提出及对其进行系统性研究，是詹森和麦克林（Jensen & Meckling）于1976年共同发表的关于公司理论的论文，掀起公司治理研究的热潮。国外的研究主要集中在美国和日本德国的企业的治理研究上，我国的企业治理主要集中在国有企业改革上（主要是我国企业多少都是国有企业），从国内的研究来看，主要有如下相关研究：

张春霖（1995）提出我国国有企业的融资方应监控公司的内部人，也就是要重视债权人在公司治理中的作用。他认为，从中国的实际情况来看，为了达到监控内部人的目的，必须重新构造融资机构：对国有融资，要以金融机构制取代行政机构制；对民间融资，要培育多种形式的融资结构，形成竞争性的融资市场。在随后的研究中，张春霖（1997）认为我国国有企业面临的问题，根源于从计划经济遗留下来的以国家为唯一中介的融资体制。而其解决的根本出路在于以市场经济的融资体制代替计划经济的融资体制，同时尽早处理国家融资体制遗留的历史欠账问题。在这里，他强调了融资结构对公司治理的影响。

林毅夫等（1995）认为国有企业改革的问题主要症结是所有企业在经济体制改革不充分、不平等竞争条件下形成的"预算软约束"，政府需要给国有企业创造公平的市场竞争环境。林毅夫等（1997）认为，所谓公司治理结构，是指所有者对经营管理和绩效进行监督和控制的一整套制度安排，公司治理结构中最基本的成分是在解决了充分信息后，通过竞争的市场所实现的间接控制或外部治理，彻底解决国有企业的预算软约束，从而解决了委托-代理关系因不同层级出现的差异。

张维迎（1996）指出，我国银行对企业的债权实际上是政府对企业的股权。国有企业融资结构的真正问题是投资主体的错位，即真正有能力有资格当股东的投资者成了债权人，而没有能力、没有资格的国家却是最大的，甚至是唯一大的股东。他还通过对非对称信息与公司融资、泡沫经济和金融危机的分析，指出非对称信息导致了融资中的逆向选择和道德风险，从而限制了资本市场的发展，导致了泡沫经济与经济危机。

忻文（1997）认为我国国有企业资产负债率高的根本原因，不在于企业经济效益水平的不高，而在于"预算软约束"条件下的企业行为所致。他认为解决我国企业资产负债率高的途径在于明晰产权，使企业成为真正的竞争市场主体，而不是通过财政注资、核销债务及债转股。

张昌彩（1998）认为我国企业的融资具有"内源融资"的性质，银行与企业之间是同源的，即它们的委托人都是国家，这种"内源融资"导致了企业的高负债。他还认为我国资本市场股权融资缺少"退出"机制，不能成为主导型融资方式，需要引进并兼并收购机制。建议大力发展债券市场，以优化与完善融资结构与公司治理。

张红军（2000）研究认为股权集中度与托宾 Q 值之间呈显著正相关关系。

许小年等（2000）通过比较国有股比例与公司治理绩效（净资产收益率、每股收益）以及托宾 Q 值之间的关系后认为，国有股比例与公司治理绩效之间呈负相关关系。

吴淑馄（2002）在控制有关变量内生因素的情况下，对 1997~2000 年以沪、深两市进行实证分析后发现第一大股东持股比例与公司绩效之间呈正相关关系。

冯根福、韩冰、阎冰（2002）运用面板单方程多元协方差等方法，分别对沪、深的上市公司的股权结构与公司治理绩效之间关系进行了实证研究，表明企业规模、持股所有者性质与行业分布是影响股权集中度的主要因素。

晏艳阳（2001）分析了我国上市公司股东与经理、股东与债权人之间利益冲突的特点，提出了代理成本的资本结构解决方案：扩大债务融资比重，控制配股融资比重，建立我国企业债券市场体系，完善公司治理机制。

朱武祥、宋勇（2001）在不考虑股权结构内生性的情况下，以 21 家上市家电公司 1994~2001 年面板数据进行实证分析后认为：在竞争比较激烈的家电行业，国有股比例、法人股比例、流通股比例与公司价值（市净率）之间无显著相关性，前五大股东持股比例、前十大股东持股比例、赫菲达尔指数与公司价值之间的关系并不显著。

刘淑莲（2002）主张企业融资结构调整与公司治理的选择应随着融资方式从银行主导型到市场多元化变迁过程中"渐进式"地从银行监督与治理向市场机制与治理方向过渡。这无疑为中国公司治理变革提供了可借鉴的策略性思路，并提出国有资本实行商业化经营，会进一步加大国有资本的运营成本。对我国上市公司中股权结构调整的基本切入点就是缩股和变现国有股。

潘敏（2002）通过探讨企业融资行为选择中的代理成本、信息不对称和契约不完备等问题的相关理论研究成果进行梳理，从理论上全面系统地阐述了融资方式、融资结构等融资行为选择对企业公司治理的影响。对我国股份企业股权融资偏好、股权融资资金配置效率低下和国有企业公司治理结构效率低下等问题的形成原因进行了有益的探讨。

孙永祥（2002）从委托代理关系、公司控制权转移、信息不对称等角度，分析了融资结构与公司治理之间的深层关系，同时，指出我国的银行体系与特有的公司制度的前提下，融资结构与公司治理间的互动性上不彻底。

吴淑琨（2002）基于1997~2000年的数据进行实证分析，发现前5大股东、前10大股东持股比例与公司绩效不相关。

吴晓求（2003）对利润最大化、股东资产价值最大化和公司所有相关者利益最大化等公司不同目标函数与公司融资行为特征和公司治理结构之间的内在关系，对股权结构、股东结构、激励机制等制度性因素和行业周期性、市场竞争结构、控制权市场等非制度性因素与公司融资偏好，进而与资本结构之间的联系等进行系统的实证分析，得出了一系列有价值的理论判断和政策建议。

张宗益、宋增基（2003）在考虑股权结构内生性的前提下，以国内123家A股公司1996~2000年面板数据实证分析结果表明，前十大股东的持股比例、管理层持股比例并不影响公司绩效（净资产收益率）。

胡国柳和蒋国洲（2004）研究了1997年12月31日前已经在深、沪两市上市的公司，针对其1998~2002年度的股权结构，他们认为上市公司的股权集中度与公司治理业绩之间呈显著负相关关系，包括第一大股东持股比例、股权集中度、前五大股东持股比例均与公司业绩显著负相关。

周建波和孙菊生（2003）研究管理层的持股比例、职工持股比例与ROA、ROE、EPS的关系后认为，管理层的持股比例、管理层的薪酬水平、职工持股多少与公司治理绩效呈显著的正相关关系；在成长性较高的公司，管理层的持股比例增加幅度与公司业绩的提高之间呈显著正相关；在实行股权激励后公司业绩普遍较高。

白重恩等（2005）采用回归分析法分析2000年沪、深1004家上市公司前十大股东的持股数，采用反映公司治理水平的G指标，认为上市公司的市场价值与公司治理结构呈正相关关系，改善公司的治理结构是提高上市公司的股票市场价值最佳且最基础的方法，其中第一大股东持股比例与公司的市场价值（托宾Q）之间呈正U形关系。

施东晖和孙培源（2005）认为公司的股权结构对公司治理效率呈显著相关关系，在2003年国资委成立以前，公司治理最高水平的是政府控股型公司，其次是国有资产管理机构控股型公司，再次是一般法人控股型及股权分散型公司，最后是国有法人控股型公司。

吴晓晖和姜彦福（2006）认为机构投资者能够从独立董事比例增长和运作效率提高这两方面促进独立董事制度建设，结合独立董事在提升企业价值、提高监管效率以及保护投资者方面的积极作用。

李寿喜（2007）根据对电子电器行业所有上市公司的代理成本的实证研究，

发现国有产权企业代理成本普遍高于混合产权企业，混合产权企业代理成本高于个人产权企业且两者之间差异较小；财务杠杆比率与代理效率之间呈显著负相关关系，财务杠杆比率与代理成本之间呈正相关关系；代理成本差异与企业规模之间呈负相关关系，即如企业规模越大则不同产权的代理成本之间差异就越小；如企业规模越小，则不同产权的代理成本之间差异就越大。

马磊和徐向艺（2010）运用灰色关联理论和公司控制权理论，研究 2008 年沪、深的民营上市公司的终极控制人的股东所有权（现金流量权）、控制权（表决权）、两权分离度和两权分离度与公司治理绩效的五个指标（净利润、净资产收益率、每股收益、每股净资产和市净率）之间均存在显著的正相关关系。

张良、王平、毛道维（2010）分析沪、深 1135 个 A 股上市公司的股权结构与绩效的关系后认为，第一大股东持股比例与公司治理绩效之间呈负相关关系，而股权制衡度与公司治理绩效之间呈正相关关系。

李斌、孙月静（2011）采用横截面数据分析方法，改进了投票概率模型对 2008 年的沪、深 1338 家上市公司的股权结构进行实证研究，认为非国有公司的公司治理绩效要好于国有公司，两权分离度对公司治理绩效呈负面相关关系；所有权比例对公司治理绩效呈正相关关系，意味着所有权比例高则实际控制人侵占私人利益的动机则小。

公彦德等（2011）研究表明，在信息对称的条件下，代理人的努力程度不会因为委托人和代理人之间的风险偏好变化而变化；在信息非对称的条件下，代理人的努力程度、委托人的期望效用将随委托人和代理人之间的风险偏好变化而变化。

总之，国外的研究多以代理理论为基础，从解决股东和管理者利益冲突问题为中心。从国内学者的研究来看，最早关注的焦点均在于国有企业改制及建立现代企业治理制度以及国有企业股权结构问题、融资体制阻碍了债务的治理功能等。随后又多从融资结构对公司治理影响或公司治理对融资结构的影响，公司治理与企业绩效，融资结构与企业绩效等来研究。

综合国内外的研究来看，国有企业的治理主要有两方面的内容：一是如何以成本最小实现即赋予企业管理层充分的经营自主权，又保证他们不损害资本所有者的利益，即通过何种方式保证委托代理关系成本最小（即监督约束成本最小）；二是如何把管理层的潜力、才能发挥出来，即激励管理层实现企业股东财富最大化。

5.1.3.1　代理成本

在阿尔钦和德姆塞茨描述的古典企业中，企业的所有者和管理者是合二为一的，企业主的目标函数就是企业的目标函数。于是，当企业主以管理者身份出现时，他的管理行为肯定不会偏离企业的利润最大化目标，而且他会全身心地履行职责（如监督其他团队成员）；另一方面，剩余索取权和控制权都集中于企业主手中，除非是服务于剩余最大化的目标，否则企业主没有使用控制权的其他动机，更别说是滥用控制权了。所有这一切新古典式的企业图景显然与现实中的企业有相当的差距，因为随着企业规模的扩大和分工的发展，需要有专门的人从事管理工作，他们通常不是企业的所有者，而是以雇员的身份出现，但与其他雇员不同的是，他们承担了某些原来是属于企业主的职能（企业管理职能，即在经营企业中具有一定决策权，这都是由企业所有者向经营者授权而来），所以现实中的大企业通常都是所有者和管理者互相分离的。在企业主向经理授权之后，他们之间就形成了委托-代理关系，就可能产生代理问题，于是企业的绩效就不仅要受到企业主行为的影响，而且要受到经理行为的影响。企业主授权给经理的初衷当然是希望经理全心全意地履行原本由自己担负的管理职能，即希望经理追求与自己相同的目标——企业剩余的最大化。然而，经理虽然拥有实际控制权但却没有剩余索取权，他所努力创造的剩余再多他也无权分享，也就是说，在企业主的目标函数中没有体现出经理的利益。

因此，企业的发展使得剩余索取权和（实际）控制权必然分离，随着它们的分离，出现了代理问题。在这样的情况下，经理追求自己的目标肯定是以牺牲企业主的目标为代价的，这种由于经理和企业主利益冲突而招致的企业价值的减少，就是所谓的"代理成本"（agency cost）。Jensen & Meckling（1976）最先关注并系统研究了由剩余索取权和控制权分离带来的代理成本，并将代理问题一般化为委托-代理的理论框架。

詹森和迈克林认为随着现代企业制度的建立，企业的"所有权"与"控制权"的分离成为必然趋势之后，企业就由此产生了代理成本。现代股份制公司的治理结构主要采用以下形式：一是股东通过选举的董事会来监督经理；二是通过大股东来监督经理的行为；三是对经理形成的约束可能来自于公司经营效率低下时，股票市场的收购和接管。在实际中，上述的几种形式是混合在一起，同时发挥作用的。我国国有企业的改革也是沿着这一主线进行的，通过股份制改造，对企业的管理人员进行有效的制约和激励。由于国有企业所有权归国家，经理人员只负责经营管理，因而产生了代理关系，这种关系是由契约的制定和强制执行决定的，它是有代价的。

5.1.3.2 管理层激励

代理成本是从约束管理层的角度出发的，除了约束外，企业治理结构中还包括对管理层的激励。公司的权利安排要有效率首先要能激励和调动各权利主体的积极性，所以激励机制的设立要体现激励方式的多样性、激励作用的均衡性和同一主体多种激励并举的特点。最优契约理论认为委托人与代理人之间的冲突可以通过设计有效的薪酬契约得以解决。公司管理者的薪酬与公司业绩相挂钩的激励机制满足了"激励相容"约束条件。管理者在提高自身薪酬最大化个人利益的同时也实现了股东价值最大化。

本章就从这两个方面分析国有企业的治理效率。

5.2 国有企业股权融资的企业治理效率分析

改革开放以来，我国国有企业的改革经历了放权让利、利改税、经营责任制、承包制和目前的建立现代企业制度等不同阶段。可以说我国的国有企业改革主要是沿着国有企业治理结构这一主线推进的，表现为剩余索取权和控制权在政府和国企的经营者之间分配的变动。但在改革过程中由于没有触动企业的产权结构，也即没有从资本结构（特别是股权结构）方面去完善和改进国有企业治理结构的改革。直到1994年开始，中央确立国有企业改革的目标模式是建立现代企业制度，并把现代企业制度的特征界定为"产权清晰、权责明确、政企分开和管理科学"。从这一时期起，建立现代企业制度试点工作就在全国广泛开展起来。在党的十五届四中全会通过的《中共中央关于国有企业改革和发展若干重大问题的决定》中要特别强调，在对国有大中型企业实行公司制改革时，要以建立规范的公司法人治理结构为核心。"要明确股东会、董事会、监事会和经理层的职责，形成各负其责、协调运转、有效制衡的公司法人治理结构。"

根据中国公司法的规定，股份有限公司和有限责任公司都规定了股东会、董事会、监事会和经营层的组织结构（当有限责任公司规模较小或人数较少时，可不设董事会和监事会，只委任一名执行董事和监事，有限责任公司中可以不聘任经理）。在中国公司治理模式的运行当中，股东大会是最高权力机关，经理层对董事会负责，董事会对股东大会负责，监事会对股东大会负责，受股东大会委托对董事会和经营层执行监督。

在这种治理模式当中，股东会和董事会之间的信托关系和董事会与经理之间的授权与代理关系，股东会与监事会之间的委任关系，监事会与董事会和经理层之间的监督关系构成了公司所有者与经营者之间的纵向财产责任关系，横向由各自的职权划分，即各司其职，互不越权，形成了职权配合与互相制衡的关系。这种负有产权意义的纵向产权责任关系和负有监督意义的横向职权配合与制衡关系构成了中国公司治理内部的经营与约束机制。

通过多年的国有企业改革和证券市场的发展，国有企业股份制改革初见成效，国有企业上市融资较多，资本结构及股权构成也在发生巨大变化，依托证券市场的治理模式也在逐步形成。通过分析美国的基于证券市场股权治理模式，发现所谓的股权治理主要表现为股东以"用手投票"和"用脚投票"的方式监督经理人的行为。"用手投票"的治理体现为，股东以其拥有的投票权和表决权，通过投票选择公司董事会，由董事会挑选经理人员，将日常经营决策委托给经理人员。当经理人员存在有损于公司价值或股东利益的行为或者公司经营业绩不佳时，股东可以通过董事会更换经理人，从而实现股东监督和制约经理人员的行为和目的。"用脚投票"的治理体现为，通过出售股票脱离原有投资企业。控制权理论认为，信息的不对称导致契约的不完备，这种不完备的契约使得剩余控制权的分配变得非常重要，由此对企业控制权的争夺便形成了控制权市场，通过控制权市场防止经理人员损害股东利益，并使公司的价值得到提升。当经理人员经营不善或股东无法通过董事会有效制约经理人员的行为时，股东通过控制权市场以合并、收购等接管方式将股票转让给外部投资者，从而实现将公司经营权转让给能够为股东利益进行效率经营的经理人员，这种来自公司外部的接管压力起到了制约经理人员进行有效经营管理的作用。现阶段，我国国有企业在建立现代企业制度的改革并没有完全完善，我国国有企业的股权治理还存在一定问题：

（1）股权过度集中，监督主体缺失。Berle & Means（1932）首先讨论了股权结构和公司绩效的问题，他们认为，在美国股权分散的公司的绩效表现更差。一系列的研究也表明，分散的所有权结构容易引起小股东的"搭便车"问题，造成对管理层的监督变得很困难，集中的所有权结构有助于提高公司的价值。

我国国有企业在证券市场成立后，纷纷通过证券市场发行股份进行融资，股权结构也发生了一定的变化，但股权集中度仍然过大。以 1998 年底以前在上海证券交易所上市且只发行 A 股的上市公司为样本，研究它们在 1999 年度的股权结构。在 1998 年底发行 A 股的上市公司共有 373 家。股权结构情况见表 5-1。

表 5-1　前五大股东持股比例

区　　间	60%以上	40%~60%	40%以下
样本数	189	137	41
比例/%	51.50	37.33	11.17

资料来源：陈乃进等，《中国证券业年鉴（2000）》。

由表 5-1 可知，我国国有上市企业的前五大股东的持股比例超过 60%的企业占整个上市企业的 51.5%，前五大股东的持股比例低于 40%的企业仅占整个上市企业的 11.17%，可以说我国国有企业的股权集中度很高。从相关研究来看，股权集中度高的企业的股权集中的监督效应（内部治理效应）应该很好。Shleifer & Vishny（1997）认为，股权集中或大股东的存在可以减少管理者机会主义行为，减缓管理者和股东之间的代理冲突和代理成本。在分散的股权结构中，小股东监督约束管理者的激励很低，偷懒和"搭便车"的激励很高；单个股东偷懒的成本是对管理者的无效监督，由此带来的公司业绩的降低由所有股东来承担，而单个股东偷懒的收益却归单个投资者完全拥有。因此，公司越分散，每个股东偷懒的收益与成本的偏离越大，如果公司被许多小股东拥有，忽略所有权目标和不能有效监督管理者的可能性就很大（Demsetzand Lehn，1985）。因此，监督和约束管理者对于小股东来说很昂贵，而股权集中可以将监督成本内部化，大股东既有激励又有能力监督管理者，大股东的积极监督缓解了股份公司的代理冲突，有助于提高公司价值。

但是，对于我国国企业的股权集中度的相关研究也表明，我国上市公司的股权代理成本是比较大的。其形成的原因主要是"一股独大"，由于我国的特殊国情，国有经济控制国民经济的命脉，中国国有上市公司存在着特殊的股权结构，大股东间的持股比例相差悬殊，各家第一大股东平均持股达到 36.45%，而第二大股东平均持股比例仅仅只有 9.671%（见表 5-2）。在一股一票投票的原则下，存在着一股独大的现象，在公司的股东大会和董事会上，第一大股东完全左右了公司的战略、决策及在董事选举上拥有绝对的发言权，相应地其也就控制了公司的经营方向、战略和公司的实际运营，其他大股东根本无法同第一大股东相抗衡。但作为第一大股东的国家股又存在"主体缺位"的现象，这也就不能保证这些国家股的"代表"们能真正以自己的行为来体现国家的利益。甚至在某些情况下（如他们以某种形式拥有个人流通股），他们可能做出损害国家利益以使自己的利益最大化的决策。

表 5-2   2011 年中国上市公司前十大股东持股情况   （%）

股东	第一	第二	第三	第四	第五	第六	第七	第八	第九	第十
最小	2.20	0.15	0.12	0.04	0.03	0.02	0.02	0.02	0.02	0.01
平均持股	36.45	9.67	4.26	2.58	1.80	1.58	1.23	0.88	0.75	0.65
最大	99.00	45.45	27.00	15.63	13.90	8.95	8.55	5.61	5.14	4.81

数据来源：巨灵金融服务平台。

（2）国有股比例过大，形成"内部人控制"。我国国有上市公司是由国有企业转制而来，国家作为最大股东的所有权代表地位虚置，公有股（国有股、法人股）处于控股地位且不公开流通，使公司治理结构表现出行政强控制和产权弱控制特点，并导致事实上的内部人控制问题，对管理者的约束机制难以奏效。我国的国有企业国有股比例过大，国家作为股东和代理人（管理者）之间的委托代理关系事实上形成内部人控制。首先，代理人之间的竞争，其有效性依赖于经理市场的形成及有效运转。此时，委托人及时通过雇佣的选择、解雇、提升等手段对代理人进行约束，进而控制代理人的行为。然而，我国国有企业的经理阶层的产生具有明显的行政性特征（见表 5-3）。这样，我国的国有股东不可能在公司经营不好时向管理层发出警告甚至撤换高层管理人员。其次，市场定价，即以所谓"用脚投票"的方式。一般情况下，股东的不满程度越大，所出售的股份总额越大，公司的股票价格相对于其他公司就越低。当然这是以证券市场的发达及股票价格的合理为基础的。由于我国证券市场的股票价格不能反映公司价值，更使股东失去了"用脚投票"的机制。第三，外部接管是一种有效约束经理阶层的企业兼并机制。这一机制有可能使不积极提高公司经营业绩的管理层全部被解雇。在市场经济发达的国家，外部接管正成为一种重要的促进管理者努力工作的机制。而我国目前的国有股比例不利于外部接管。主要表现为占上市公司股份 50%以上的国有股和法人股不能上市流通（即便流通也绝对控股），外部收购者无法在二级市场上买到足够股份来接管上市公司，外部收购无法进行。因此，外部接管在我国对管理层形不成压力。总之，我国国有企业在证券市场对经理阶层的约束基本无效，管理层可以偏离股东利益最大化决策而不受制约，进行形成内部人控制。何浚（1998）对截至 1996 年底上市的 406 家上市公司的"内部人控制"问题进行研究得出：国有股在公司中所占的比例越大，公司的内部人控制就越强。由于经理人员和股东的目标函数是不一致的，经理人员为了追求自身的利益，其行为存在偏离股东要求的可能性。内部人控制越强的上市公司，偏离的程度就会越大。比如国有上市企业的国有股东的投资收益来源于两个部分：一是红利收益；二是资本利得（买卖股票所获得的价格差）。国家股不能上市流通，国有股东的收入来源只有红利收入，因此国家股东应该希望大比例的发放红利。但事实并非如此。我国历年来不分配红利的上市公司占比几乎都在半数以上，这样的最终结果是股东利益受到损害。

表 5-3　历年国有企业经营者任职方式占比　　　　　　　　　　　　　（%）

年　份	2002	2000	1994	1993
组织任命	90.0	88.1	86.0	92.2
市场双向选择	0.3	0.5	2.2	0.7
组织选拔与市场选择相结合	6.3	7.5		
职代会选举上级任命	2.5	2.7	7.4	4.4
董事会任命	—	—	2.5	0.1
其　他	0.9	1.2	1.9	0.6

资料来源：中国企业家调查系统，《现阶段我国企业家队伍的行为特征调查分析——1995 年中国企业家成长与发展专题调查报告》，管理世界，1995（3）。

中国企业家调查系统，《中国企业家队伍成长现状与环境评价——2003 年中国企业经营者成长与发展专题调查报告》，管理世界，2003（7）。

而对于股权分散的社会公众股而言，实施监督的相应成本由个人支付，而收益却由全体股东分享，监督行为演化为一种"公共品"，使得公众股东缺乏激励机制对经营者的行为进行监督，从而也放弃了"用手投票"的权利。

（3）股权过于集中，降低股票流动性效应，"用脚投票"效应不明显。股权分散的公司的股票的流动性大，可以更好地传递关于公司价值的信息。另外，借助于高的股票流动性，小股东可以在股票市场上行使"用脚投票"的权利，给管理者施加更大的压力。当需要推翻管理者的决策或需要对公司进行重组时，公司股票流动性高时公司控制权容易发生转移。

所有权集中度对公司治理表现的影响是双向的：一方面，由于股东所持权益大小和股东的监管动力是正相关的，所以高度集中的所有权结构能够更好的监管公司治理效果，从而促进公司的治理效果，使中小股东受益；另一方面，大股东可能以侵占少数股东或其他股东利益，可能会出现"隧道行为"或其他租金索取策略。特别是在法制环境不完善的发展中国家，信息披露制度相对原始，公司治理机制比较薄弱，控股股东侵占小股东利益的问题可能非常严重。当小股东权益受损时，一般都是卖出股票，体现出"用脚投票"。但在我国证券市场，由于中国个人投资者数量庞大，构成了中国股市的主体，致使中国股市个人投资者行为区别于成熟市场的投资者。其主要特征是股票炒作现象严重（见表5-4和表5-5）。

表5-4和表5-5也说明，我国的股票市场的信息还不完善，股票市场的价格还不能够准确的反映企业目前的价值和未来投资的信息。相关研究也表明，我国的股票市场价格在反映企业的信息方面是比较脆弱，股票价格中包含更多的是投机性的因素。因此，我国证券市场投资者交易频繁，无法体现"用脚投票"效应。

表5-4　中国股市个人投资者行为状况

投资者每只股票的平均持有时间		投资者年平均股票交易次数	
平均持有时间	比　重	年平均股票交易次数	比　重
1周以下	4.40%	3次及以下	10.1%
1周~1月之间	16.80%	4~6次	19.7%
1~3个月	26.50%	7~9次	15.2%
3~6个月	23.20%	10~12次	12.5%
6~12个月	17.2%	13次以上	42.5%
1年以上	11.9%		

资料来源：深圳证券交易所综合研究所，中国股市个人投资者状况调查，2002。

表 5-5　不同证券市场换手率对比　　　　　　　　　（%）

年份	上海	深圳	中国台湾	纽约	东京	韩国	伦敦	中国香港	新加坡	泰国
1992	—	—	161	47	20	133	44	53	13	125
1993	241	213	252	53	26	183	53	61	26	66
1994	787	472	366	53	25	174	53	55	27	64
1995	396	180	227	59	26	105	38	38	18	43
1996	591	902	243	52	27	90	62	41	14	51
1997	326	466	407	66	33	146	66	91	56	50
1998	515	451	314	70	34	207	70	62	64	69
1999	428	402	289	75	49	345	75	51	75	78
2000	499	505	259	82	59	302	82	63	65	65

资料来源：《中国证券期货市场统计年鉴（2000）》。

（4）管理层股权比例过低，股权激励效应难以形成。为了减少经理行为对股东利益最大化目标的偏离，委托人可以设计某种激励机制，比较通常的办法有两种：一种是将经理的货币收入与公司的利润挂钩；另一种是将经理的货币收入与公司股票的市场价格挂钩。从激励的角度看，这两种办法的性质是一样的，即都是同意经理分享一部分利益来提高他们追求非货币收入（在职消费）的机会成本，刺激他们追求股东利益最大化。

随着我国国有企业改革的不断深入，国有企业激励机制逐步建立。党的十五届四中全会通过的《中共中央关于国有企业改革和发展的若干重大问题的决定》指出，"建立和健全国有企业经营管理者的激励和约束机制，实行经营管理者收入与企业经营业绩挂钩""少数企业试行经理（厂长）年薪制、持有股份等分配方式，可以继续探索，及时总结经验""管理、技术等生产要素可以参与企业分配"。2000年3月，朱镕基总理在政府工作报告中更加明确地提出了应深化企业劳动、人事分配等各项制度改革，建立企业激励、约束机制，在一些企业试行经理年薪制、持有股权等分配方式。为此，全国各地纷纷出台旨在充分调动企业经营管理者积极性的相关政策，对优化公司治理结构和决策机制、挖掘经营者潜能、提升企业市场竞争能力起到了非常重要的作用。

虽然我国国有企业初步建立起激励机制，但在现有我国国有企业的股权结构下，国有股东是绝对控股股东，因此，建立的激励机制主要存在两个方面的问题：

第一，是国有企业出资人（政府或政府委托机构，如国资委）监督与管理的责任心和积极性问题。国有企业建立激励驱动机制的目标就是实现国有资产的保值和增值。国有资产出资代理人是各级政府，而政府权力的行使人是政府官员（其报酬是政府支付的固定工资），政府官员作为委托人代表对国有资产行使委托权。委托人代表本身并不能分享委托代理机制下的国有资产增值的好处，企业的经营成果与其利益没有直接的关系，可能会影响激励驱动契约的合理性。我国国有企业的管理层一般带有行政属性（见表5-3），他们的收入比一般国家工作人员高出很多，但和企业经营效率的相关性较低。据美国学者克里斯蒂尔在1991年《对收入过度的研究：美国经理过高的收入》的研究表明，美国公司经理报酬是工人人均报酬的160倍，而日本公司经理报酬约为工人人均报酬的16倍，德国为21倍。从我国情况看，2009年9月16日，中央六部委联合下发《关于进一步规范中央企业负责人薪酬管理的指导意见》。意见中规定的央企高管年薪的上限是，央企高管的基本工资部分为不超过上年度中央企业在岗职工平均工资的5倍，绩效工资部分的上限是高管基本年薪部分的3倍。

从工资水平及其变化来看，1998年、2000年及2000~2006年上市公司薪酬的统计数据均显示，我国国有企业经营者的年度收入水平明显低于非国有企业，两者存在着较大的差距。以1998年为例（见表5-6），国有企业经营者其年收入在2万元以下的有62.6%，年收入超过10万元的仅有0.6%。而同期私营企业和外商及港澳台合资企业中只有不到20%的人其年收入在2万元以下，超过20%的经营者其年收入在10万元以上，其中一半人员甚至超过50万元。

表5-6 不同类型企业的经营者1998年的工资收入水平 （%）

工资收入	<2万元	2万~4万元	4万~10万元	10万~50万元	>50万元
国有企业	62.6	25.0	11.8	0.5	0.1
私营企业	20.0	14.2	34.9	16.7	14.2
外商及港澳台合资企业	15.8	25.7	37.7	12.7	8.1

资料来源：中国企业家调查系统，《中国企业经营者队伍制度化建设的现状与发展——2000年中国企业经营者成长与发展专题调查报告》，管理世界，2000（4）。

同西方国家的企业和我国非国有企业相比，我国国有企业的管理层收入和国有企业规模、国有资产收益水平相关性也不强，收入水平也不高，这主要的原因是我国国有企业的高级管理者仍然具有国家行政人员属性，他们也经常会从国有企业的管理者转变为国家行政人员，也就是行政级别的提升。但从相关调查数据来看，我国国有企业管理制度从1993年设立资本市场开始，到2002年的10年间，国有企业的管理者对于国有企业的激励机制的满意程度并不高，而且有所下降（见表5-7）。

表 5-7 国有企业经营管理者对自己职业地位的满意程度 （%）

年 份	2002	1996	1994	1993
自己的才能、责任和风险				
全部得到回报	0.9（9.90）	—	2.4	1.9
部分得到回报	54.1（67.2）	—	65.4	55.6
基本得不到回报	45.0（22.9）	—	32.2	42.5
对自己的政治地位				
满意	29.1（38.2）	47.7	52.7	37.1（43.7）
一般	51.0（43.2）	30.3	35.5	—
不满意	19.9（18.6）	22.1	11.6	—
对自己的社会地位				
满意	26.1（39.6）	43.4	48.2	35.3（47.5）
一般	51.1（43.8）	27.0	34.8	—
不满意	22.8（16.6）	29.6	17.0	—
对自己的经济地位				
满意	17.2	22.9	24.0	20.9（35.0）
一般	34.3	32.7	34.3	—
不满意	48.5	44.4	41.7	—

注：括号内数据为非国有企业相应数据。

资料来源：中国企业家调查系统，《现阶段我国企业家队伍的行为特征调查分析——1995年中国企业
家成长与发展专题调查报告》，管理世界，1995（3）。

中国企业家调查系统，《当前我国企业经营者对激励与约束问题看法的调查——1997年中
国企业经营者成长与发展专题调查报告》，管理世界，1997（4）。

中国企业家调查系统，《中国企业家队伍成长现状与环境评价——2003年中国企业经营者
成长与发展专题调查报告》，管理世界，2003（7）。

　　从表 5-7 的数据可知，经过 10 年的改革发展，到 2002 年，国有企业经营管理者的满意度还较低。有 45% 的国有企业经营者认为自己的才能、责任和风险基本得不到回报，而非国有企业只有 22.9%。从国有企业经营者对自己的经济地位、政治地位和社会地位满意度几个项目的调查结果看，对政治地位的不满意程度最低（比例为 19.9%），其次是对社会地位的不满意程度，最不满意的是经济地位（不满意的平均比例为 48.5%，接近一半）。因此，国有企业管理者的收入激励机制的效率不高。

　　第二，我国国有企业管理层持股比例低，股权激励效果成效低。

　　从当前企业治理实践看，激励驱动的手段呈现多样化特征，主要包括：利用工资差别驱动、奖金驱动、经营者和员工持有股票、经营者股票期权制度、职务

消费和福利物品的发放等。2004 年国务院国资委开始推行《中央企业负责人经营业绩考核暂行办法》，对企业负责人的奖励分为年度薪酬奖励和任期中长期激励。其中，年度薪酬分为基薪和绩效年薪两个部分。绩效年薪与年度考核结果挂钩。该办法对经营者利益驱动的"度"明显增强，但在强化利益诱因的同时，也增添了责任和风险。从不同类型企业看，国有、非国有企业的差别对收入形式的影响，主要体现在"股权"上，非国有企业经营者拥有企业股权的比重较大，在 2000 年非国有企业股权收入占比为 38%，而国有企业经营者股权收入仅为7.9%，相差 30 个百分点（见表 5-8）。

表 5-8 2000 年不同类型企业经营者目前的收入形式   （%）

企业类型	国有企业	非国有企业	上市公司
月薪加奖金	83.5	77.3	70.1
风险抵押承包制	12.4	10.3	8.4
年薪制	18.5	19.2	31.8
股 权	7.9	38.0	12.3
期 权	0.7	1.4	4.5
其 他	1.4	2.4	1.3

资料来源：中国企业家调查系统，《企业创新：现状、问题及对策——2001 年中国企业经营者成长与发展专题调查报告》，管理世界，2001（4）。

在我国国有上市企业中，国有股基本上是第一大股东，而且第一大股东的持股份额远远高于其他股东的持股份额，使国有股一般处于绝对控股的地位。据统计，2001 年全国上市公司中，第一大股东持股份额占公司总股本超过 50% 的有900 家，占全部公司总数的近 80%。2002 年底国家股控股的上市公司，企业总数为 257 个，管理层人员持股数量为 27846250 股，仅占总股本的 0.00251%，高管人员平均持股数量仅为 9712 股。曹廷求、孙文祥（2004）计算得到，我国董事长持股比例很低，最高值仅为 2.07%，而总经理持股比例无论是最高值还是平均值比董事长持股比例更低。肖作平（2005）以 1998 年 12 月 31 日前在沪深上市的 673 家仅发行 A 股的公司 1998～2002 年的数据为样本，计算得到我国上市公司高层管理者平均持有公司股份的比例为 0.0007%，最大值也仅为 0.0021%。从国际看，澳大利亚上市公司 1989～1995 年管理股权平均水平为 10.65%（Brailsford，1999），泰国经理股权平均水平为 20.41%，董事股权的平均水平为 35.08%（Wiwattanakantang，1999）。

从近年国有企业改革发展看，我国国有企业高级管理者持股数量和持股比例也呈现逐年稳步增长趋势。国有企管理者持股数量分别从 1999 年 15.78 万股增长到 2010 年的 1943.50 万股。国有上市公司高管虽然持股比例逐年上升，但是到 2010 年为止高管平均持股仅为 0.6837%，并且还不包括不持有上市公司股票的高管。另有 39.83%的国有上市公司高管并没有持股公司股票或者没有披露持股信息，并且这一比例呈现逐年上升趋势。另外，很多国有上市公司由于种种原因未能实行股票期权激励机制。

国有企业管理层所持的股份基本上都来自于企业改制设立时发行的内部职工股，根据国家有关政策规定，内部职工股的比例不能超过总股本的20%，而且发行上市三年内不允许流通。后来由于改制时部分人员成为了高管人员，尽管有的公司已经上市超过三年，其名下所持股份又成为高管股而在在职时间内被锁定。这种股份与西方国家普遍实行的股权激励制度中的股权是完全不同的。在我国目前的市场机制下，股票价格基本上不能反映公司价值，从而不能反映出经理层的能力和努力程度，这对握有公司股票的管理层来说，股票的激励作用大大降低。有研究表明，我国上市公司高级管理者的持股比例与公司经营业绩的相关系数很低。同时，我国国有上市企业管理人员的报酬中股票的份额很小。可以说，从国有企业管理层的持股比例和持股现状来说，我国国有企业的股权激励效应较低。

5.3 国有企业债权融资的企业治理效率分析

Williamson（1988）提出，在市场经济条件下，债务不仅仅应该被看作是融资工具，而且是一种治理手段。只有拥有高绩效的公司并保持较高的负债率才能进一步提高公司绩效和增加股东财富，也只有高绩效的公司才有能力维持较高的负债率，低绩效的公司是不可能维持高负债率的。借款投资所获得的收益率如果低于借款所付的利息率，就会导致收不抵支，从而发生财务亏损，降低经营绩效，持续亏损还会导致债权人对公司治理的介入。因此，负债融资从总体上来说是有利于公司治理改进和治理绩效提高的，是减少代理成本的一个有效途径。

负债的监督约束和激励作用主要表现在以下几方面：负债要求定期支付一定的现金流，从而减少了公司管理者可以随意支配的现金流，在一定程度上阻止了管理者的在职消费和过度投资行为；公司经营不善时，债权人可以强制公司破产，给管理者造成很大压力。因此，作为一种担保机制，负债可以促使管理者作出更好的投资决策，缓和管理者和股东之间的利益冲突，降低所有权和控制权分离产生的代理成本；负债放大了管理者持有公司的股权比例，对管理者具有激励效应。可以说，国有企业适度负债，有助于缓解企业内部各利益相关者的利益冲突，有利于激励、约束经理人员，克服代理问题，并且实现控制权的重新安排。同时，债权人以"相机控制"的方式，在公司治理中担任重要的角色。具体来讲，债权的治理效应是通过以下机制实现的。

一是负债本身的激励约束机制。债务契约是对企业经营者的"硬约束"。对管理者的外部约束主要来自于三个方面，即产品市场、资本市场以及管理者市场。在我国经济转轨过程中，资本市场尚不完善，难以对管理者形成有效的约束。管理者市场也未真正建立起来，对公司管理者的约束与激励作用根本无从谈起。虽然产品市场的竞争较为充分，但仅靠产品市场对管理者进行约束，其作用毕竟有限。在这种情况下，强调债权约束的作用更为重要。债务是企业的一种固定负担，企业必须按时向债权人偿还债务的利息和本金，否则将受到惩罚，管理者也会遭受到损失（如丧失控制权收益）。因此，如果公司面临着足够多的债务，管理者会致力于改善企业经营，减少在职消费，以降低企业破产的概率。可见，在债务"硬约束"条件下即使债务所引发的破产机制不具有使企业经营者达到最佳经营的效果，也足以保证使经营层有动力不使企业濒临破产的边缘。

在我国国有企业股权比例中国有股绝对控股，再加上管理层的行政属性，所以国有企业在实践中形成了严重的"内部人控制"现象。由于国有企业的管理层一般是政府任命的，管理层为了自己的发展前程，往往有盲目扩大投资、搞面子工程的倾向。因此，股权融资并不能对上市公司管理层构成强有力的治理约束。与之相反，债权融资（银行借款或发行债券）将在一定程度上约束管理层通过"过度投资"来营造"企业帝国"的倾向，这是因为债权融资的主要依据是企业新投资项目的预期收益率，其对项目的审查较严格，对资金投向的约束具有较强的刚性。而且银行具有对其贷款使用监督的规模效益，从而构成对企业行为经常性和制度性的约束。

冯跃（2012）通过对中国沪、深 A 股上市公司中纺织、机械以及信息技术三个行业 2007 年以前上市的公司的资本结构与企业绩效的研究表明：在三个行业中杠杆率和公司绩效都呈显著的倒 U 形关系，即当杠杆率较低时，如杠杆率升高则公司绩效升高；当杠杆率过高时，则杠杆率升高公司绩效降低。结论与Jensen & Meckling（1976）提出的代理成本理论一致，增加公司的负债融资会增加破产风险和融资压力，能够限制管理层过度风险投资的行为，降低代理成本，提高公司绩效。

另外债务契约的另一个有利于降低代理成本的主要好处是，防止管理层将自由现金投入到净现值为负的项目而从中牟取私人利益。Townsend（1978）认为经理层极有可能通过操纵会计报表来藏匿公司利润，或是以转移价格等手段转移公司利润，目的是拒绝支付债务融资的本金和利息。与股东不同的是，债权人有权在没有按时获得本金和利息偿付的情况下调查公司的会计报表和其他相关信息，甚至接管公司的控制权，从而可以有效制止经理层藏匿或转移利润的行为。相反，提供股票融资的股东却没有这种调查权利，他们在公司不分红（我国上市企业恰恰是很少分红）时无法调查经理层是否藏匿或转移了公司利润，或是已将利润投资于净现值为负的项目，这就给经理层创造了滥用自由现金流量的机会。因此，债务融资赋予债权人调查和监督的权利可以有效制止经理层对自由现金流量的滥用。

二是债权的存在还具有约束股权所有者的作用，使得企业所有者（指股东）将更加关注企业的经济效益，更有动力监督企业的经营。因为破产机制的存在使企业股权所有者承受着更多的企业经营风险，如果企业因经营效益较差而进入破产程序，那么企业资产将首先用来抵偿企业债务。

股权融资可以通过管理层持股和股票期权来促使管理层和企业所有权的目标函数一致，促使企业的经营者按照事先契约进行经营。在现在国有企业所处的情况下，企业归国家所有，国有股"一股独大"，企业尚未彻底摆脱政府机构附属物的地位，企业的剩余控制权在政府委托的政府官员的手里，剩余索取权依然归政府即全民所有。剩余控制权和索取权的不对称，必然造成官员手中的控制权演变成"廉价投票"，拥有控制权的人并不对使用权力的后果负责，因而经营者就可能贿赂政府官员使他们完全放弃干预的权力。结果就是，企业的管理者可能做出以损害国家利益来使自己的利益最大化，也可能是企业家不努力工作，不以股东财富最大化为目标。债权融资可以解决一部分这些问题。债权融资可以增大企业管理层与股东函数一致化。假设企业投资总额不变，且管理层投入到企业的股权资金也不变的情况下，引入负债可以降低企业对外部股权资金的需要，间接提高管理层的持股比例，使管理层与股东的目标函数趋于一致。

三是相机控制机制。当企业无力偿债时，剩余控制权和剩余索取权便由股东转移给债权人。这时债权人控制是通过受法律保护的破产程序进行的，包括两种处理方式，一是清算，二是重组。企业重组涉及减免债务本金和利息、债转股、延长偿还期、注入新资金等，也可能涉及更换经营者。因而在"破产威胁"下，债务成为一种担保机制，对经理形成"硬约束"（Hart，1982）。

由于国家股控制了股权的绝大部分并且不能在市场上自由流通转让，因而削弱了证券市场敌意购并和代理权争夺对管理者的监督作用。引入负债可以抑制因为盲目追求规模而可能导致企业现金流的不足，使企业面临财务危机。从前面股权激励分析可知，国有企业管理层的非货币收入即控制权收益才是我国国有上市企业管理层收益的主要部分，引入债务所致的破产清算风险也可视为一种担保机制。从破产成本的角度看，债务融资可以用来限制经理层的懈怠和自利行为。债务融资比例的扩大会增加财务风险，而财务风险一旦演变成财务危机就会使公司面临破产诉讼的威胁。公司一旦遭到破产清算，债权人就会剥夺经理层对公司的实际控制权和由此产生的控制权收益，经理层的职业稳定和其他既得利益将受到极大的威胁，比如他们的职业职位将会受到严重损害直至完全丧失。为了减少债务融资带来的财务风险并避免破产成本，经理层一般都会比债务融资为零时更加努力地工作，并减少在职消费、优化投资决策，目的都是为了提高公司盈利水平以增强应对财务风险的能力。因此，扩大债务融资比例有助于缓解经理层和股东之间的利益冲突，减少经理层的自利行为。在我国管理层一般是"破产厌恶型"的，为了避免破产，管理层在负债的压力下，会多努力工作，少个人享受，并做出更好的投资决策。因此，国有企业债权融资对国有企业管理层来说有较强的约束激励作用。

可以说，在我国国有企业股权比例不合理的情况下，理论上讲债权融资对国有企业的治理效率较好。但从我国实际情况来看，有研究表明债权的企业治理效率也不是很好。兰艳泽（2006）的研究表明，现阶段国有控股上市公司存在如下现象：首先是负债不能发挥抑制非效率投资的治理功效的结论；其次是得出了目前我国国有控股上市公司的负债无法发挥破产威胁的功效，根据考察结果，我国国有控股上市公司的财务状况令人堪忧，从样本数据统计，有一半以上的公司处于财务危机状态，而这些上市公司没有一家退市，论证了国有公司不担心破产，债权人银行没有激励对公司的破产做出积极的反映。有关研究也表明债权融资对国有企业治理效率低的原因主要是：

第一，我国国有企业的银行贷款存在"软约束"问题。

"预算软约束"是由 Kornai（1979）提出的，涵义为社会主义国家政府持续救助入不敷出的企业。由于政府救助，企业不存在破产威胁，预算约束变软。

银行作为主要的债权人，拥有企业充分的信息，有监控公司能力，使得它便于在公司治理中发挥作用。但是应该看到，在我国银行贷款双方具有一种特殊性：一是资金提供主体是国有银行；二是需要资金的是国有股、法人股占有绝对控制权的上市公司。因此就导致了以下情况出现：当这些国有企业需要资金时，一方面国有银行更倾向于向他们提供资金；另一方面，国有企业在选择债务融资时毫无疑问地优先选择向银行贷款。原因在于，国有企业和国有银行之间的债务从其起源上看并不是法律意义上的真正债务，银行贷款存在着软约束。企业一旦破产，银行很难通过破产等方式来对企业进行约束。作为主要债权人的国有银行，而往往倾向于采取行政重组的方式获得偿还保障。

从相关理论研究上看，银行债权的治理效应，是以主银行的股东身份作为支撑的。而在我国，国有商业银行整体上在国有企业治理中的角色是消极的：（1）由于银行完全商业化进程尚未完成，并且银行主要是国有银行，仍然受制于政府。国有银行与国有上市企业产权主体的统一性，使得国有企业与银行之间的协商更容易。当企业面临债务危机时，通常都能达成债务展期甚至债务减免的协议。国有企业会自发地产生对银行的依赖感甚至对债务进行"抵赖"，而银行却并不关心或者是无法关心公司的经营状况，从而使银行债权的公司治理作用失去效率，国有银行债权对企业基本上是软约束；（2）我国银行一般不能持有上市公司的股份，形成了债权人与股东分离，银行对企业经营行为的监督只能以外部监督为主，从而削弱了商业银行在公司治理中的作用。田利辉（2005）通过实证分析我国上市公司软约束问题，发现随着银行贷款规模的增加，在国家控股的上市公司中，经理层的公款消费和自由现金流增加，企业效率和公司价值下降。他认为，借款企业和贷款银行共同的国家所有产权是银行贷款和企业经理腐败协同关系存在的必要条件。也就是说，负债融资（银行贷款）治理扭曲的制度原因是银行贷款的预算软约束。

第二，我国国有企业的债权融资中的融资结构合理，企业债券治理作用不明显。

债权的监督、激励、控制权效应和破产机制有助于约束管理者的在职消费和过度投资行为，减少代理成本，提高公司价值。这是就同质意义上的负债来说的，事实上，不同类型的债权人监督控制管理者的力度和方式不同，不同形式的负债的治理效应不同，从而对公司价值产生不同影响。

从相关理论研究表明，银行贷款的约束力很强，监督控制管理者的能力远远大于企业公开发行的债券，这主要与银行在签定合同和实施合同时有相对优势有关，具体表现在两方面：其一，银行在监督债务合同方面有比较成本优势。如果公司违约，银行作为大的债权人将蒙受很大损失，因此，他们有监督债务合同实施的动力；银行在收集关于公司经营信息方面有规模经济优势，监督合同实施的能力很强。相比之下，公司债券持有者主要依靠公开发布的信息，由于公司债券被众多的债权人分散持有，债权人收集有关公司经营的信息以及监督约束管理者的激励和能力都很有限，在收集公司信息和监督合同实施方面存在"搭便车"现象，因此，企业债券融资的监督成本很大。公开发行的企业债券对企业的监督主要来自债券评级机构，与银行作为债权人具有的强有力的监督能力相比，债券评级机构通过信誉效应——定期对公司债券评级——来监督约束公司则显得微不足道。其二，银行在修改合同方面有相对优势。现实环境不断发生变化，合同条款经常不能得到有效实施，在这种情况下，修改合同条款往往比重新签定合同或强制破产更好，公司容易与银行达成协议，修改合同的信息成本和交易成本都较低，但企业债券的债权人很分散，修改合同的交易成本很高，有时甚至是无法做到的（Smith & Warner, 1979）。

从以上分析可知，银行强有力的监督能力，银行贷款要求的严格的合同条款和银行负债合同的灵活性既可以加强对管理者的监督控制，又可以缓解股份公司内部的利益冲突，降低债权和股权的代理成本。但在我国由于存在银行贷款的"软约束"问题存在，因此在我国国有企业债权融资中，企业债券比银行贷款对国有企业"破产威胁"更具有约束力。这是因为在我国国有企业中银行债务与企业债券对国有企业经营管理者的约束程度存在差别，根本一点就是它们对国有企业经营者的约束不相同。企业债券使得企业管理人面对众多分散的债权，在企业陷入财务困境情况下，企业管理者可以与债券持有人进行协商，要求缓期或者减债，然而这一协商过程是高成本以至于经济上是不可行的。同时，考虑众多债权人之间的博弈，一个自然的均衡是每个债权人的最优选择是清偿企业而不是延期债务（Patrick & Bolton, 1992）。所以说，国有企业如果通过发行债券来筹集资金，在规定期限内必须还本付息，由此带来的损失和破产风险往往是直接的。由于国有企业债券的购买者是各种各样的个人和机构，因而分散的投资者会给社会造成不利的影响，有可能造成社会的不稳定，这是地方政府和中央政府都不愿意看到的，因此企业债券的"破产威胁"比银行贷款更直接。

从表 5-9 中数据可知，在 2002 年以前，中国上市公司的长期借款一般是企业债券的 30 倍以上。在 2003 年，该比率也高达 13 倍。可以说中国上市公司的债权资金来源表现出典型的"轻债券融资，重银行贷款融资"的特征，融资结构体现出较为明显甚至强烈的银行贷款融资偏好。因此，国有企业对企业债券治理的优势并没有体现出来。

表 5-9　1995~2003 年中国上市公司债权融资结构数据　　　　（%）

年　份	长期借款	短期借款	应付债券	合　计
1995	33.02	66.10	0.88	100
1996	29.17	70.05	0.78	100
1997	31.48	67.47	1.04	100
1998	31.08	68.42	0.5	100
1999	32.16	67.01	0.83	100
2000	34.4	64.45	1.14	100
2001	35.21	64.49	0.3	100
2002	33.46	65.44	1.1	100
2003	33.98	63.42	2.61	100

资料来源：根据中国股票市场研究（CAMAR）历年数据计算而得。

6 河北钢铁企业融资效率实证分析

钢铁产业是现代工业发展和世界经济发展的基础性产业，钢铁工业的发展为世界经济的众多行业提供基础原材料。随着第二次世界大战结束后各国经济的快速复苏，世界钢铁产业也有了飞速发展。随着我国改革开放不断深入和国民经济的快速发展，我国的工业化进程持续快速发展，再加上城镇化和消费升级的大力推进，大规模基础设施建设和装备制造业的迅速崛起，我国钢铁生产量和消费量都呈现出迅猛增长的态势，我国的钢铁工业也有了持续快速的发展。河北省是我国的钢铁大省，具有发展钢铁产业的良好基础和优越条件，连续多年钢铁产量位居全国第一，已成为全国重要的钢铁生产基地，也成为河北省国民经济的重要支柱产业。但随着 2008 年美国金融危机的发展和影响，西方各国经济陷入低迷。随之也影响到我国国民经济，再加上我国国内的产业发展结构不协调的问题，使得我国国民经济由高速发展转入中速发展的新常态阶段。我国的钢铁工业产能过剩问题表现尤为严重，整个钢铁产业的也进入调整、优化发展进程中。

6.1 钢铁产业发展现状

6.1.1 世界钢铁产业发展现状

20 世纪，世界钢铁工业得到空前的发展，世界钢铁工业的发展大致分为三个阶段：从 1901 年到 1951 年，是第一代钢铁技术推动现代钢铁工业快速发展的阶段。钢铁工业在基数较低的基础上起步，1900 年世界钢产量为 2850 万吨。在这一时期，钢铁生产国分布十分集中，大多分布在大西洋北部沿岸地区的美国和西欧（以联邦德国为主）以及前苏联，这三地的钢铁产量占全世界钢铁产量的87.5%，成为战前世界三大钢铁生产基地。美国因远离战场和经济技术的迅速发展，钢铁工业发展迅速，到 1951 年，美国钢产量达到 9544 万吨，占全世界钢产量的 45.3%，在世界钢铁工业中占据了霸主地位。从 1952 年到 1974 年，是第二代钢铁技术推动世界钢铁产量加速扩张的阶段。在这 23 年时间中，世界钢产量以 5.4% 的年平均增长率快速增长，从 1951 年的 2 亿吨迅速跃上了 7 亿吨（70342 万吨）。从 1975 年到 1999 年的世纪末，世界钢铁工业进入了重结构优化和重吨位增长两种类型共存的发展阶段。这一时期，由于爆发了两次世界性的石油危机，整个资本主义经济萎缩、萧条，钢产量始终在 7.0 亿~8.0 亿吨之间徘徊。从 1975 年到 1994 年的 20 年间，平均年增长率仅为 0.14%。到 2000 年，钢产量才突破 8 亿吨。

从 20 世纪初到 2000 年，世界钢铁产量有了飞速发展，到 2000 年末达到 8.43 亿吨，比 1900 年增长 28.5 倍。进入 21 世纪，世界钢产量进入了第二个高速增长期。世界钢产量由 8 亿吨突破 10 亿吨，到增至 2005 年的 11 亿吨（图 6-1），2007 年达到 13.2 亿吨。世界钢铁协会出版了《世界钢铁指标 2011》，对 2010 年世界钢铁市场主要指标进行了统计。2010 年，世界粗钢总产量首次突破 14 亿吨，创历史新高。2005 年至 2010 年，世界粗钢产量年平均增长 4.3%。

从世界钢铁工业的发展来看，世界钢铁工业发展有如下特征：

一是在世界钢产量逐年增加的同时，行业集中度也在逐年上升（图 6-1）。

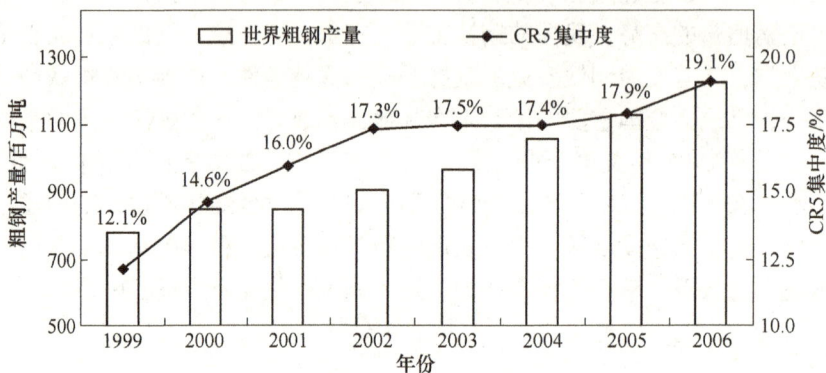

图 6-1　世界粗钢产量及 CR5 集中度变化趋势图
（资料来源：国泰君安证券）

2006 年以来，世界钢铁业快速整合，前 10 大公司的市场份额，从 1980 年的 21% 上升至 2006 年的 27%。安赛乐公司和米塔尔公司（ARCELORMITTAL）合并，成为横跨欧盟和北美的世界钢铁公司，产量达 1.1 亿吨，占全球总产量约 10%；印度塔塔公司（TATA）收购英国克鲁斯公司（CORUS），产能达 2400 万吨，成为世界第 5 大钢铁公司；美国钢铁产业加速重组，前 3 大钢铁公司的市场份额从 2001 年的 33% 上升到 2006 年的 58%。根据国际钢铁协会的统计，2010 年全世界粗钢产量 50 强合计 14.01 亿吨，占全球产量的 99.1%。

二是世界钢铁产业在全球范围内转移（见表 6-1）。

一百多年来世界钢铁产业格局的演进展示了各国钢铁工业相对地位的变化，也展示了世界各国经济的发展历程，更进一步地描绘出钢铁产业国际转移路径。

19 世纪钢铁工业最发达的是英国，在 1800 年，英国生产的粗钢产量占世界的一半还多。到 1880 年，英国的钢铁份额下滑至 30%，美国则攀升到 30%。20

表 6-1   1800~2005 年世界粗钢产量前三名国家排序

排序	1800~1880 年	1910~1950 年	1953~1970 年	1970~1989 年	1989~1996 年	1996~2005 年
1	英国	美国	美国	苏联	日本	中国
2	美国	德国	苏联	日本	中国	日本
3	德国	英国	德国	美国	美国	美国

资料来源：高毅，《国际钢铁产业转移与影响因素实证研究——中国钢铁产业视角》，复旦大学，2007：35。

世纪初美国历史上第一次收购与兼并浪潮，造就了世界第一大钢厂——美国钢铁公司。1910 年，美国粗钢产量达到 2650 多万吨，占世界总产量的近一半。从这时起，美国在世界钢铁工业上的霸主地位一直保持到 20 世纪 50 年代初。与美国同期快速发展钢铁工业的还有德国。在 1880 年，德国的粗钢产量占全世界的 15%，到了 1910 年，德国的钢产量达到 1370 万吨，在世界总产量的比重超过 20%，成为仅次于美国的第二大钢铁生产国。第二次世界大战之后，美国和德国钢铁的市场份额开始下滑，到 1960 年时美国是 30%，德国是 10%。这期间，苏联和日本的钢铁产量增长迅速。1953 年，苏联超过德国，成为世界上第二大钢铁工业大国，生产量占世界生产总产量的 20% 以上。到了 70 年代，日本生产着世界上将近 20% 的钢铁，成为世界第二大钢铁生产国和最大的钢铁出口国，苏联则跃居世界第一大钢铁生产国。苏联解体之后，日本取而代之成为世界第一钢铁大国。1980 年代末，韩国迅速崛起，成为钢铁生产强国之一。20 世纪 90 年代以来，中国份额逐渐增大，1996 年突破 1 亿吨，钢产量为 10124 万吨，列世界第一位。2010 年，中国产量 63 亿吨，占到了全球产量的 4 成以上，比 2000 年提高 29.2 个百分点位于世界之首。

三是世界钢铁工业发展面临诸多挑战。

经济合作与发展组织（Organization for Economic Co-operation and Development，OECD）认为，尽管世界钢铁产业总体形势较好，但存在四个方面的问题：一是钢铁产能过剩，目前全球有 10.5% 的钢铁产能过剩，可能发生剧烈贸易摩擦；二是要减少二氧化碳排放，加强环境保护，既要确保钢铁产业竞争力，又要兼顾长远利益，避免国际竞争中的扭曲现象；三是原材料供给不足，供给国家的自有产能增加、出口限制、投资壁垒和基础建设问题可能导致原材料价格进一步上涨；四是人口老龄化将影响钢铁业，发达国家大批工人即将退休，需要招募和培训新工人。

2013 年以来，受世界经济复苏缓慢和中国经济增速放缓的影响，全球钢铁行业在困境中挣扎。世界各大钢企发布的二季度报告显示，无论是欧美还是亚洲各大钢企，利润普遍下滑。业内人士称，引发这一现象的原因是全球钢铁行业产能过剩引发的过度竞争。美国投行摩根斯坦利在 2013 年 5 月发布的报告中称，全球钢铁行业的过剩产能已经达到 3034 亿吨，其中中国约有 2 亿吨过剩产能，欧洲过剩约 4000 万吨，日本过剩约 1600 万吨，韩国则过剩约 500 万吨。经济的增长拉动了钢铁行业的发展，但由于世界钢企对未来市场的过度良好展望，不断增加投资提高生产能力最终形成了产能过剩。

6.1.2 我国钢铁产业发展现状

中国钢铁工业经过多年发展，取得了举世瞩目的成绩（图 6-2），为我国经济社会发展做出了不可磨灭的巨大贡献，在世界钢铁业中的地位举足轻重。1949 年中国的钢铁产量只有 15.8 万吨，居世界第 26 位。1978 年党的十一届三中全会以后，钢铁工业获得了快速的发展，1996 年钢产量达到 10124 万吨，首次超过 1 亿吨大关，跃居世界第一位。此后，中国钢产量连年快速增长，2003 年产钢 22234 万吨，登上了 2 亿吨的台阶。中国钢产量超过 1 亿吨用了 47 年的时间，而登上 2 亿吨的台阶只用了 7 年的时间。2003 年到 2014 年间，几乎是 1~3 年就上个亿吨台阶，到 2007 年我国粗钢产量（折合）为 4.89 亿吨，同比增长 15.7%，占世界总产量的 37%。根据国家统计局修正数据，2013 年全国粗钢产量由原来公告的 7.79 亿吨，调整到 8.15 亿吨。这说明，我国的粗钢产量在 2013 年就登上了 8 亿吨台阶，而且从 7 亿到 8 亿的台阶只用了 1 年时间。到 2016 年末我国的钢材产量仍在稳步增长。

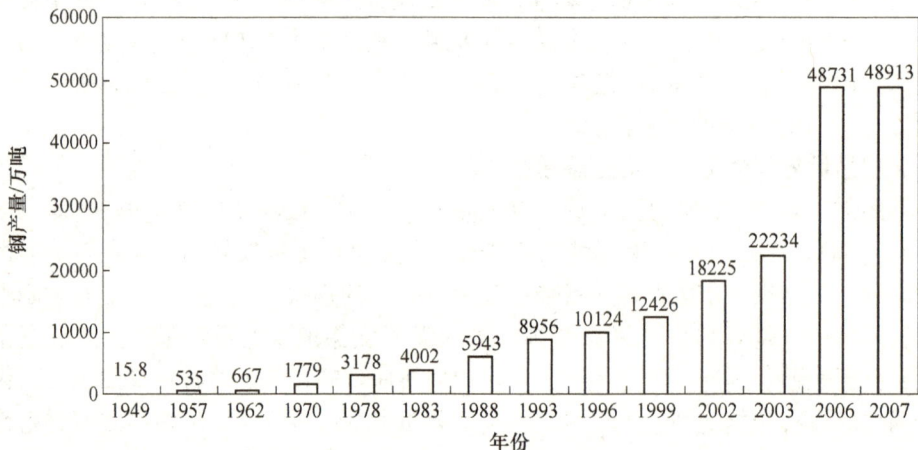

图 6-2 1949~2007 年中国主要年份钢产量

（资料来源：转自《河北省钢铁产业竞争力与技术创新》，地质出版社，2013：6）

我国钢铁工业作为国民支柱产业之一，也一直是我国发展较快的行业之一。我国的钢铁工业的发展有如下特征：

一是我国的钢铁产量快速、持续增长。

　　我国钢铁产量从 1949 年的不到 20 万吨到 1978 年改革开放时的 3178 万吨，如今更是超过 8 亿吨，发展速度惊人（见表 6-2）。我国钢铁工业的迅速发展尤其是产能的急剧扩张引起产能过剩问题。

表 6-2　我国 2000~2011 年钢铁生产情况

年份	生　铁		粗　钢		钢　材	
	产量/万吨	同比增长/%	产量/万吨	同比增长/%	产量/万吨	同比增长/%
2000	13103. 4	—	12723. 6	—	13146	—
2001	14541	—	14892. 7	—	15745. 4	—
2002	17074. 53	9. 84	18155. 16	20. 27	192183	19. 82
2003	20231. 19	25. 06	22011. 53	21. 92	23581. 6	25. 23
2004	25185. 05	25. 57	27245. 63	27. 24	29738. 7	32. 64
2005	33040. 47	28. 2	34936. 15	24. 6	37117	24. 1
2006	40416. 7	19. 8	418782	18. 5	46685. 4	24. 5
2007	46944. 6	15. 2	48924. 1	15. 7	56460. 8	22. 7
2008	47067. 4	−0. 2	50048. 8	1. 1	58177. 3	3. 6
2009	54374. 82	15. 87	56784. 24	13. 5	69243. 7	18. 5
2010	59021. 8	7. 42	62665. 4	9. 26	796274	14. 69
2011	62968. 93	8. 43	68326. 55	8. 89	88131. 1	12. 3

　　数据来源：中经网产业数据库，Wind 数据库。

　　由表 6-2 可以看出，在过去的 12 年间，生铁增长了 380.55%，粗钢 437.01%，钢材 470.4%，年均增速也分别达到了 34.60%、39.73%、51.85%。除 2008 年受金融危机影响，产量增长有所放缓之外，其余年份各钢产品产量基本均以同比增速超过 10% 的速度增长。

　　二是我国的钢铁产业的集中度较低。

　　世界钢铁工业发展过程中，大型钢铁企业不断兼并重组，出现了一些特大型钢铁企业。2006 年 7 月 26 日，全球第一大钢铁企业米塔尔集团当天宣布已通过收购行动控制了全球第二大钢铁企业阿赛洛（阿塞洛）集团近 92% 的股权，世界超级钢铁集团——"阿赛洛-米塔尔集团"诞生。经过此次收购行动，米塔尔将与阿赛洛组成年产钢 1.16 亿吨（占全球钢产量的 10%）、年营业额达 600 亿欧元、员工数超 32 万的超级钢铁巨头，其生产规模至少是排名居次的日本新日铁公司的 3 倍，公司市值将达到 443 亿美元。可以说，通过兼并重组，世界钢铁产业的集中度不断增加。从国外钢铁行业集中度情况看，2003 年，阿塞洛的钢产量就占到全欧洲钢产量的 21%，新日铁和 JFE 两家企业的钢产量占全日本的 56%，浦项的钢产量占韩国的 64%；2007 年，欧盟四大钢铁公司的产量为 1.59 亿吨，相当于欧盟 15 国总产量的 90.73%，美国前四大钢铁企业的产量占全国总量的 52.9%，日本前四家占 74.77%，韩国浦项等前三家就占全国的 88.93%。到 2015 年，产能进一步集中（见表 6-3）。

表 6-3　部分国家大型钢铁企业产量占全国的比重

国　家	钢铁企业数量	产量占全国的比重/%
美　国	4	65
日　本	5	79
韩　国	4	90
德　国	3	63
俄罗斯	6	83

数据来源：整理自钢铁工业统计年鉴。

我国也对钢铁产业的发展制定过相关政策，比如在 2005 年，我国首个《钢铁产业发展政策》正式颁布，该政策指出提高钢铁产业集中度，促进钢铁企业联合重组，是增强钢铁产业国际竞争力和优化资源配置的战略举措。2009 年 3 月颁布的《钢铁产业调整和振兴规划》里，对这个远景目标进行了规划，并明确指出"力争到 2011 年，全国形成宝钢集团、鞍本集团、武钢集团等几个产能在 5000 万吨以上、具有较强国际竞争力的特大型钢铁企业；形成若干个产能在 1000 万~3000 万吨级的大型钢铁企业"。

虽然我国钢铁产量的持续快速增长，从 1996 年产量稳居世界第一，但我国的钢铁产业的集中度却没有提高。曹建海、江飞涛（2010）以粗钢产量为依据对我国钢铁工业的市场集中度进行了分析，结果发现自 1986~2000 年，我国钢铁工业的 CR50 提高了近 7%，而 CR4、CR10、CR20 在此期间波动不大。但自 2000 年开始，我国钢铁工业市场集中度急剧下降，与 2000 年相比，到 2006 年，CR50 下降到 0.7238，下降了 0.1757；CR20 下降到 0.4888，下降了 0.1751；CR10 下降到 0.3304，下降了 0.1721；CR4 下降到 0.1701，下降了 0.1507。1992 年，我国钢铁企业 CR10 为 48%左右，到 2002 年这一比例开始明显下滑，到 2005 年已下降到 35%。大型钢厂市场占有量迅速流失。2000 年以后我国钢铁行业产能迅速增长，各地中小型钢厂纷纷上马，产业集中度不升反降。"十二五"初期 CR10 为 49.2%，到"十二五"末 CR10 下降到 34.2%（图 6-3）。

《钢铁工业"十二五"发展规划》要求到"十二五"末，前十家钢铁企业产

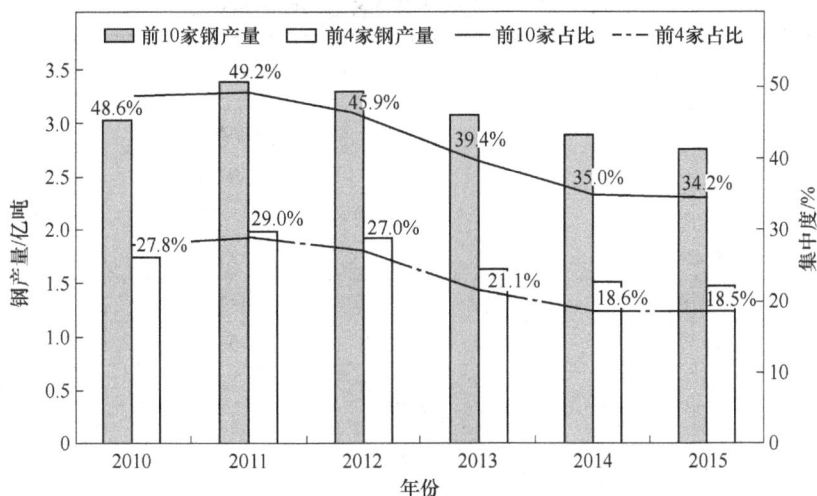

图 6-3 "十二五"期间我国钢铁产业集中度

业集中度提高到 60%，但从实际数据来看不仅没有完成，实际集中度反而下降。数据显示，2016 年粗钢产量前 4 家钢铁企业的粗钢产量占全国总量的 21.67%，又比 2015 年下降 0.01 个百分点。前 10 家钢铁企业占 35.87%，比 2015 年上升 1.67 个百分点。按同口径产量规模分，大于 3000 万吨、2000 万~3000 万吨、1000 万~2000 万吨的企业户数均与上年持平。仅 500 万~1000 万吨规模的企业 14 户，较 2015 年增加 2 户。规模分类可见，我国年产 2000 万吨以上的企业规模较少，有 5 户，仅占总户数的 5.8%。而小于 500 万吨以下的，却占总户数的 59.3%。由此可见，我国钢铁产业的集中度较低。

6.1.3 河北省钢铁产业发展现状

钢铁产业是河北最重要的主导产业之一，在全省经济和社会发展中占有举足轻重的地位。河北省钢铁行业经过半个世纪的发展，取得了举世瞩目的成就。1949 年河北省的钢产量只有 3684 吨。1978 年改革开放以后，河北省钢铁工业获得了快速的发展，1990 年钢产量达到 383.69 万吨，1997 年钢产量达到 1056 万吨，首次超过千万吨大关。此后，河北省钢产量连年快速增长，从 1997 年钢产量突破千万吨级大关，到 2001 年产钢 1969.65 万吨，跃居全国第一位，仅用了 4 年时间；2002 年产钢 2659.63 万吨，登上了 2000 万吨的台阶，2007 年产钢 10706 万吨，突破 1 亿吨（见表 6-4），连续保持钢产量全国排名第一名。

河北省钢铁产业在进入 21 世纪以来，取得了巨大的发展，产能连续位居我国首位。河北省钢铁产业的发展具有以下特征：

表 6-4   河北省粗钢产量及各自的同比增长率

年份	粗钢产量/万吨	同比增长率/%	年份	粗钢产量/万吨	同比增长率/%
1996	908.62	14.54	2006	9096.29	23.15
1997	1056.14	16.24	2007	10706.44	17.70
1998	1103.86	4.52	2008	11589.42	8.25
1999	1303.89	18.12	2009	13536.30	16.80
2000	1230.10	−5.66	2010	14458.80	6.82
2001	1969.65	60.12	2011	16483.00	14.00
2002	2659.63	35.03	2012	18048.40	9.50
2003	4065.06	52.84	2013	18849.63	4.44
2004	5704.49	40.33	2014	18530.30	−1.69
2005	7386.40	29.48	2015	18833.00	1.63

数据来源：历年《河北经济年鉴》。

一是具备行业规模优势。2000 年，河北省的粗钢产量只有 1306 万吨，在全国钢铁总产量当中占比不到 10%；2007 年，河北省的粗钢产量超过了 1 亿吨；2015 年，粗钢产量达到了 1.88 亿吨，在全国钢铁总产量中占比 23.4%。其中民营钢铁企业的产量从 2001 年的 280 万吨增长到 2013 年的 1.25 亿吨，在 13 年的时间里增长了近 43 倍，是我国第二钢铁大省江苏省钢铁产量的 1.48 倍，是全球第二产钢国日本的 1.13 倍。2015 年，河北钢铁集团的营业收入达到了 455.437 亿美元，在世界 500 强企业榜单中排名 239 位。

二是拥有完备的各类钢铁生产系统。新中国成立初期，河北省只能冶炼为数不多的几十个钢种和轧制钢材，而今已经能冶炼包括高温合金、精密合金在内的近千个钢种，轧制上万个品种规格的钢材。主导产品包括：棒材、线材、型材、热轧带钢、热轧板、冷轧板、镀锌板、彩涂板、焊管、五氧化二钒、钒氮合金、钒铁合金等系列，几乎涵盖市场需要的所有规格，品种结构的板管带比、综合技术水平的连铸比大幅度提高。以河北钢铁集团为例，河钢集团不断淘汰落后产能、提高装备水平、推进产业升级。截至 2016 年底，河北钢铁集团拥有 2000 立方米级高炉 9 座、2500 立方米级高炉 5 座、3200 立方米级高炉 5 座，200 平方米以上烧结机 20 台，6 米以上大型焦炉 12 座；拥有 120 吨以上炼钢转炉 23 座、90 吨超高功率电弧炉 2 座、100 吨超高功率电炉 4 座，配备有 49 条热轧生产线（其中 1580～2250mm 热轧板卷轧机 6 套，3.5～4.2m 宽厚板轧机 6 套，1680～2180mm 酸洗冷轧联合机组 4 套，棒材、线材和型材轧机 33 套），9 条冷轧生产线，形成了品种规格齐全、产能规模最大的技术装备优势，具备 5000 余万吨符合国家产业政策的优质产能。

三是河北省钢铁产业集中度较低。河北省有很多钢铁生产企业，但是规模相对较小，以小高炉为主的钢铁企业占据了半数以上，大型钢铁企业数量有限。在2000年后河北省的钢铁企业也大规模进行过兼并重组，比如唐钢、宣钢、承钢三家企业联合重组为新的唐钢集团，成为千万吨级大钢企；唐山市民营钢铁企业组建了9家企业集团，全市有冶炼能力的钢铁企业已由57家减至26家；邯郸武安12家民营钢铁企业联合为武安钢铁集团，为实现进一步整合迈出了第一步；邯钢、德龙、文丰三家钢铁企业签订了战略合作协议，建立了国有大企业和优势民企的协调机制。2008年6月29日，河北钢铁集团有限公司正式挂牌成立，新集团注册资本达200亿元，河北省国资委出资5000万元，并将其持有的唐钢集团、邯钢集团国有产权划归新集团公司持有，唐钢集团和邯钢集团成为河北钢铁集团的子公司。河北钢铁集团2015年以4775万吨的产能成为中国最大的钢铁企业。但总的来看，居全国第一的河北省钢铁产能分别在众多企业，河北省全省拥有炼钢能力的钢铁企业共有50多家，平均每家钢产量仅在220万吨左右，低于全国平均水平。2015年河北省粗钢产量18833万吨，其中产量排名前8位的是河钢集团、敬业钢铁、纵横钢铁、津西钢铁、国丰钢铁、瑞丰钢铁、裕华钢铁、新兴铸管，其产量分别为4775万吨、1132万吨、1038万吨、977万吨、829万吨、629万吨、460万吨、383万吨，通过计算可得2015年河北省钢铁产业集中度CR4为42.06%，CR8为54.28%。

四是河北省钢铁产能过剩问题突出。河北省是作为钢铁大省，钢铁产能、产量占比全国1/4（见表6-5），钢铁产业为河北省的经济发展提供了有力支撑，但是随着近些年来国家经济发展速度进入中速发展和国家产业结构调整，河北省钢铁产业的产能利用率低，产能过剩问题开始显现。这不仅造成了资源浪费、环境污染，而且随着国家供应侧改革以及"三去一补"政策的强力推进，河北省钢铁产业的过剩产能也加重了河北经济发展的负担。现阶段河北省正在采取有力措施，尽最大的努力来缓解河北省钢铁产能过剩状况。

表6-5 2015河北省钢铁产能及全国占比

项 目	粗 钢	生 铁	钢 材
产量/万吨	18832	17383	25245
占全国总量比重/%	23.4	25	22.5

资料来源：河北省统计年鉴。

"去产能"是供给侧改革中一项重要任务，依据工信部提供的数据显示，河北省在"十二五"期间累计压缩炼钢、炼铁产能分别为4106万吨、3391万吨，总计压缩钢铁过剩产能7497万吨。河北省钢铁产业去产能情况见表6-6，提前完成国家下达的"十二五"期间压缩钢铁产业过剩产能的目标。

表6-6　"十二五"期间河北省化解钢铁过剩产能情况　　　　（万吨）

年　份	炼钢产能	炼铁产能	总　计
2011	1608	936	2544
2012	0	115	115
2013	108	130	238
2014	1077	1378.5	2455.5
2015	1313	831.5	2144.5
总　计	4106	3391	7497

数据来源：河北省工业和信息化厅。

2015 年全国共淘汰过剩钢铁产能 3000 万吨，河北省淘汰落后钢铁产能 2144.5 万吨，占全国淘汰总量的 71.48%，也就是说在 2015 年河北省淘汰了全国淘汰产能总量的 71.48%。因此，在现阶段河北省钢铁产业的主要工作是化解过剩的产能，钢铁产业的优化方向是淘汰落后产能、优化产品结构、降低能源消耗、提高经济效益。

6.2　河钢股份有限公司融资发展及融资结构现状

河北钢铁集团有限公司成立于 2008 年 6 月 30 日，是由河北省人民政府国有资产监督管理委员会出资组建的国有独资公司，系我国国有特大型钢铁集团。公司业务主要以钢铁冶炼、延展和加工为主，公司从 2009 年开始入围世界企业 500 强以来，营业收入在排行榜中一直飙升，从 2009 年的 240.34 亿美元逐步升到 2015 年的 452.66 亿美元，提升近 2 倍。2017 年 7 月 21 日 19 时整，美国《财富》中文网与《财富》英文网同步发布 2017 年《财富》世界 500 强排行榜。中国钢铁企业有 4 家。河钢集团以 2016 年营业收入 437.69 亿美元排名第 221 位。

河北钢铁股份有限公司（以下简称"河钢股份"）成立于 2009 年，系唐钢股份吸合并邯郸钢铁与承德钒钛而成立的上市公司，唐钢集团、邯钢集团、承钢集团和河北钢铁集团矿业有限公司共持有其 65.31% 的股权。注册地址为河北省石家庄市，下设唐山分公司、邯郸分公司、承德分公司。河钢股份目前总股本 106.19 亿股，是沪深 300 指数指标股和融资融券标的股。河钢股份总资产和营业收入均超过 1000 亿元，是国内最大钢铁上市公司之一。

6.2.1　河钢股份融资发展现状

河北钢铁股份有限公司最早来自于唐山钢铁股份有限公司（简称唐钢股份），唐钢股份是河北省经济体制改革委员会冀体改委股字［1994］3 号文和［1994］38 号文批准，由唐钢集团作为唯一发起人，将主要生产经营性单位的净资产入股，并以定向募集方式于 1994 年 6 月 29 日注册成立的股份有限公司，设立时总股本为 2,364,497,997 股，其中唐钢集团持股比例为 83.43%。1997 年 1月，经河北省证券委员会冀证字［1997］6 号文批准，并经公司于 1996 年 9 月 3日召开的股东大会审议通过，公司按 1：0.285 的比例进行缩股，缩股后公司总股本由 2,364,497,997 股减少至 673,881,929 股。

1997 年 3 月，经中国证监会证监发字［1997］69 号文和证监发字［1997］70 号文批准，公司采取上网定价方式，通过深交所交易系统向社会公众发行人民币普通股 120,000,000 股，每股面值 1.00 元，每股发行价 9.22 元。1997 年 4月 16 日，公司股票在深交所挂牌交易。该次发行完成后，公司总股本由673,881,929 股增加至 793,881,929 股。

2009 年 12 月，经中国证监会以证监许可［2009］1302 号文核准，公司以新增 3,250,700,248 股股份换股吸收合并邯郸钢铁和承德钒钛，总股本由3,626,080,133股增加至 6,876,780,381 股。于 2009 年 12 月 28 日，公司申请注册变更，公司名称由唐山钢铁股份有限公司变更为河北钢铁股份有限公司。2016年 6 月 6 日，公司申请注册变更，公司名称由河北钢铁股份有限公司变更为河钢股份有限公司。

6.2.1.1 河钢股份有限公司股权融资

河钢股份有限公司在 2009 年前主要是唐钢股份、邯钢股份、承德钒钛三家公司独立存在，三家公司的股权融资情况见表 6-7。

表 6-7 2009 年前河钢股份上市融资情况统计表

年　份	唐钢股份	邯钢股份	承德钒钛
1997	上市		
1998		上市	
1999	配股		
2000		配股	
2002	增发		上市
2003		可转债	
2006			增发
2007	可转债		

资料来源：金融界（http://www.jrj.com）。

从表中可知，唐钢股份在 1997 年首发上市，股票代码：000709，之后又在1999 年 12 月实施每 10 股配 3 股的配股融资方案，向全体股东配售 52,261,721股普通股，每股配股价格为 8.58 元。2002 年 10 月向社会公开增发普通股

150,000,000 股，每股面值为 1.00 元，每股发行价格为 6.06 元。2007 年 12 月，公司向社会公开发行了 5 年期 30 亿元可转换公司债券，每张面值 100 元，2012 年 12 月 31 日，公司可转换债券累计转股 8,780 股。

邯钢股份在 1998 年 1 月 22 日通过上交所交易系统向社会公众发行人民币普通股 35,000 万股，每股面值 1.00 元，每股发行价 7.50 元，股票代码：600001。并在 2000 年 6 月 28 日实施每 10 股配 2.73 股的配股融资方案，向全体股东配售 12,104.50 万股普通股，每股配股价格为 5.50 元。2003 年 8 月 16 日公司向社会公开发行了 20 亿元可转换公司债券，每张面值 100 元，初始转股价格为 5.34 元/股。本次发行的可转债票面年利率第 1 年 1.0%，第 2 年 1.3%，第 3 年 1.7%，第 4 年 2.3%，第 5 年 2.7%。最终有 1,997,279,000 元 "邯钢转债" 转换为邯钢发行的 A 股股票，未转股的债券余额为 2,721,000 元。

承德新新钒钛股份有限公司成立于 1994 年 6 月 18 日，由承德钢铁集团有限公司独家发起，以定向募集方式设立的股份有限公司。公司 2002 年 8 月 22 日首次发行人民币 A 股 10000 万股，每股发行价 5.40 元。2002 年 9 月 6 日在上海证券交易所挂牌上市，股票代码：600357，公司简称 "承德钒钛"。2006 年 8 月向社会公开增发普通股 22,000 万股，每股面值为 1.00 元，每股发行价格为 4.10 元。

河钢股份有限公司在 2009 年重组唐钢、邯钢、承德钒钛后，于 2011 年 11 月，根据中国证监会《关于核准河钢股份有限公司增发股票的批复》（证监许可 [2011] 823 号），公司通过深圳证券交易所交易系统向社会公众发行人民币普通股 374,182.24 万股，每股面值 1.00 元，每股发行价 4.28 元，于 2011 年 12 月 2 日在深交所上市流通。本次增发后，河钢股份有限公司总股本达到 1,061,860.34 万股。

6.2.1.2　河钢股份有限公司债券融资

河钢股份有限公司在 2009 年前债券融资主要是唐钢、邯钢、承德钒钛分别进行的，具体的企业债券发行情况见表 6-8。

表 6-8　2009 年前河钢股份债券融资情况统计表

序号	债券简称	债券代码	发行人	发行日期	实际发行量/亿元	付息方式	票面利率/%	债券期限
1	05 唐钢 CP01	581024	唐山钢铁集团公司	2005/9/19	10	贴现（97.16）	0	1 年
2	05 唐钢 CP02	581025	唐山钢铁集团公司	2005/9/19	10	贴现（98.02）	0	9 月
3	06 唐钢 CP01	681132	唐山钢铁集团公司	2006/7/27	10	贴现（96.29）	0	1 年

序号	债券简称	债券代码	发行人	发行日期	实际发行量/亿元	付息方式	票面利率/%	债券期限
4	07 唐钢 CP01	781227	唐山钢铁集团公司	2007/11/7	20	利随本清	5.39	1 年
1	07 邯钢 CP01	781128	邯郸钢铁集团公司	2007/7/2	22	利随本清	3.88	1 年
2	08 邯钢 CP01	881267	邯郸钢铁集团公司	2008/12/29	30	利随本清	4.03	1 年
1	06 承钒钛 CP01	681193	承德钒钛公司	2006/11/1	7	贴现 (95.88)	0	1 年
2	08 承钒钛 CP01	881040	承德钒钛公司	2008/2/21	12	利随本清	7.02	1 年

资料来源：中国债券信息网（http://www.chinabond.com.cn）。

从表 6-8 的数据可知，由于我国企业债券市场发行总量较少，三企业的企业债券发行也较少。唐钢股份在 2005 年、2006 年、2007 年发行四只企业债券，总计 50 亿元。邯钢股份在 2007 年和 2008 年发行两只企业债券，总计 52 亿元。邯钢股份在 2006 年和 2008 年发行两只企业债券，总计 19 亿元。债券的期限来看，都是 1 年期的短期债券。

在 2009 年河钢股份成立后，以河钢股份发行的企业债券有 4 只，具体发行情况见表 6-9。

表 6-9   2009 年后河钢股份债券融资情况统计表

序号	债券简称	债券代码	发行人	发行日期	实际发行量/亿元	票面利率/%	债券期限
1	12 河钢 01	112164	河钢股份	2013/3/27	37.5	4.9	3 年
2	12 河钢 02	112166	河钢股份	2013/3/27	12.5	5.16	5 年
3	16 河钢 01	112419	河钢股份	2016/8/9	30	3.8	3 年
4	16 河钢 02	112425	河钢股份	2016/7/29	20	3.56	3 年

资料来源：国泰君安数据库。

从表 6-9 的数据可知，河钢股份在 2009 年成立后企业债券发行的也较少。公司在 2012 年发行 2 只企业债，总计 50 亿元；在 2016 年发行 2 只企业债券，总计 50 亿元。

6.2.2   河钢股份资本结构现状

2017 年 4 月，河北钢铁股份有限公司公布 2016 年度报告。在 2016 年公司受限产和压减产能的影响，公司全年共产生铁 2925 万吨、粗钢 2896 万吨、钢材

2786万吨,同比分别降低5.34%、7.84%和5.69%;生产钒渣15.3万吨,比去年降低8.93%。全年实现营业收入745亿元,利润总额16.2亿元,归属于母公司所有者净利润15.55亿元,同比增长171.25%。在2016年公司进行了2次企业债券的发行,公司的资产结构发生了一定变化。截至2016年底,河钢股份总资产为18598992.42万元,总负债13935952.35万元。2016年基本每股收益0.15元,加权净资产收益率3.52%。河北钢铁股份2016年的资本结构见表6-10和表6-11。

表6-10 2016年河钢股份资产负债情况 (万元)

科 目	2016年末数据	科 目	2016年末数据
总资产	18598992.42	可供出售金融资产	30782.57
流动资产	5479079.44	无形资产	39240.40
货币资金	1427160.28	短期借款	4375674.30
存 货	2977968.39	预收账款	526274.06
交易性金融资产	0	应付账款	1790750.66
应收账款	211781.07	流动负债	11342706.36
其他应收款	69626.86	长期负债	2593245.99
固定资产净额	9792154.26	总负债	13935952.35

资料来源:河钢股份2106年报(国泰君安数据)。

表6-11 2016年河钢股份资本结构分析表

科 目	2016年末数据	科 目	2016年末数据
资产负债率/%	74.93	归属母公司股东的权益/全部投入资本/%)	30.74
权益乘数	3.99	总债务/全部投入资本/%	69.26
流动资产/总资产/%	29.46	流动负债/总负债/%	81.39
非流动资产/总资产/%	70.54	非流动负债/总负债/%	18.61

资料来源:河钢股份2106年报(国泰君安数据)。

从表中的数据看,2016年主要变化是固定资产97921542588.13元,较2015年的81555096726.58元增加20.07%,主要原因是邯宝、中厚板等项目部分主体工程竣工转固。长期借款为813850万元,较2015年的365127万元大比例增加。主要是为优化负债结构增加了长期负债,降低短期负债。

河钢股份的资本结构的形成主要是公司在证券市场上的融资结构变化的结果。从1997年唐钢股份、1998年邯钢股份、2002年承德钒钛上市融资开始到2005年(见表6-7),三家公司都进行了股权再融资,通过股权融资,降低了公司的资产负债率。在 2005 年之后三家公司都是利用债权（见表 6-8）进行融资，因而在 2005 年后三家公司的资产负债率上升（见表 6-12）。

表 6-12 唐钢股份、邯钢股份、承德钒钛历年资产负债率　　　　（%）

年　份	唐钢股份	邯钢股份	承德钒钛
1997	39.389	—	—
1998	47.619	40.375	—
1999	44.344	22.834	—
2000	47.777	22.684	—
2001	48.864	28.331	—
2002	44.211	33.154	63.041
2003	50.777	56.225	57.457
2004	56.676	61.032	67.216
2005	63.974	54.27	67.76
2006	66.704	53.519	68.788
2007	66.328	53.023	71.478
2008	68.633	54.35	82.914
均　值	53.77467	43.61791	68.37914

资料来源：历年年报（国泰君安数据）。

在 2009 年三家公司重组为河钢股份后，在 2011 年进行一次股权增发融资，在 2012 年和 2016 年发行 4 次企业债券融资。由于股权融资次数减少，债权融资（包括银行贷款和企业债券）增多，河钢股份的资产负债率在稳步上升（见表 6-13），在 2016 年末接近 75%。

表 6-13 河钢股份历年资产负债率　　　　（%）

年　份	资产负债率	年　份	资产负债率
2009	70.72	2013	73.16
2010	67.99	2014	73.44
2011	68.25	2015	74.50
2012	71.20	2016	74.93

资料来源：河钢股份历年年报（国泰君安数据）。

6.3　河钢股份有限公司融资效率分析

从第 4 章可知，所定义的企业融资效率，是指企业以某种融资方式筹集企业生产经营或投资新项目所需的资金时，考虑以最高成本-收益比率和最低风险，以及由此带来的企业治理效率。它主要从融入资金的企业角度，考察企业在融入资金过程中发生的相关成本、收益和风险。

6.3.1　河钢股份股权融资和债权融资效率分析

河钢股份的企业资金来源主要股权融资和债权债权融资两种方式。股权融资主要是普通股的发行，包括在融资时的配股和增发，河钢股份的再融资方式是增发新股。债权融资的主要方式是银行贷款和企业债券。

6.3.1.1　股权融资和债权融资成本分析

A　股权融资成本

在第 4 章估算企业股票融资方式的融资成本是采用股利报酬率作为计算参数的。股利报酬率则是普通股每股股利与每股市价之比，利用目前常用的市盈率概念可以对股利报酬率进行推算。

股利报酬率 = 每股股利/每股市价

唐钢股份、邯钢股份、承德钒钛在 2009 年重组成河钢股份后，股权融资是在 2011 年增发新股融资。通过深圳证券交易所交易系统向社会公众发行人民币普通股 374,182.24 万股，每股面值 1.00 元，每股发行价 4.28 元。

河钢股份从 2009 年到 2016 年的股本分红只有 5 次，具体股利分红情况见表 6-14。

表 6-14　2009~2016 年河钢股份股利分红情况表

分红年份	2009	2011	2013	2015	2016
分红额/元·股⁻¹	0.1	0.03	0.02	0.03	0.08

资料来源：历年年报（国泰君安数据）。

从表 6-14 可知，从 2009 年河钢股份成立到 2016 年底的 7 年，只进行了 5 次股利分红，平均股利是（0.1+0.03+0.02+0.03+0.08）/7=0.037 元。假如股利不变，则 2011 年增发股票的融资成本估算为 0.037/4.28=0.8645%，再加上增发融资费率（约 1%），则河钢股份增发融资成本约为 1.8645%，可以说成本极低。

由于我国企业的股利分红较少，以此计算的股票融资成本不尽合理，现在以企业可分配利润（扣除法定盈余公积金（税后利润的 10%）和提取法定公益金（税后利润的 10%））的全部作为股利进行计算。河钢股份 2009 年到 2016 年的每股收益见表 6-15。

从表 6-15 可知，从 2009 年河钢股份成立到 2016 年底的 7 年时间，年平均每股收益为（0.14+0.16+0.13+0.01+0.01+0.07+0.05+0.15）/7=0.103 元，可分配股利约 0.103 × 85%=0.088 元。2011 年增发股票融资成本约为 0.088/4.28 +1%=3.06%。

表 6-15 2009~2016 年河钢股份每股收益表

年　份	2009	2010	2011	2012	2013	2014	2015	2016
每股收益/元·股⁻¹	0.14	0.16	0.13	0.01	0.01	0.07	0.05	0.15

资料来源：历年年报（国泰君安数据）。

B 债权融资成本

河钢股份的债权融资主要是银行贷款和企业债，债权融资具有税盾作用，融资成本计算公式为：

$$k_d = i_b(1 - T)/(1 - f_b)$$

河钢股份共进行 4 次债券融资（见表 6-9），平均票面利率为 4.355%。融资成本费率为 0.4%（来自企业债发行后公告计算所得）。则债券融资成本为：

$$k_{d2} = i_b(1 - T)/(1 - f_b) = 4.355\% \times (1 - 33\%)/(1 - 0.4\%) = 2.93\%$$

2009~2016 年银行贷款利率见表 6-16。

表 6-16 2009~2016 年银行贷款利率变化表　　　　　（%）

序号	日　期	短　期		中长期		
		6个月内	6个月至1年	1年至3年	3年至5年	5年以上
1	2015-10-24	4.35	4.35	4.75	4.75	4.9
2	2015-08-26	4.6	4.6	5.00	5.00	5.15
3	2015-06-28	4.85	4.85	5.25	5.4	5.4
4	2015-05-11	5.00	5.00	5.5	5.5	5.65
5	2015-03-01	5.35	5.35	5.75	5.75	5.9
6	2014-11-22	5.60	5.60	6.00	6.00	6.15
7	2012-07-06	5.60	6.00	6.15	6.40	6.55
8	2012-06-08	5.85	6.31	6.40	6.65	6.80
9	2011-07-07	6.10	6.56	6.65	6.65	7.05
10	2011-04-06	5.85	6.31	6.40	6.65	6.80
11	2011-02-09	5.60	6.06	6.10	6.45	6.60
12	2010-12-26	5.35	5.81	5.85	6.22	6.40
13	2010-10-20	5.10	5.56	5.60	5.96	6.14
14	2008-12-23	4.86	5.31	5.40	5.76	5.94

资料来源：中国建设银行网站。

从河钢股份历年的年报中可知，企业的长期借款占比较低，2011 年为

18.63%，2012 年为 10.14%，2013 年为 11.51%。所以估算评价银行贷款利率为 5.6%左右。则河钢股份银行贷款融资方式的融资成本为：

$$k_{d2} = i_b(1 - T)/(1 - f_b) = 5.6\% \times (1 - 33\%)/(1 - 0.4\%) = 3.77\%$$

下面以企业财务费用作为利息支出计算河钢股份综合债务成本，相关数据及计算结果见表 6-17。

表 6-17　2009~2016 年河钢股份负债成本表

年份	财务费用/万元	总负债/万元	财务费用/总负债	所得税/利润总额/%	综合负债成本
2009	118003.46	7264947.09	0.016243	9.28	0.014735515
2010	184545.04	9178441.77	0.020106	13.34	0.01742417
2011	247767.62	9626350.77	0.025738	18.27	0.021036058
2012	276877.15	11021359.03	0.025122	39.89	0.015100756
2013	328453.01	12210727.58	0.026899	40.67	0.015959014
2014	386607.48	12511896.23	0.030899	23.48	0.023644061
2015	449184.97	13321522.01	0.033719	28.27	0.024186454
2016	398974.74	13935952.35	0.028629	11.53	0.025328226

注：负债成本 =（财务费用/总负债）(1-T)。

资料来源：历年河钢股份年报（国泰君安数据）。

从表 6-17 中的数据可知，河钢股份的综合负债成本率平均在 2%左右。

6.3.1.2　财务杠杆效应和财务风险分析

财务杠杆是通过融资结构的变化增加股东利益的一种方式。通过负债，企业自有资金收益率与全投资收益率的差别被资金构成比所放大，这种放大效应称为财务杠杆效应。所以说，在一定条件下企业可以通过恰当地融资结构的变化来提高股东的收益。正如第 4 章分析的结果，企业利用负债提升净资产收益率需要有三方面条件：第一是企业要有负债。负债占总资产比率的大小对企业权益资本报酬率有明显的扩张作用。第二，负债利息率的高低。第 4 章分析指出，负债利息率与净资产收益率负相关。第三，总资产报酬率的高低。通过第 4 章分析可知，财务杠杆发挥正效应的条件是企业资产实际报酬率要高于负债利息率；否则，企业负债经营则会遭受财务杠杆损失，面临较大的财务风险。

A　河钢股份财务杠杆效应分析

首先，从表 6-13 可知，河钢股份在重组完成后历年的资产负债率都在 70%以上，可以说河钢股份的负债水平较高，具备发挥财务杠杆效应的第一条件，且由于负债比率较高，负债对于权益资本报酬率的放大效果也就越明显。

其次，在 6.3.1.1 节关于河钢股份负债成本分析来看。河钢股份综合的负债成本率为2%，其中企业债券的成本率在2.93%，银行贷款的成本率在3.77%左右。总体来看，河钢股份的负债成本率较低。

第三，河钢股份资产报酬率。河钢股份资产负债率较高，负债融资成本较低，能否发挥财务杠杆的正效应就取决于企业的总资产报酬率了。河钢股份从2009年到2016年的资产收益率见表6-18。

表6-18 河钢股份2009~2016年资产收益率统计表

年份	总资产报酬率/%	净资产报酬率/%	负债利息率
2009	2.57	3.37	0.016243
2010	3.17	4.93	0.020106
2011	2.88	3.28	0.025738
2012	1.81	0.26	0.025122
2013	1.94	0.27	0.026899
2014	2.61	1.63	0.030899
2015	1.80	1.32	0.033719
2016	3.07	3.52	0.028629

注：负债利息率=财务费用/总负债。

资料来源：历年河钢股份年报（国泰君安数据）。

从表6-18可以看出，在2009年、2010年、2011年和2016年四年间，河钢股份的总资产报酬率高于负债利息率，因此，负债的存在使得净资产报酬率大于总资产报酬率，财务杠杆效应为正；在2012年、2013年、2014年和2015年四年间，河钢股份的总资产报酬率低于负债利息率，因此，负债的存在使得净资产报酬率小于总资产报酬率，财务杠杆效应为负。

B 河钢股份财务风险分析

从第4章中可知衡量企业财务风险的测定方法有多种，和企业融资有关的主要是融资成本率和负债比例（即财务杠杆效应）。从上一部分的分析可知，河钢股份在成立的8年时间里，财务杠杆效应正负各4年。如果财务杠杆为负效应，就会增加企业的财务风险，随着负债的增加到某一点后，企业的破产风险也急剧增加，也就是企业偿债能力不足。在第4章可知，企业存在两个杠杆，除了财务杠杆外，另一个是营业杠杆。营业杠杆效应，一般是指企业无负债时的风险，主要反映的是企业对资产的运营能力。一般情况下企业的资产运营能力强，企业的收益也就越高，相应的企业负债风险就会减少，反之亦然。所以说，在企业的实际经营中，营业杠杆和财务杠杆是同时起作用的，企业在做融资决策时，应考虑综合杠杆效应系数。

下面从这两方面来考察河钢股份负债融资对企业财务风险的影响。

首先来看河钢股份的资产运营能力。相关数据见表 6-19。

表 6-19   河钢股份 2009~2016 年主要资产运营能力指标

年份	总资产周转率	流动资产周转率	应收账款周转率	存货周转率
2009	0.91	1.94	159.74	4.42
2010	1.05	2.61	312.29	5.35
2011	0.97	2.73	176.94	5.26
2012	0.75	2.19	106.23	4.42
2013	0.69	1.96	121.22	3.76
2014	0.58	1.7	77.11	2.96
2015	0.42	1.12	37.17	2.26
2016	0.41	1.36	35.25	2.27

资料来源：历年河钢股份年报（国泰君安数据）。

从表 6-19 的数据可知，从 2009 年到 2016 年各项指标逐步下降，这与钢铁行业与经济景气状况密切相关，受经济金融形势的影响较大。河钢股份总资产周转率从 2009 年的 0.91 下降到 2016 年的 0.41；流动资产周转率从 2011 年的 2.73 下降到 2015 年的 1.12；应收账款周转率从 2009 年的 159.74 下降到 2016 年的 35.25；存货周转率从 2009 年的 4.42 下降到 2016 年的 2.27。总体上看，河钢股份受钢铁行业整体不景气的影响，营运能力指标逐年下降。

其次看河钢股份的偿债能力。企业负债融资是要还本付息的，企业在运营中能否具备偿还本息的能力是考察企业财务风险的重要指标。2009~2016 年河钢股份偿债能力的各项指标见表 6-20。

表 6-20   2009~2016 年河钢股份公司主要偿债能力指标

年份	资产负债率/%	流动比率	速动比率	现金流量利息保障倍数	EBITDA 利息倍数
2009	70.72	0.82	0.49	3.05	4.19
2010	67.99	0.71	0.35	1.71	5.12
2011	68.25	0.60	0.33	8.21	4.28
2012	71.20	0.50	0.28	2.21	3.24
2013	73.16	0.55	0.28	4.00	3.18
2014	73.44	0.51	0.24	4.16	2.33
2015	74.50	0.43	0.22	5.57	2.90
2016	74.93	0.48	0.22	0.57	4.01

注：1. 流动比率=流动资产/流动负债；

2. 速动比率=（流动资产−存货）/流动负债；

3. 资产负债率=总负债/总资产；

4. EBITDA=利润总额+计入财务费用的利息支出+固定资产折旧+摊销；

5. EBITDA 利息倍数=EBITDA/（资本化利息+计入财务费用的利息支出）。

资料来源：历年河钢股份年报（国泰君安数据）。

从表6-20数据来看，资产负债率方面，河钢股份除在2010年和2011年低于70%外，其他年度都在70%。从历年数据看，资产负债率小幅上升。河钢股份公司2015年资产负债率与其他上市钢铁公司资产负债率平均水平高10个百分点（见表6-21）。与2016年3月Wind证监会行业分类中黑色金属冶炼及压延加工业的上市公司平均资产负债率70.03%相比，略高于同行业平均水平。河钢股份负债规模的上升，一定程度上增加了公司偿债压力。

表6-21　2015年3月31日钢铁上市公司偿债能力对比表

证券代码	上市公司名称	流动比率	速动比率	资产负债率/%
000898.SZ	鞍钢股份	0.72	0.42	45.83
000932.SZ	华菱钢铁	0.43	0.27	80.20
000959.SZ	首钢股份	0.24	0.07	61.62
002075.SZ	沙钢股份	1.05	0.55	42.92
600005.SH	武钢股份	0.68	0.48	62.71
600010.SH	包钢股份	0.52	0.29	81.64
600019.SH	宝钢股份	0.89	0.48	45.63
600022.SH	山东钢铁	0.28	0.16	75.54
600808.SH	马钢股份	0.75	0.48	63.01
平　均		0.62	0.37	62.12
000709.SZ	河北钢铁	0.51	0.27	73.85

数据来源：Wind资讯。

河钢股份公司流动比率和速动比率从2009年起到2016年是下降态势。2015年流动比率首次低于0.5，到0.48。2016年底流动比率和速动比率平均值分别为0.48和0.22，处于低水平。2015年3月的数据来看，河钢股份的流动比率和速动比率低于行业平均水平。综合来看，公司短期偿债能力指标表现与整个钢铁制造行业一致，指标表现不佳，偿债能力较弱。

2009～2016年，河钢股份EBITDA利息保障倍数从4.19开始逐年下降，到2015年为2.90。2016年回升为4.01。这主要是受产能过剩钢铁行业整体低迷影响，河钢股份在2011～2015年盈利能力下降，2016年盈利能力有所上升。

综合来看，由于钢铁产业的整体情况不佳，河钢股份公司的盈利能力下降后，公司偿债压力较大。在资产负债率较高的情况下，债权融资对河钢股份公司的财务风险影响会加大。

6.3.1.3　河钢股份最优资本结构分析

在第4章的分析中可知，企业在融资时需要考虑企业资本结构优化。企业资本结构优化主要有 EBIT-EPS 分析法、资本成本法和效应法。

A 河钢股份基于 EBIT-EPS 资本结构分析

河钢股份在 2016 年公告发行企业债券和增发新股，最终在 2016 年发行企业债券。因此，以河钢股份 2015 年底的财务数据，利用 EBIT-EPS 分析法，分析河钢股份 2016 年发行企业债券再融资的最佳资本结构。

河钢股份公司 2015 年 8 月公告本次非公开发行股票的募集资金总额不超过 800000 万元，用于投资 "高强度汽车板技术改造项目"，投资 442218 万元（信息来自河钢股份公布的 "2015 年度非公开发行股票募集资金使用可行性分析报告"），项目正常年份可实现净利润为 34976 万；其余部分用于归还银行贷款。由于增发价格高于河钢股份的市场价格而未能成功。

河钢股份公司 2016 年面向合格投资者公开发行公司债券 2 期，共融资 50 亿元（见表 6-9）。债券票面利率为 3.56%（20 亿元）和 3.8%（30 亿元），期限均为 3 年。则债券综合票面利率为 3.56% × 0.4+3.8% × 0.6=3.704%。由于银行贷款 3 年期利率为 4.75%，高于债券利率，因此，同属债权融资的企业债券优于银行贷款。

因此，以 2015 年增发投资项目来计算河钢股份的资本结构。

河钢股份 2015 年年度报告中摘录如下数据（见表 6-22）。

表 6-22 2015 年河钢股份项目相关数据

项 目	数 据	项 目	数 据
总股本数/万股	1061860.79	总资产/万元	17881154.90
利润总额/万元	56012.04	总负债/万元	13321522.01
所得税费/万元	15834.60	所有者权益/万元	4571247.22
财务费用/万元	449184.97	资产负债率/%	74.50
所得税率/%	28.27	利息率/%	3.37

2016 年公告成功发行企业债券融资 50 亿元人民币，增发股份未能成功。假设以当时市场价 3 元/股增发股份，则需要增发股份 166666.67 万股。则相关数据如下：

息税前收益 = 56012.04 + 449184.97 + 15834.60 = 521031.61 万元

发行债券一年利息：50 亿元 × 3.704% = 18520 万元

下面再计算发行股份和债券的无差异点。将相关数据代入无差异点公式，则有：

$$(EBIT - F - N_1I_D)(1 - T)/N = (EBIT - F)(1 - T)/(N + N_1)$$
$$(EBIT - 449184.97 - 18520)(1 - 28.27\%)/1061860.79$$
$$= (EBIT - 449184.97)(1 - 28.27\%)/(1061860.79 + 166666.67)$$

解得：   EBIT = 585698.94 万元

即当河钢股份的息税前收益为 585698.94 万元时，选择增发普通股与发行企业债券这两个方案下每股收益是相同的；当息税前收益大于 585698.94 万元时，增发企业债券会带来更多的每股收益；息税前收益小于 585698.94 万元时，发行普通股还会带来更多的每股收益。因此，从河钢股份 2015 年的息税前收益来看，企业增发股份融资较好。这和前面分析的情况一致，由于 2015 年河钢股份的总资产报酬率低于负债融资的利息率，所以负债融资会减少企业的净资产收益率。

B 基于效用的河钢股份资本结构分析

在第 4 章中，推导出 $k = \dfrac{[\mu(r) - i(1 - T)]\beta}{\sigma^2(r)} - 1$ 时，即为使融资者期望效用达到最大的最优资本结构。

在实际中，由于河钢股份 2009~2016 年的总资产报酬率（见表 6-8）最高为 3.17%，最低为 1.8%，平均为 2.48%。其低于负债融资利息率，也就是说，$\mu(r) < i(1 - T)$，因此，说明当期望投资收益率 $\mu(r)$ 小于借入资金利息率 i 时，企业当然不应该负债经营。

通过这两种方法分析，由于整个钢铁行业利润率较低，河钢股份在当前投资收益水平和资产负债率下，应采取股权融资，降低资产负债水平。

6.3.2 河钢股份资金使用效率分析

本节采用经济增加值（EVA）效率来分析河钢股份 2009~2016 年的资金使用效率。依据第 4 章的相关定义：

EVA = 税后净营业利润 – 资本成本

= 税后净营业利润 – 加权平均资本成本率 × 资产总额

EVA 效率 = EVA/股东资本总额 × 100%

公式中各项的计算要根据会计报表进行调整，各指标计算方法如下：

税后净营业利润 = 税后净利润 + 利息支出

资产总额 = 债务资本 + 股权资本 = E + D

WACC = 股权资本比例×股权资本成本率+债权资本比例×债权资本成本率×(1−T)

= $(E/V)K_e + (1 - E/V)K_d(1 - T)$

式中，E 为股权资本；V 为总资产；K_e、K_d 分别为股权资本成本率和债权资本成本率；T 为所得税税率。股权资本成本率采用资本资产定价模型得出：

股权资本成本率 K_e = 无风险收益率 + β × 市场组合的风险溢价

其中的无风险收益率采用一年期银行存款利率。β 系数采用同花顺官网公布的年底数据（http://www.10jqka.com.cn/）。风险溢价采用国资委对于国有企业国有资金成本标准值 5.5% 来代替市场溢价。

债权资本成本率 K_d 和公司的所得税率 T 见表6-17。

由上述指标和河钢股份 2009 年到 2016 年的相关财务数据计算河钢股份加权平均资本成本率见表6-23。

表 6-23　河钢股份 2009~2016 年加权平均资本成本率计算表

年份	D/V/%	一年期银行存款	风险溢价	贝塔系数	股权成本率	债权成本率	所得税/%	WACC/%
2009	70.72	2.25%	5.50%	0.988	0.07684	0.016243	9.28	3.29198
2010	67.99	2.25%	5.50%	0.988	0.07684	0.020106	13.34	3.644297
2011	68.25	2.75%	5.50%	0.992	0.08206	0.025738	18.27	4.041089
2012	71.2	3.50%	5.50%	0.994	0.08967	0.025122	39.89	3.657675
2013	73.16	3.25%	5.50%	0.996	0.08728	0.026899	40.67	3.510169
2014	73.44	3.25%	5.50%	1.006	0.08783	0.030899	23.48	4.069174
2015	74.5	3.00%	5.50%	1.021	0.086155	0.033719	28.27	3.998857
2016	74.93	1.75%	5.50%	0.998	0.07239	0.028629	11.53	3.71265

由表6-23 的河钢股份加权平均资本成本率和河钢股份 2009 年到 2016 年年度报告的相关数据，依据公式可计算河钢股份的 EVA 和 EVA 效率，见表6-24。

表 6-24　河钢股份 2009~2016 年 EVA 和 EVA 效率计算表

年份	净利润/万元	利息支出/万元	股东权益/万元	总资产/万元	WACC/%	总资本成本/万元	EVA	EVA 效率
2009	94420.19	118003.46	2861693.21	10273367.08	3.29198	338197.2245	-125773.57	-0.0439508
2010	173189.42	184545.04	4165988.16	13499015.08	3.644297	491944.1495	-134209.69	-0.0322156
2011	138301.65	247767.62	4272333.98	14104069.18	4.041089	569958.0305	-183888.76	-0.0430418
2012	10942.65	276877.15	4254160.44	15478404.76	3.657675	566149.8025	-278330	-0.0654254
2013	11617.59	328453.01	4256006	16689804.12	3.510169	585840.2582	-245769.66	-0.0577465
2014	69717.13	386607.48	4303675.88	17036820.53	4.069174	693257.8549	-236933.24	-0.0550537
2015	57345.26	449184.97	4361359.31	17881154.9	3.998857	715041.8293	-208511.6	-0.0478089
2016	155547.92	398974.74	4482036.56	18598992.42	3.71265	690515.5027	-135992.84	-0.0303418

从表6-24 的计算数据来看，河钢股份的 EVA 和 EVA 效率均为负，且从 2009 年到 2015 年 EVA 的效率逐年降低，到 2016 年才有所回升，但绝对值仍然为负。可以说，河钢股份这 8 年的国有资本运营效率较低，这样与整个钢铁行业产能过剩，利润水平低直接有关。其实从计算的河钢股份加权平均资金成本来看，是高于河钢股份的总资产报酬率的。之所以公布的年度报告财务上有净利润是未考虑股东权益成本，因此，从 2009 年到 2016 年河钢股份的股利分红也较低（见表6-14）。

7　国有企业融资效率优化的对策

通过前面的分析研究可知，随着国有企业改革的不断深入，国有企业的融资结构在不断变化，资金来源和渠道也逐步扩大。但总的来说，我国国有企业的融资结构和西方国家存在差异，比如说我国国有上市企业偏好股权融资，国有企业股权结构以及企业治理问题与西方国家企业存在不小差异。因此，有必要优化国有企业的融资结构，提升国有企业的融资效率及国有企业治理效率。

7.1　国有企业融资结构和治理效率优化

7.1.1　进一步提升国有企业融资来源多元化

随着市场经济和国有企业改革的不断深入，国有企业也会进一步面对激烈的竞争。市场竞争也就是技术、人才、资金和管理的竞争。国有企业一般属于大型企业，国有企业的项目投资一般巨大，能否获得建设所需的资金和低成本、高效率的使用资金将成为未来国有企业的核心问题。从现实的情况来看，国有企业资金的来源还比较单调，主要是国家的资金投入、银行贷款和通过证券市场的股权融资。随着改革的不断深化，国家已经不会再像从前那样大笔大笔地投入资本金。银行也在逐步适应市场化改革，进而也不会像原来一样无限地给国有企业贷款，银行也会考虑企业的实际情况，规避风险。所以说，国有企业要想在激烈的市场竞争中保持优势，资金来源必须有保障。为此，国有企业的资金来源必须多元化。

随着经济市场化改革，我国的金融证券市场也在蓬勃发展，证券市场金融创新也在不断深入。这为国有企业资金来源多元化提供了有利的条件，从1994年中国证券市场开放，到现在国有上市公司逐年扩大，证券市场的发展为国有企业的投资项目提供了大量的权益资金。可以说，国有企业的资金来源随着改革的不断发展而不断扩大。但从总的情况来看，面还不够宽，数量比例还很小。

近些年，由于我国经济进入新常态，国有经济产业结构调整和转型发展也需要国有企业加大改革力度，国有企业需要转化生产方式，提高技术水平，满足国民经济发展需求。因此，国有企业投资需求增长较快，大型建设项目也较多，资金缺口进而也比较大。要满足经济转型发展的需求，国有企业在现有基础上要多元化筹集资金：第一，要大力发展国有企业债券。随着国民经济的发展，我国居民收入水平不断提高。从中国人民银行的数据来看，我国银行存款持续增加。为此，国有企业要充分利用社会闲散的资金。国有企业所处的一般是国家基础行业，投资收益率稳定，信用较高，发行国有企业债券可以满足居民稳健型投资的需要，实现资金的有效利用。第二，在非战略行业，充分吸引民营资本或外资参与国有企业的项目的建设。从我国的实际情况来看，我国国有企业的股权结构不尽合理，应大力吸引民营资本和外资参与国有企业的经营管理。民营资本和外资的进入有利于弥补国有企业资金不足，也有利于引进先进的管理模式，改革国有企业的治理环境。

7.1.2　优化股权结构提升股权融资效率

我国国有企业在 20 世纪 90 年代开始进行企业现代化管理制度的改革，国有企业股份制改革是近些年来的重点。我国证券市场的确立也是为国有企业股份制改革，从证券市场的实践来看，国有企业在 2000 年左右纷纷上市融资和再融资。从前章的分析来看，由于我国国有企业上市股权融资成本低的原因，国有企业偏好股权融资。可以说，国有上市企业的股权融资一定程度上改善了企业资金来源和资产负债率，也对国有企业的股权结构及企业治理产生一定影响。但从第 5 章的分析也可以知道，我国国有企业现阶段股权融资和股权结构同国外（尤其是发达国家企业股权治理结构）还存在严重不足，这主要体现在国有股"一股独大"，证券市场流通股分散且炒作现象严重。国有企业股权融资及股权结构未能体现出监督约束和激励机制，产生这样结构是有环境制度的原因，更是国有企业股权融资不合理的结果。因此，国有企业为提高股权融资效率必须做出一定变革。从现阶段的实际情况来看，随着证券市场管理机制和政策的不断完善及国有企业改革的深入，国有企业改善股权融资结构及提高股权融资效率可在下述方面进行完善：

第一，借助我国产业结构调整和升级的有利时期，国有企业应通过股权结构调整推动国有企业战略调整和资产重组。国有企业战略重组既是适应国有资产调整的需要，又是适应产业结构调整的需要。国有及国有控股公司随着产业结构升级、转换，其规模和领域需要进行调整。国有及国有控股公司股权结构随着产业结构调整进行重构。在一些关键和基础产业或非竞争性产业领域，国有及国有控股公司要保持股权的控制力。有些国有及国有控股公司需要退出，实行民营化；有些可以进行股权改革，实行混合所有制。国有企业作为公共企业是实现国家产业政策的重要工具。一些私营部门投资风险较大、成本较高、关系国家安全以及需要公共投入的基础产业、主导产业和垄断产业（如国防、航空、铁路和能源等生产重要产品的垄断性国有企业）是国有企业保留或发展的重点。而一般竞争性产业和非战略产业则是国有企业需要股权改革的重要领域。

国有企业的战略调整和资产重组应是沿着完善国有及国有控股公司多元化的产权契约关系。目前，我国国有企业治理存在的主要问题之一是国有企业高层经理人员缺乏强有力的监督机制，而其主要原因是国有股东身份缺失（国资委的成立解决了部分问题）和国有股权独大。因此，国有企业资产重组和混合所有制主要是重构股东和管理者之间的关系，通过股权契约关系的构建，改变我国国有及国有控股公司股权结构。通过资产重组，把国有及国有控股公司绝对控股改变为相对控股或多元控股。在一般竞争性产业和非战略产业引入非国有股权进行资产重组。通过直接或间接投资（包括引进外资、民营企业资本等）以及兼并、重组等途径改变股权格局。引入非国有股权进行混合所有制改革是重构国有及国有控股公司股权结构的重要途径。

第二，以产权契约为基础，改善国有企业"一股独大"的股权结构。现代公司是市场经济中社会经济关系契约化的产物。在计划经济体制下，我国国有企业治理呈现非契约特征，表现为国有企业治理以计划与行政命令为特征。在我国经济体制转轨过程中，我国国有企业治理呈现准契约治理特征（郭金林，2000），表现为契约治理与非契约治理并存、契约选择受到限制和契约主体模糊或不健全等。在市场经济条件下，推进我国国有企业治理契约化和契约配置，其主要途径有：一是进一步推进国有企业产权改革，建立明晰的多元产权主体和契约主体；二是进一步推进政府体制改革和转变政府职能，实现政府与国有企业关系的契约化；三是完善内部法人治理结构，实现国有企业内部治理机制运作契约化；四是实现国有企业利益相关者治理机制的契约化；五是大力推进我国经济体制改革的市场化进程，建立和完善包括产品要素市场、经理市场、金融市场、并购和控制权市场等在内的各种市场。

我国国有及国有控股公司的产权契约模式改革应主要在以下三个方面：

首先，委托代理关系的产权契约化。国有股东与国有及国有控股公司之间的委托代理关系以产权契约为核心，主要体现为两个层次的委托代理契约关系：第一层委托代理关系是国有股东与董事会之间的委托代理关系，体现在股东大会与董事会、监事会之间的权力安排，即国有股东主导股东大会，决定董事会人选；第二层委托代理关系是国有及国有控股公司董事会和总经理之间的委托代理关系，体现为董事会对总经理聘任、解雇、评价和激励等。

其次，内部治理关系的产权契约化。公司法意义上的内部治理关系是股东大会、董事会、总经理和监事会之间的权力制衡关系。在内部治理关系中，最重要的制衡关系是董事会与总经理之间的治理关系。董事会作为企业最高治理主体，以国有股东委托人的身份对总经理进行治理，包括总经理聘任和解聘、对总经理报酬激励方案的制订、监督董事会决策贯彻情况和评价总经理的经营绩效等。衡量内部治理关系的产权契约化的关键指标是股东大会对董事和监事的任命是行政任命还是契约聘任，董事会对总经理任命是行政任命还是体现聘任、解雇等契约关系，以及报酬决定是否体现报酬激励契约关系等。

第三，外部治理关系的产权契约化。作为国有及国有控股公司治理的外部主体主要有非人力资本所有者和人力资本所有者以及其他利益相关者。产权契约关系的外部治理主要包括：（1）公司控制权契约治理，如企业融资、并购和重组等行为的契约化，而非行政化；（2）经理人才市场契约治理，即发挥经理市场雇佣契约的激励与约束功能；（3）产品市场中客户与企业之间的契约治理，即发挥产品市场中各种契约关系的治理功能；（4）非股东身份的政府、债权人和职工等利益相关者的契约治理。衡量外部治理关系产权契约化的关键指标是非股东身份的政府与国有及国有控股公司的治理关系是行政关系还是产权契约关系，并购等公司控制权市场治理机制是否体现产权契约关系，债权人、职工等利益相关者的治理机制是否体现产权契约关系，经理市场、产品市场治理机制等是否体现产权契约关系等。

建立现代化的国有企业管理机制，关键是要改变国有企业的产权治理方式。我国国有企业虽然也进行了深入的改革，建立了国有资产管理委员会作为国有股东的代表结构，但我国国有企业现阶段仍然没有完全改变行政管理体制。因此，国有企业股权结构"一股独大"的现状很难改变。国有企业股权结构的改革必须建立在产权契约治理基础之上。基于产权契约的国有企业股权结构调整改革需从以下问题入手：

首先，要解决股权分置改革的遗留问题，实现国有股的全流通。股权分置是历史原因形成的特殊问题。股权分置是指把在 A 股市场上的国有上市公司股份按照能否在证券市场上交易区分为流通股与非流通股。在股权分置情况下，资本流动存在非流通股协议转让和流通股竞价交易两种价格。股权分置导致公司股价难以对大股东和管理层形成市场化的激励与约束机制。股权分置改革不是以减持国有股为目的，而是为流通股上市交易做出制度安排。通过股权分置改革，推动国有资本的合理流动和国有企业产权契约重构。股权分置改革旨在使公司控股股东和其他股东、公司管理层以及其他利益相关者之间形成统一的利益基础，健全利益激励与约束机制。

其次，要解决国有企业股权的同股同权问题。由于我国国有企业股权改革的不全面，导致流通股和非流通股存在，同时也存在着同股不同权的现象。国有企业非流通股上市交易后，在股份的权利、义务上无法实现同股同权，两种股份估价存在差异。股权分置导致中小股东的权益在公司治理中不能充分表达，公司治理缺乏共同的利益，影响公司建立健全激励与约束机制，扭曲了我国资本市场的定价机制，制约着资本市场发展。因此，股权分置不能适应当前资本市场改革开放和稳定发展的要求，通过股权分置改革可以消除流通股与非流通股的制度差异。使得国有企业的流通股与非流通股的权利和义务相统一。

第三，通过债转股与国有股减持改革实现国有股权结构多元化。债权转股权是为了减少国有企业高负债的现象，提高国有企业资产质量，盘活国有企业存量资产，优化国有企业资产结构。而国有股减持的直接目的是为了减少国有股的比重，达到产权多元化的目的。实际上，债转股应该以国有股减持和实现国有产权多元化为目的。要把债转股与国有股的减持结合起来，不然，债转股后国有股的数量反而增加。同时，不能够简单地把债转股看作减少国有企业债务，而应该与国有企业治理结构改善结合起来。既要优化国有企业股权结构，又要优化国有企业治理结构。

第四，国有企业国有股权减持应多途径、多渠道进行，避免对证券市场产生大的影响。由于国有股占比较大且绝对数据也较大，直接上市减持对我国不尽完善的证券市场来说影响较大，对于现在持有国有企业流通股的投资人来说具有较大风险。因此，国有企业国有股的减持可采取如下途径：首先，考虑引进战略投资者，即国有（或集体）法人股东、民营（私营）企业法人股东和国外战略投资者。一般来讲，战略投资者及法人股股东一般不像流通股股东那样追求短期利益，他们关心公司中长期的经营发展，在参与公司治理、提高公司价值方面的作用大于流通股。与国家股相比，企业法人股中不仅含有国家资本，还有私有资本和集体资本，产权主体比较清晰，参与公司治理和提高公司价值的积极性高于国家股。国有企业的国外战略投资者应该是具有投资力和投资战略意识的强大的金融或非金融集团，包括国外银行、境外法人企业、境外机构股东以及其他重要投资者等。国有企业股权改革应积极为外商参与国有企业股权结构改革创造条件，提供各种政策支持。其次，大力发展更多的具有长期投资需求的机构投资者，如保险公司、证券公司、信托投资公司、社保基金、证券投资基金、养老基金、住房基金、合格的外国机构投资者及一般法人投资者等，扩大它们在公司股权中的比重，发挥机构投资者的公司治理机制。同时，机构投资者的数量和成熟程度也是证券市场上成熟的标志之一。经济研究集团 Conference Board 在其"2008 机构投资报告"中表示，截至可查的最新数据，散户投资者持有美国全部股票市值的34%；在 1000 家最大的上市公司中，散户投资者的持股比例更低，仅为 24%；而以养老基金、投资公司、保险公司、银行和各类基金会为主体的机构投资者在市场中占比较高，机构投资者在全部股票和前 1000 家上市公司中的持股比例分别达到了 66% 和 76%。我国证券市场的机构投资者占比较少，从开放证券市场到21 世纪初，个人投资者占比达到 90% 以上。经过多年发展与培育，现在 A 股市场上机构投资者可以分为公募类、私募类、保险保障类、自营类和 GJD 类（如证金公司等）。截至 2015 年底，上述五种机构投资者资金规模约 28 万亿，持股市值约 6 万亿，占 A 股自由流通市值约 30%。

第五，国有企业股权结构改革及国有股减持应与国有企业管理者持股激励相结合。首先，国有企业股权结构改革应鼓励国有企业管理层收购（MBO）。管理层收购是指管理人员通过融资活动或股票交易等获取公司股份，使企业控制权向管理层转让，管理者成为所有者的行为。管理层收购是实现国有企业产权多元化的重要途径。一方面，通过管理层收购可以稀释国有股权，改变高度集中的国有股权结构。另一方面，管理层收购有利于激励管理层努力提高公司业绩，从而提高公司治理绩效。其次，建立有效的股权激励契约。企业内部治理的激励契约是针对企业高层管理人员人力资本产权所有者的激励契约。激励契约原则是促进高层经理人员激励最大化与企业绩效最大化相一致。管理者持股与股票期权激励功能的区别表现在管理者持股旨在促进国有企业产权多元化，而股票激励是一种针对高层管理人员的激励与约束方案。2006 年，中国证监会《上市公司股权激励规范意见（试行）》规定了上市公司股票激励、股票期权以及其他激励措施。同时，国资委也推出一系列股票期权的激励措施。国有企业股权结构改革可以从国有股中划分出一部分国有股作为管理层激励股份。国有企业的股权激励方式可采用股票期权、延期支付、业绩股票等方式。股票期权是指国有上市公司给授权激励对象在未来一定期限内以预先确定的价格和条件购买本公司股票的权利。股票期权激励把国有上市公司的未来业绩和高层管理人员的工作努力结合起来。延期支付是在国有企业高层管理人员的激励报酬中，规定一部分报酬采取以股份的形式支付，在退休或一定期限后支付。延期支付有利于把经营者的短期激励与长期激励结合起来。业绩股票激励是指国有企业的管理者在考核达到一定预期的业绩标准时，给予高层管理人员一定数量的股票。业绩股票有利于把公司高层管理人员的经营业绩和个人努力结合起来。

7.1.3　优化债权融资结构，完善债权融资的"硬约束"

从第 3 章的分析来看，我国国有企业资金来源是随着我国经济体制改革而不断发生变化的，从最初的国家拨款到拨改贷，再到证券市场股权融资。由于国有企业的资金来源不同，也形成了我国国有企业特有的资本结构。从表 3-21 和表 3-22 可知，国有企业的资产负债率较高，负债资金来源主要是银行贷款，银行贷款占比超过 80%。同时，也可看出国有企业的负债主要是短期负债，各行业的国有企业短期负债占比超过 90%。对比国外市场可知，我国国有企业的负债资金来源比较单一，另外从第 4 章的国有企业债权融资成本来看，银行贷款的融资成本要高于企业债券的融资成本。因此，我国国有企业的债权融资结构不尽合理。优化国有企业债权融资结构，对提升国有企业的融资效率有重要影响。优化国有企业的债权融资结构需从以下几个方面入手：

第一，发展债券市场，优化国有企业债务结构，提升国有企业债券融资比重。企业债券市场的发展有利于降低投资者的信息成本，加强对企业的有效监控，改善企业的治理结构，提高企业的经济效益，推动我国资本市场的发展。同时，企业债券市场的发展还可以丰富金融产品，有助于缓解国家在固定资产投资计划的资金来源中因财政、银行资金供应不足而带来的供求不平衡的矛盾。有助于拓宽企业的融资渠道，尤其是对负债率比较低的国有上市公司等，更是一个重要的融资来源。企业债券融资和股票融资都属于企业直接融资方式，从我国的企业直接融资实践来看，企业偏好股权融资，企业债券融资占比较小。但从第4章企业融资效率来看，企业债券融资的无论是在融资成本还是企业治理方面，都是效率较高的融资方式。因此，大力发展债券市场，提高企业债券在国有企业融资额中占比势在必行。

由于受到市场环境和政策的影响，我国的企业债券市场规模很小，而且由于企业股权偏好的存在，企业债券市场还有下降趋势。大力发展企业债券市场，应该做好以下几方面的工作：首先，加快企业债券发行制度的改革，向市场化发行转变。企业发行债券是一种自发的融资行为，应该由市场来决定它的未来。只要企业的行为符合债券发行法规的要求和条件，政府主管部门审核后就应该批准企业发行债券。债券的发行能否成功，重要是看债券品种本身能否满足市场投资者的风险偏好以及投资者是否认可它的投资价值。其次，规范和完善政策环境，通过立法来改变投融资者对企业债券的偏见，为企业债券市场的发展提供一个良好的政策环境和法律环境。使得企业经营者合理使用其所筹集的资金，监督经营风险，安排好足够的现金流量，向市场显示自身防范风险的能力，增强投资者对企业还本付息能力的信心，企业借此进行低成本融资。完善和实行破产机制和偿债机制，加强对企业债券投资者的保护。第三，增强企业债券的流动性。这包括企业债券利率市场化；建立品种多样、功能齐全、利率灵活的企业债券品种系列，如浮动利率企业债券、可转换债券、中长期债券等；大力发展企业债券二级市场，改善柜台交易，规范中介机构行为。第四，建立和完善信用融资机制。市场经济是信用经济，企业信用是经济社会各种信用关系的重要基础和集中体现，没有规范、权威的企业信用，就不可能有健全的现代经济基础。规范企业信用评级体系。信用评级是对企业债券投资价值、偿债能力以及风险程度等方面的评估。完善企业信用评级体系，目的在于提高企业债券市场的透明度，向市场传递信号，减少市场和企业之间的信息不对称，避免企业债券市场出现"逆向选择"。同时，信用评级也是利率市场化的要求。不同的利率水平，包含不同的风险程度，信用等级正是对风险的一种权威评价。第五，国有企业也要加大开放力度，充分利用国际债券市场发行债券。与国内企业债券相比，国际负债对发债者有更严格的业绩报告要求或明确的用款限制，可以对国有企业的管理者进行有效的监督和约束，提高公司价值。

　　第二，优化债权融资期限，适当提高长期负债水平。我国国有企业的负债中，短期负债占比非常高，这是因为银行长期贷款的风险很大，银行一般不倾向于发放长期贷款，所以造成国有企业的负债以流动负债为主，长期负债比例很低。长期负债和短期负债在公司治理中发挥作用的侧重点和强度是不同的，长期负债的债权人会在合同中规定更多的限制性条款，如限制投资规模和方向等，达到监督管理者的目的，或者直接向企业派驻董事，成为关系型债权人；短期负债的债权人则属于保持距离型的债权人，很短的偿债期限本身就可以起到监督约束经营者的目的。所以说，为提高国有企业的外部治理效率，国有企业应适当提高长期负债水平，使长短期负债在监督约束管理者中优势互补。

　　第三，完善债权融资（尤其是银行贷款）的"硬约束"。从理论上讲，企业债务融资除了融资成本低于股权融资外，企业融资时也看重债权融资的治理效率。在成熟市场经济条件下，企业负债融资需要定期还本付息，负债对管理者具有"硬约束"作用。企业债权治理功能是以债务融资的"硬约束"为前提条件。但我国国有企业的债权融资大多来自银行贷款，国有银行作为最大的债权人在监督约束管理者和参与公司治理方面存在不足。从第 5 章的研究可知，国有企业和国有银行同作为国有企业，他们之间不存在根本的利益冲突，也不存在相互制约关系，二者之间很难形成真正的、严格的权债务关系。另外，我国的商业银行仍然受到国家政策的干扰，缺乏监督控制公司的独立性。再加上我国国有企业破产制度的不完善。因此，银行贷款融资在企业治理方面存在着严重的约束"软化"。

　　完善债权融资对国有企业的"硬约束"，应做好以下几个工作：首先，要加快国有银行的现代企业化改革。目前我国国有企业融资中银行借款的比重很大，加强银行对企业的监督显得尤其重要。为了加强银行对企业的监督，必须尽快将国有银行彻底改变为以市场运营为基础，通过吸收社会资本来充实资本金，实现出资主体多元化。只有在国有银行的产权关系清晰后，才能使银行和国有企业之间的债权债务"软约束"关系正常化，使债权真正起到约束管理者的作用。其次，要完善法律法规和相关政策，强化银行部门的独立性，使银行不再受各级政府的干预。第三，借鉴日本主银行的企业融资机制，允许银行持有公司股票。只有在企业无力履行支付义务时，债权才行使控制权，债权控制具有相机性、事后性和间接性。为了克服债权控制的缺陷，理想的选择是银行同时拥有企业的债权和股权，将股权控制和债权控制结合起来，无论企业处于何种状况，银行都可以对企业实施有效控制。第四，建立项目监督机制。国有企业要建立资金使用的监督机制。通过对企业项目进度、投资及效益情况的监视和评审，及时采取处置预案。监督使用的信息首先是市场信息，如上市公司信息披露报告、媒体信息等。

另外，银行可通过向国有企业派出项目监督审计员，监督企业的贷款用于项目的进度和使用效果，进行过程控制。最后，完善企业破产制度。债权融资最重要的就是还本付息，如果企业无法还本付息，就会进入相机治理程序。为了使相机治理的债权约束机制发挥作用，应该完善破产法律体系。由于国有企业的特殊性，国有企业在进入破产程序时，应杜绝政府对破产程序的干预，切实保证经营不善的企业能够成功地进入破产程序；规范资产重组行为，发挥破产机制对企业经营的激励和约束作用。

7.2 河北钢铁企业融资效率优化

河北钢铁企业是河北省大型国有企业，也是我国钢铁产业产量第一的钢铁集团公司。河北钢铁的发展对河北省产业发展及河北省国民经济发展至关重要。但通过第6章的分析，发现河北钢铁企业的融资结构和融资效率还存在一定问题，因此优化企业融资结构，提升融资效率刻不容缓。

7.2.1 优化产品结构，降低成本，提升河北钢铁盈利能力

从第6章的分析可知，虽然河北钢铁企业的产量不断创出新高，但2009年到2016年河钢股份年报公布的净资产收益率和总资产报酬率（见表6-18）却很低，且是逐年下降。因此，河钢股份的EVA和EVA效率均为负。可以说河钢股份的国有资本运营效率较低。这样与整个钢铁行业产能过剩，平均利润水平低直接有关，也反映出河钢集团的产品盈利能力在行业弱周期下竞争力较低。河北钢铁股份公司应从适应市场需求出发，努力适应市场化需求，提高企业的盈利能力。

7.2.1.1 坚决淘汰落后产能，优化产品结构

从河钢股份的产能来看，企业在粗钢和生铁产能全国第一。在目前钢铁产能过剩的环境下，普通产品的竞争比较激烈，利润率较低。从河钢股份的年报可知，公司销售的毛利率在10%左右。因此，调整产品结构势在必行。在全国钢铁产业去产能的大背景下，河钢股份公司2016年受限产和压减产能的影响，公司全年共产生铁2925万吨，粗钢2896万吨，钢材2786万吨，同比分别降低5.34%、7.84%和5.69%；生产钒渣15.3万吨，比去年降低8.93%。2016年公司圆满完成河北省下达的去产能任务，河钢股份应充分利用国家和河北省钢铁去产能的政策环境，去除落后产能，增加优质产能。河钢股份应增加适应市场需求的高端消费类钢材，比如汽车板材、家电板、高强钢等领域的产品研发与生产。要推动产线装备效能发挥。瞄准同类型先进企业深化产线对标，以高端市场开发为驱动，激发高端产线效能充分释放。

河钢股份要充分整合科技创新资源优势，充分利用河钢集团全球技术研发平

台的支撑作用，力争在高端产品研发、产品品牌推广、行业技术进步、重大课题研究上取得突破性进展，进一步提升核心竞争实力。

7.2.1.2　严格控制企业相关费用，降低企业成本

从河钢股份公布的信息来看，企业的各项费用占比都较高（见表7-1）。从表中可以看出，企业营业成本费用率一直保持在85%以上，营业总成本与营业总收入几乎相当。因此，河钢股份公司应坚持开源节流并重，狠抓内部降本增效；总结推广先进经验，持续降低工序成本；应改善供应与流通环节，大幅降低成本费用；持续优化原料库存，系统推进大物流体系建设，着力整合港口、铁路物流业务，降低物流成本。同时，河钢股份公司要加强全面预算管理，大力削减非生产性费用。公司要采取相关措施，大幅度降低非核心要素成本。通过一系列的成本降低，将能改善企业的盈利能力。

表7-1　河钢股份各年度费用占比表　　　　　　　　（%）

科目年度	2016	2015	2014	2013	2012	2011	2010	2009
净资产收益率（平均）	3.52	1.32	1.63	0.27	0.26	3.28	4.93	3.37
总资产报酬率（年化）	3.07	1.80	2.61	1.94	1.81	2.88	3.17	2.57
总资产净利率	0.78	0.23	0.43	0.09	0.09	1.05	1.52	1.05
销售毛利率	13.80	13.32	10.90	8.50	8.26	8.10	7.28	6.17
销售净利率	1.92	0.55	0.73	0.12	0.12	1.09	1.45	1.15
营业成本率	86.20	86.68	89.10	91.50	91.74	91.90	92.72	93.83
营业费用率	1.09	0.84	0.66	0.54	0.53	0.50	0.50	0.57
管理费用率	4.69	5.48	5.42	4.98	5.11	4.54	3.74	2.89
财务费用率	5.35	6.14	3.93	2.98	2.48	1.86	1.48	1.35
息税折旧摊销前利润率	11.59	10.22	8.22	8.32	7.09	7.06	6.92	6.56
销售费用/营业总收入	1.09	0.84	0.66	0.54	0.53	0.50	0.50	0.57
管理费用/营业总收入	4.69	5.48	5.42	4.98	5.11	4.54	3.74	2.89
财务费用/营业总收入	5.35	6.14	3.93	2.98	2.48	1.86	1.48	1.35
营业总成本/营业总收入	98.14	99.39	99.39	100.15	100.01	98.95	98.61	98.88

资料来源：河钢股份年报（国泰君安数据）。

从企业的财务费用占比来看，财务费用支出也较高。从实际支出额来看，2009年度、2010年度、2011年度、2012年度、2013年度、2014年度、2015年度和2016年度，公司财务费用分别为11.8亿元、18.45亿元、24.78亿元、27.69亿元、32.85亿元、38.66亿元、44.92亿元和39.9亿元。可以说河钢股份从2009年起财务费用逐年提高，到2015年达到了44.92亿元。公司财务费用

较高，降低了公司盈利能力。公司财务费用较高与公司资产负债率高有关，公司应调整融资结构，降低财务费用。

7.2.1.3 提高企业品牌形象，着力增强对接高端市场的服务能力

河钢股份公司应发挥大营销平台优势，统筹国内外两种资源、两个市场，创新经营思路，提高营销服务水平和贸易创效能力。

河钢股份公司应加强战略营销管理，发挥河北钢铁公司品牌优势，巩固发展与国内外知名企业的长期战略合作。加强技术和品牌营销，提高品牌影响力和用户忠诚度，形成有优质、稳定客户群做支撑的特色产品系列。

河钢股份公司应主动对接核心市场渠道，开发高端客户。要加大特定区域用钢市场特别是京津冀高端市场的掌控力、占有率，扩大产品品牌效应和盈利空间。应紧紧抓住雄安新区建设的有利时机，进一步提高企业产品在京津冀的市场占有率。巩固开拓市场主渠道，重点在汽车、家电、工程机械、核电、输电铁塔、桥梁、高层建筑等领域锁定目标客户群。大力拓展高端产品销售区域，着力在高端装备制造领域实现重大突破。

河钢股份公司要进一步提高国内外市场价格预判水平，优化出口结构，提高具备高附加值的钢材出口比例，提高河钢股份公司的利润水平。

7.2.2 加大金融创新，实现融资工具多元化

河北钢铁企业资金来源多元化要靠融资方式的多元化，通过合理的设计融资方式提高企业融资的效率。随着证券市场改革的发展，企业融资工具也在不断扩展，项目融资、资产证券化和可转换债券融资已经在国有企业融资中应用。因此，河钢股份企业在融资手段上也应该拓宽思路：

首先，大力推进公司债券、可转换公司债券和短期融资券等融资手段的发展。在外源融资中，债务性融资的效率要高于股权融资，因此，可以利用债务融资的财务杠杆作用提高投融资效率。从当前来看，河北省上市公司债务融资的主要渠道是银行贷款，如果上市公司的经营业绩下降甚至出现亏损就会导致银行的信用风险增大。

其次，积极利用海外证券市场获取资金。河北钢铁公司除了可以在国内市场上市筹集资金以外，也可以积极利用海外市场，如香港地区、纽约等进行融资。2017年3月30日，河钢集团在境外成功发行了3年期5亿美元高等级无抵押无评级固息债券，票面利率4.25%，共收获订单账簿12亿美元。这是河钢依托自身独立信用在境外发行的第一笔美元债，也是2017年迄今首笔中国钢铁企业的债券发行、首笔中国国企的无评级债券发行，创国内相关企业中无评级债券中的最低定价。

第三，充分利用商业票据融资。商业票据是一种由商业信用关系形成的短期无担保债务凭证。从使用方式看，商业票据分为本票和汇票两大类。本票是指债务人向债权人发出的、承诺在一定时期内支付款项的债务证明书。汇票是指由债权人向债务人签发、由承兑人承兑，并于到期日向债权人或被指定人支付款项的支付命令书。汇票按承兑人的不同，可分为商业承兑汇票和银行承兑汇票。商业票据主要是一些信誉良好的大公司发行无担保短期商业本票，用于筹措短期资金。商业本票的期限较短，但面值较高，通常在 10 万元以上。商业本票的利率以贴息方式载明，投资者以低于面值的价格购买，到期时得到面值。商业本票的实际利率通常低于银行优惠贷款利率 1~2 个百分点，但又比同期国债利率高出 1/4 个百分点。

从我国的情况来看，票据市场还不完善，与发达国家相比还有很大的差距。河北钢铁作为大型国有企业，收益率相对稳定，且信誉良好的企业，可以通过发行商业票据或发行短期融资债券的方式来筹集所需的流动资金，以扩大流动资金来源，降低资金使用成本。

第四，借助产业投资基金进行融资。投资基金是一种大众化的信托投资工具，它由基金管理公司或其他发起人向投资者发行受益凭证，将大众手中的零散资金集中起来，委托具有专业知识和投资经验的专家进行管理和运作，并由信誉良好的金融机构充当所募集资金的信托人或保管人。基金经理人把基金资产投向不同的标的，投向产业项目的投资基金就成为产业投资基金。产业投资基金主要对未上市企业直接提供资本支持，并从事资本经营和监督。

随着我国证券市场不断发展，产业投资基金的建立时机已经成熟。钢铁行业作为国民经济的基础性行业，应逐步建立由国家主导的产业投资基金，通过专业化操作，支持我国钢铁行业的转型优化调整。河北钢铁应充分利用钢铁产业基金，扩大资金来源。

第五，钢铁企业应大力发展融资租赁。融资租赁是指出租人根据承租人对出卖人和租赁物的选择，由出租人向出卖人购买租赁物，然后租给承租人使用，再由承租人向出租人支付一定租金的一种新型融资方式。由于融资租赁兼具融物、融资的属性，以"融物"的形式达到了"融资"的特点，打破了传统信贷和商业信用的固有模式。租赁公司通过将设备出租给承租人使用，解决了承租人的设备投资资金不足问题，因而成为企业融资的一种替代形式。

融资租赁能使承租人迅速获得所需资产，比其他融资方式更易形成生产能力，并保存承租企业的举债能力。融资租赁不列作承租企业负债的增加，不改变企业的资本结构，不会直接影响承租企业的借款能力。另外，承租企业不必承担设备过时的风险，而且租金费用可在所得税前扣除，可享受税收利益。钢铁行业融资租赁的市场较大，一些大的钢铁项目中可能有很多小项目可以采用融资租赁方式。目前河北钢铁企业中不少设备因陈旧、技术落后需要更新改造和升级换代，可采用融资租赁方式为资金不足的企业添置设备。

7.2.3 优化融资结构提升企业治理效率

国有企业改革的目的之一就是充分发挥市场这只"看不见的手"的作用，合理竞争、优胜劣汰，建立起现代企业管理制度。为此，河北钢铁作为大型国有企业要想适应这种竞争除了降低成本外，还要加强企业内部管理，建立现代企业制度。

首先，国有企业建立现代企业制度就要从企业融资入手。河北钢铁企业作为国营企业，同其他国有企业一样，存在着监督、约束、激励等种种弊端，必须从改善企业法人治理效率着手，改革企业公司融资结构。河北钢铁企业作为国有企业，存在着一股独大（见表7-2）现象，其中河北钢铁集团（河北省国资委100%控股企业）直接持股比例为62.18%，可以说现在证券市场上流通的其他股份对企业的经营管理影响较小。为此，应考虑国有股权减持、优化股权结构，解决国有股等问题，改善企业的股权结构。具体方案可考虑：（1）国有股权转让给专业投资机构，比如河北钢铁企业国有股权可转让给养老基金、社保基金持有。（2）可考虑债转股。从前面的分析可知，河钢股份的资产负债率较高，通过债转股可降低企业的资产负债率，同时降低国有股权比例。（3）混合所有制改革。通过混合所有制改革，转让国有股权或直接增发股份引入民营资本，进而降低国有股权比例。（4）通过证券市场逐步减持国有股。但由于我国资本市场波动较大，这种方式需要的时间和对市场影响都较大。

表 7-2 河钢股份 2016 年十大股东及持股情况

股东名称	股东性质	持股比例/%	报告期末持股数量/股
邯郸钢铁集团有限责任公司	国有法人	39.69	4214943910
唐山钢铁集团有限责任公司	国有法人	17.45	1853409753
承德钢铁集团有限公司	国有法人	4.07	432063701
中国证券金融股份有限公司	国有	2.86	303618549
河北钢铁集团矿业有限公司	国有法人	0.87	91970260
全国社保基金一零五组合	其他	0.47	49554779
全国社保基金一零七组合	其他	0.35	36999906
融通新蓝筹证券投资基金	其他	0.34	35641035
全国社保基金一一五组合	其他	0.33	34999774
海通证券股份有限公司—中融国证钢铁行业指数分级证券投资基金	其他	0.32	34180198

资料来源：2016年河钢股份年报（国泰君安数据）。

其次，优化企业治理结构必须完善企业管理机制。从前面的研究看，目前代表国有股股东的政府更多的扮演的是规制者而不是所有者的角色。经营者一般是由有政府任命的，在经营管理过程中缺乏监督、约束和激励，可以说责、权、利不明确。因此，河北省钢铁公司应该根据证监会《关于加强上市公司治理专项活动有关事项的通知》《关于做好加强上市公司治理专项活动自查阶段有关工作的通知》等文件的要求，制定公司治理方案，由董事会负责安排落实，监事会负责监督，全体高级管理人员积极参与。在明确董事会、股东大会和监事会各自职责的基础上，把各自的职责真正贯彻落到实处。

第三，完善公司的独立董事制度，强化董事的履职意识。由于河北钢铁公司资产负债率较高，所以河北钢铁公司应建立关键债权人制度，强化银行债权在公司相机治理中的作用，使股权治理和债权治理有效结合起来，形成健全的监督和激励约束机制，约束公司"过度圈钱"的倾向。

最后，河北钢铁公司应强化管理层的股权融资成本意识，优化企业融资成本。对河北省钢铁公司来说，可以通过引入其他的考核体系如 EVA 效率来完善公司的治理考核结构。应充分发挥 EVA 考虑融资成本（尤其是股权融资成本）因素，更客观地反映公司的经营业绩以及公司价值。这样，河北钢铁公司的高层管理人员的业绩与公司价值挂钩，为了给自己创造更多的收益，高层管理人员一方面会尽力降低成本，另一方面会提高资本收益率，更好地提高公司的融资效率。

参 考 文 献

[1] 郭春丽. 融资结构与公司价值 [M]. 北京：人民出版社，2006.

[2] 杨运杰. 国有企业融资结构与企业效率研究 [M]. 北京：中国经济出版社，2007.

[3] 单凤儒，等. 国有企业治理的利益驱动与制衡机制 [M]. 大连：东北财经大学出版社，2006.

[4] 卢福财. 企业融资效率分析 [M]. 北京：经济管理出版社，2001.

[5] 杨兆廷，李文哲. 企业融资管理 [M]. 北京：中国商务出版社，2004.

[6] 李心愉，冯旭南. 公司融资 [M]. 北京：中国发展出版社，2007.

[7] 王玉荣. 中国上市公司融资结构与公司绩效 [M]. 北京：中国经济出版社，2005.

[8] 何青. 企业融资政策与资本结构形成机理研究 [M]. 北京：经济科学出版社，2007.

[9] 马建春. 融资方式、融资结构与企业风险管理 [M]. 北京：经济科学出版社，2007.

[10] 郭树华. 企业融资结构理论研究 [M]. 昆明：云南大学出版社，2012.

[11] 方晓霞. 中国企业融资制度变迁与行为分析 [M]. 北京：北京大学出版社，1999.

[12] 兰艳泽. 中国国有控股上市公司债权治理功效研究 [M]. 北京：中国社会科学院出版社，2006.

[13] 郭金林. 国有及国有控股公司治理研究——产权契约分析的视角 [M]. 北京：经济管理出版社，2012.

[14] 闫军印，丁超，等. 河北省钢铁产业竞争力与技术创新 [M]. 北京：地质出版社，2013.

[15] 杨亚达，等. 资本结构优化与资本运营 [M]. 大连：东北财经大学出版社，2001.

[16] 宋晓梅. 资本结构理论——基于公司控制权考虑的研究 [M]. 上海：上海财经大学出版社，2009.

[17] 唐清泉. 公司治理与资金使用效率 [M]. 北京：中国财经经济出版社，2007.

[18] A. I. 埃巴 （美）. 经济增加值 [M]. 北京：中信出版社，2001.

[19] 刘秉文. 国有企业融资问题研究 [D]. 厦门：厦门大学，2002.

[20] 徐卫宇. 国有企业资本结构研究 [D]. 北京：中国社会科学院研究生院，2001.

[21] 陈锦旗. 中国上市公司融资结构研究 [D]. 上海：上海社会科学院，2007.

[22] 徐军辉. 政府监管与股权再融资效率——基于中国配股政策变迁的研究 [D]. 广州：暨南大学，2007.

[23] 沈友华. 我国企业融资效率及影响因素研究——基于国有企业和民营企业融资的比较分析 [D]. 南昌：江西财经大学，2009.

[24] 谭晓琢. 我国上市公司资本结构优化问题研究 [D]. 长沙：湖南大学，2002.

[25] 刘川. 中国钢铁行业规模效率问题研究——基于56家钢铁企业数据的实证分析 [D]. 南京：南京大学，2012.

[26] 黄泰岩，侯利. 企业融资结构的国际比较 [J]. 中国工业经济，2001 (4)：69~77.

[27] 中国工商银行湖南省分行课题组. 国有企业过度负债问题探讨 [J]. 中国工业经济，1996 (1)：33~40.

[28] 虞艳. 论企业筹资风险的表现及预测方法 [J]. 企业家天地月刊，2006 (11)：31~32.

[29] 熊莲化，等. 我国企业直接融资发展现状分析 [N]. 金融时报，1998-8-1.

[30] 国信证券课题组. 上市公司融资结构与融资成本研究 [N]. 上海证券报，2002-5-14.

[31] 刘汉民，刘锦. 资本结构、公司治理与国企改革——"资本结构与公司治理研讨会"综述 [J]. 经济研究，2001（10）：83~85.

[32] 杨肃昌. 论资本结构与公司治理 [J]. 中国工业经济，2000（8）：74~78.

[33] 王继仓. 资本结构与公司治理结构关系分析 [J]. 生产力研究，2006（5）：208~210.

[34] 冯根福. 西方主要国家公司股权结构与股东监控机制比较研究 [J]. 当代经济科学，1997（6）：31~43.

[35] 何浚. 上市公司治理结构的实证分析 [J]. 经济研究，1998（5）：50~57.

[36] 孙永祥，黄祖辉. 上市公司的股权结构与绩效 [J]. 经济研究，1999（12）：23~30.

[37] 张红军. 中国上市公司股权结构与公司绩效的理论及实证分析 [J]. 经济科学，2000（4）：34~44.

[38] 陈湘永，张剑文. 我国上市公司"内部人控制"研究 [J]. 管理世界，2000（4）：103~109.

[39] 高佳卿，曲世友. 公司治理与资本结构优化问题 [J]. 管理工程学报，2000，14（3）：23~27.

[40] 潘敏，谢献谋. 两权分离的实质与我国股份制企业的内部人控制问题 [J]. 武汉大学学报（社会科学版），2003（1）：87~93.

[41] 叶祥松. 论我国国有独资公司的治理结构 [J]. 宁夏社会科学，2000，23（5）：3~7.

[42] 连建辉. 融资结构与企业控制权争夺 [J]. 财经科学，2002，28（1）：32~37.

[43] 于东智. 资本结构、债权治理与公司绩效：一项经验分析 [J]. 中国工业经济，2003（1）：87~94.

[44] 肖作平. 公司治理结构对资本结构类型的影响——一个 Logit 模型 [J]. 管理世界，2005（9）：137~147.

[45] 汪长江. 融资模式对公司治理结构影响的对比分析与思考 [J]. 价值工程，2006，25（4）：114~116.

[46] 张粉娥. 论资本结构与公司治理 [J]. 山西财经大学学报，2012（s1）：133~133.

[47] 孙慧. 我国国有企业上市公司资本结构与公司治理问题研究 [J]. 经济师，2014（11）：104.

[48] 杨之帆. 企业资本结构与融资方式偏好 [J]. 财经科学，2001（4）：50~54.

[49] 王增业，薛敬孝. 企业融资方式偏好分析 [J]. 南开经济研究，2002（4）：21~24.

[50] 熊飞，张开宇，王楠. 公司总经理集权程度与融资方式偏好研究 [J]. 企业经济，2014（5）：70~73.

[51] 邓敏，韩玉启. 两种企业融资模式——保持距离型融资模式与关系型融资模式的比较 [J]. 现代管理科学，2007（3）：11~12.

[52] 章卫东. 我国上市公司股权再融资偏好的原因分析及对策 [J]. 金融与经济，2003（11）：30~32.

[53] 王佩艳，耿强，汪建. 融资模式效率比较与我国融资模式的选择 [J]. 财经研究，2000，

5 (7)：89～92.

[54] 洪锡熙，沈艺峰. 我国上市公司资本结构影响因素的实证分析 [J]. 厦门大学学报（哲学社会科学版），2000（3）：114～120.

[55] 吕长江，韩慧博. 上市公司资本结构特点的实证分析 [J]. 南开管理评论，2001，4 (5)：26～29.

[56] 郭鹏飞，孙培源. 资本结构的行业特征：基于中国上市公司的实证研究 [J]. 经济研究，2003（5）：66～73.

[57] 柳松. 转型期资本结构行业特征与资本风险配置效率 [J]. 经济师，2004（1）：21～22.

[58] 赵根宏，王新峰. 关于上市公司资本结构行业特征的实证分析 [J]. 金融与经济，2004 (8)：26～28.

[59] 劳平. 融资结构的变迁研究 [M]. 广州：中山大学出版社，2004.

[60] 邓召明，范伟. 我国证券市场融资效率实证研究 [J]. 国际金融研究，2001（10）：60～64.

[61] 宋增基，张宗益. 上市公司融资效率实证分析 [J]. 商业研究，2003（5）：97～99.

[62] 陈洪波. 控制权实现度与企业融资效率 [J]. 上海经济研究，2003（11）：32～37.

[63] 肖劲，马亚军. 企业融资效率及理论分析框架 [J]. 财经科学，2004（5）：337～340.

[64] 刘力昌，冯根福，张道宏，等. 基于 DEA 的上市公司股权融资效率评价 [J]. 系统工程，2004，22（1）：55～59.

[65] 高学哲. 企业融资效率：内涵及外延 [J]. 生产力研究，2005（6）：205～207.

[66] 刘伟，王汝芳. 中国资本市场效率实证分析——直接融资与间接融资效率比较 [J]. 金融研究，2006（1）：64～73.

[67] 曹晓军，胡达沙，吴杰. 我国上市公司股权融资效率问题探讨 [J]. 科技管理研究，2007，27（3）：231～233.

[68] 聂新兰，黄莲琴. 企业融资效率理论分析框架 [J]. 工业技术经济，2007，26（10）：157～159.

[69] 汪冬华，郑春玲. 企业融资效率及其融资模式的实证 [J]. 统计与决策，2008（21）：185～187.

[70] 黄辉. 企业特征、融资方式与企业融资效率 [J]. 预测，2009，28（2）：21～27.

[71] 谢婉丽. 我国上市公司发行公司债融资效率研究 [J]. 特区经济，2011（3）：110～111.

[72] 田芬. 基于多因素的企业集团融资效率比较 [J]. 统计与决策，2011（8）：179～182.

[73] 唐学书，李小燕. 我国上市公司再融资效率评价述评 [J]. 山西财经大学学报，2011 (s1)：56～57.

[74] 张延良，杨小波. 基于 DEA 方法的中印上市公司股权融资效率比较研究 [J]. 南亚研究季刊，2013（1）：62～67.

[75] 邓超，魏慧文，唐莹. 基于 DEA 方法的我国环保企业融资效率评价分析 [J]. 中南大学学报（社会科学版），2013（5）：8～13.

[76] 闻岳春，唐学敏. 中美资本市场融资效率比较研究 [J]. 中国科技论坛，2014 (12)：147~153.

[77] 谭湛，汪建. 中国工业升级融资效率的地域差异化考察与测算 [J]. 统计与决策，2014 (23)：123~126.

[78] 潘永明，朱茂东，喻琦然. 京津冀一体化背景下企业融资效率研究 [J]. 经营与管理，2015 (12)：87~90.

[79] 中国企业家调查系统. 现阶段我国企业家队伍的行为特征调查分析——1995 年中国企业家成长与发展专题调查报告 [J]. 管理世界，1995 (3)：153~163.

[80] 中国企业家调查系统. 当前我国企业经营者对激励与约束问题看法的调查——1997 年中国企业经营者成长与发展专题调查报告 [J]. 管理世界，1997 (4)：119~132.

[81] 中国企业家调查系统. 中国企业经营者队伍制度化建设的现状与发展——2000 年中国企业经营者成长与发展专题调查报告 [J]. 管理世界，2000 (4)：92~96.

[82] 中国企业家调查系统. 企业创新：现状、问题及对策——2001 年中国企业经营者成长与发展专题调查报告 [J]. 管理世界，2001 (4)：6~21.

[83] 中国企业家调查系统. 中国企业家队伍成长现状与环境评价——2003 年中国企业经营者成长与发展专题调查报告 [J]. 管理世界，2003 (3)：92~96.

[84] 薛和平. 中国钢铁业进入提质发展新时期——兼谈钢材市场走势 [N]. 世界金属导报，2017-8-17.

[85] Singh Ajit, Javed Hamid, Bahram Salimi, et al. Corporate financial structure in developing countries [J]. International Finance Corporation, 1992, 19 (6)：1~23.

[86] 马建春. 融资方式、融资结构与企业风险管理究 [M]. 北京：经济科学出版社，2007：33.

[87] 张新军. 上市公司再融资风险管理研究 [D]. 天津：天津大学，2011.

后　记

随着国有企业改革进程的不断深入，国有企业资金来源越来越趋于多元化。本书是在调研国有企业融资现状，并参考已有研究成果的基础上完成。在写作过程中，河北钢铁企业完成海外 5 亿美元企业债券的发行，开创了河北国有企业海外债券融资的先河；在写作即将完成之时，国有三大电信集团的中国联通公司试点混合所有制方案完成，并通过证监会审核，中国联通通过向百度、阿里巴巴、腾讯、京东等非国有企业增发新股，并增加管理层持股、员工持股，通过股权结构的优化来提升国有企业资本效率和国有企业的治理效率，我们期待中国联通的成功。随着本书的完成，可以想象，未来更多的国有企业将会从企业融资结构入手，着力提升国有企业的融资效率。

本书内容是在 2016 年度河北省社会科学发展研究课题"基于融资效率的河北省钢铁企业改革路径及对策研究"（课题编号：201602120201）和 2016 年度河北省社科基金项目"河北省国有企业融资效率评价体系及融资路径优化研究"（项目编号：HB16GL023）研究成果的基础上形成的。课题基于河北钢铁股份有限公司的融资结构、资金使用现状等数据，运用国有企业融资效率综合评价指标体系及定量分析方法，对河北钢铁股份有限公司的融资效率进行实证评价；依据评价指标和相关分析结果，提出优化国有企业融资效率的路径及建议，从融资结构、融资效率视角给出河北省钢铁企业优化融资路径的具体建议。

课题研究过程中，参阅了大量专家、学者的研究成果，是他们的研究成果，给了我们巨大的支持，在此感谢他们在这一研究领域的辛勤耕耘；同时也感谢课题组成员都沁军教授、董志良教授、安海岗副教授、张永礼副教授、冯鑫讲师的帮助和支持。

　　由于作者水平所限，加之研究领域的复杂性，书中如有不足之处，敬请广大读者批评指正。

丁 超

2017 年 8 月